사랑과 욕망의 영토

신승철 지음

사랑과 욕망의 영토-가타리의 횡단과 모험

초 판 1쇄 인쇄 2011년 10월 20일
초 판 2쇄 발행 2012년 5월 25일

저 자 신 승 철
발행인 황 세 연
교 정 김 영 권
디자인 EG 디자인
인 쇄 예일정판
제 본 대명제책
발행처 도서출판 **중원문화**
주 소 서울특별시 마포구 창전동 2-33
주문처 02-325-5534 FAX 02-324-6799
ISBN 978-89-7728-402-9

사랑과 욕망의 영토

가타리의 횡단과 모험

신승철 지음

도서출판 중원문화

사랑과 욕망의 영토 ◆ 차 례

사랑과 욕망의 영토 ◆ 차 례

서 론

분자혁명과 새로운 부드러움

올해(2011년)는 펠릭스 가타리(Guattari, Fèlix)가 저술한 『분자혁명』(*La rèvolution molèculaire*)이라는 위대한 책이 발간된 지 34년째 되는 해이다. 펠릭스 가타리는 분자혁명에서 언급한 새로운 부드러움(nouvelle dauceur)이 무엇인지에 대해서 이렇게 대답한다. "나에게는 새로운 부드러움은 실제로 여성-되기, 식물-되기, 동물-되기, 우주-되기가 사회의 발전, 생산력의 발전과 그와 유사한 다른 것들을 위협하지 않고 기호화양식의 리좀(rhizome) 속에 삽입될 수 있다는 사실이다."1)

새로운 부드러움이란 사랑과 욕망의 흐름과 움직임이 혁명을 만들어내는 방식이다. 진보를 따르는 많은 사람들이 여전히 발전주의적 시각으로부터 자유롭지 않을 때, 가타리는 생명·우주·광인·아이와의 접속과 변용이 만들어낼 색다른 진보와 대안을 이야기하기 시작한다. 이러한 혁명은 색다른 부드러움의 형태로 집합적·기계적·사회적 배치를 변화시킬 수 있는 사랑의 역능에 입각한 혁명이다.

---

1) 수에리 롤니크, 펠릭스 가타리, 『미시정치』(2010), 478쪽

"사랑과 욕망의 역능으로 세상을 바꾸겠다"는 가타리의 사상은 사랑이 만들어낼 전대미문의 효과가 세계를 재창조하고 분자혁명을 일으킨다고 말한다. 이러한 노선은 스피노자의 '자유인'의 전략적 지도에도 잘 드러나 있으며, 우리가 갖고 있는 혁명에 대한 통념을 거스르며 색다른 혁명전략을 제공한다. 여기서 욕망은 '되기'(becoming)라는 흐름과 '이기'(being)라는 고정점에 의해서 나타난다. 라이히가 언급한 성격무장의 층위와 같이 '이기'라는 형태의 딱딱한 신체의 조성은 '되기'의 부드러움으로 변용되어야 배치를 바꿀 수 있는 주체성으로서 다시 태어날 수 있다. 되기는 사랑이며 변용이다. 전인민적 변용(=소수자되기)이라는 도도한 흐름이 세상을 바꿀 수 있다는 생각이 가타리의 혁명관이다. 여기서 구조·권력관계·계급관계·이성질서 등의 큰 그림을 그려 넣고 세상을 바꾸려는 기존 혁명의 구도가 아니라, 가장 분자적인 수준에서의 주체성의 변화가 전체의 변화를 초래할 수 있다는 생각이 등장한다.

가타리가 생각하기에는 자본주의는 구조라는 큰 틀에서 움직이는 것이 아니라 작은 기계부품의 연결과 접속에 의해서 움직인다. 이 '욕망하는 기계'들이 다른 방향으로 움직일 때 그 기계작동에 의해서 자본의 네트워크는 고장나거나 다른 방향으로 움직이게 된다. 그렇기 때문에 자본주의는 분자적 수준에서의 특이한 움직임이 이루어지지 않도록 무의식의 통제방식을 고도화해 왔다. 가장 작은 기계부품이라고 할지라도 통합된 세계자본주의의 통제양식을 거부하고 특이한 기계작동을 보일 때 분자혁명의 상황은 초래된다. 이러한 상황은 네트워크 시대로 돌입한 통합된 세계자본주의의 상황에 부합한다. 앞으로의 혁명은 무의식혁명이며, 횡단과 모험의 네트워크상에서 욕망이 어떤 움직임을 가질 것인가는 무의식의 변화에 달려 있다. 가타리는 무의식을 분석하면서 '분자혁명=분열생성'의 섬광과 같은 순간이 네트워크의 연결망에 전달되어 눈덩이효과를 갖는 과정에 대해서 주목한다. 이제 혁명운동은 큰 그림의 이야기를 할 때가 아니라 작은 그림의 이야기를 할 때가 된 것이다.

세상을 다른 방식으로 대하게 되고, 세상을 재창조하는 과정은 인식·감수성·지각형태를 바꾸는 과정을 의미한다. 분자혁명 뒤엔 세상은 완전히 다른 의미가 될 수 있다. 가타리는 부엌의 예를 들면서 다음과 같이 이야기한다. "그때 부엌은 작은 오페라 무대가 된다. 그 속에서 사람들은 모든 종류의 도구를 이용하여, 즉 물과 불, 과일 파이와 쓰레기통, 특권관계와 복종관계를 이용하여 말하고 춤추고 논다. 요리하는 장소로서의 부엌은 물질적 흐름과 신호적 흐름 그리고 모든 종류의 서비스 교환의 중심이다."2) 분자혁명은 완전히 다른 의미에서 세상을 바라보는 것이며, 특이성 생산이라는 분자들의 예술·과학·혁명의 과정을 통해서 나타난다. 오늘날의 혁명은 분자혁명이 만들어내는 새로운 부드러움의 흐름에 의해서 사회가 변화하는 과정이다. 특이성이 생산되고 그것의 기계작동을 바꾸면 네트워크로 조직된 세상도 자신의 배치와 위치를 수정할 수밖에 없다는 것이 가타리의 생각이다. 그런 의미에서 자본주의는 영구혁명(=영구개량)의 과정에 있다.

이 책 『사랑과 욕망의 영토』는 총 8장으로 구성되어 있다. <1장.

---

2) 가타리, 『카오스모제』(2003), 95쪽

사랑 : 변용 개념의 확장, 전인민적 변용을 향하여>는 소수자되기가 성공주의·승리주의의 해독제로서 오늘날 어떤 의미를 가지며, 가타리의 욕망의 복수적 움직임과 스피노자의 일원론간의 차이점을 다루었다. <2장. 무의식 : 정신분석에서 분열분석으로>는 전기 프로이트의 무의식에 대해서 수용했던 가타리와 후기 프로이트를 대조하면서 분열분석의 의의를 서술한다. <3장. 흐름 : 잉여가치 착취에서 코드의 잉여가치 착취로>는 자본주의가 착취로부터도 유지되지만 차별로부터도 유지된다는 가타리의 메시지를 전달하면서, 맑스의 '잉여가치'라는 양적 착취에 부가된 '코드의 잉여가치'라는 질적 착취의 양상에 대해서 다루었다. <4장. 욕망 : 성경제학에서 욕망경제학으로>는 가타리가 라이히를 어떻게 계승하면서도 현실경제와 성경제를 분리하지 않고 욕망의 정치경제학으로 통합하며, 더 나아가 성-욕망에 한정되지 않고 기호-욕망을 설명하려고 하는가에 대해서 다루었다. <5장. 기호 : 기표독재체제에서 도표의 순환으로>는 소쉬르의 기표가 기의를 고정시키는 것이기 때문에 기호-흐름을 설명하지 못하였다는 점을 지적하면서, 언표로 한정되지 않는 기호-흐름인 비기표적 기호계를 설명하기 위해서 가타리가 창안한 도표라는 개념을 다루었다. <6장. 기계 : 자기생산하는 기계들의 세계>는 기계론(machinism)과 기계학(mechanism)의 차이점과 바렐라가 자기생산과 타자생산을 분리하면서 기술·사회를 자기생산의 외부로 보았던 것을 극복하고 통합적인 자기생산 개념을 만들었던 가타리의 기계에 대한 개념에 대해서 다루었다. <7장. 분열 : 자본주의와 정신분열증>은 들뢰즈와 가타리의 접속이 만든 '자본주의와

정신분열증'과 가타리 독자적인 기획인 분열분석의 차이점이 무엇인지에 대해서 다루었다. 특히 분열생성론이 갖고 있는 독특성을 부각시켰다. <총론 : 횡단과 모험의 네트워크와 가타리>는 네트워크를 통해서 가타리의 생각을 여러 각도에서 정리했으며, 네트워크에서의 분자혁명과 분열생성의 중요성에 대해서 다루었다.

가타리는 스피노자·프로이트 ·맑스·라이히·소쉬르·바렐라·들뢰즈 등의 얼굴로 번갈아가면서 등장하였다. 연구실에 봄볕이 내리쬐고 있을 때 나는 가타리와 무의식의 횡단과 모험이 무슨 의미를 갖는지 생각하며, 그것을 네트워크와 연결짓는 마지막 장 <총론>을 구상해 보았다. 가타리가 갖고 있는 접속의 다채로움으로 인해 난독증(難讀症)에 걸렸다는 후배들의 이야기를 듣고, 가타리가 어떤 사상가들과 접속하여 돌연변이를 일으켰는지 추적하면 어떨까 하는 것이 이 글의 최초 모티브였다. 사랑하는 나의 아내 윤경씨는 최초의 독자가 되어 주었고, 매번 섬세하게 글의 모양과 형태에 대해서 지적해 주었다. 책을 쓰는 과정에서 성미산에서 진행되는 '가타리세미나모임'과 서대문의 '초록당사람들', 동국대의 '관심세미나'가 많은 영감과 힘이 되었다.

이 책을 통해서 가타리의 혁명사상에 대해서 인식의 지평이 조금이나마 확대되는 계기가 되었으면 좋겠다. 새로운 부드러움과 함께하는 독서가 되기를 빈다.

저자 **신승철**

제1장 사랑

변용 개념의 확장, 전인민적 변용을 향하여 (스피노자와 가타리)

스피노자와 가타리, 야만적 별종의 두 인물

스피노자(Baruch de Spinoza, 1632~1677)는 1632년 암스테르담에서 태어나 범신론(汎神論, pantheism) 철학을 전개하여 기성 종교로부터 파문되는 파란의 젊은 시절을 보냈다. 그는 안경 렌즈 세공일을 하며 『신학정치론』과 『윤리학』을 통해서 당대의 반동, 위기, 파문의 시간을 철학적으로 성찰하며 기록한다. 스피노자가 살아간 삶의 내재적 차원에 대한 현대의 철학자들의 평가에는 "겸손, 검소, 순수는 이제 아주 풍부하고 넘쳐흐르는 삶, 능력으로 충만한 삶의 결과들이 되어 사유를 정복하고 다른 모든 본능을 자신에게 종속시킨다"[3]라는 들뢰즈의 언급과 "그 자신 역시 급변하는 세계 속에 있었음에도 불구하고, 스피노자는 이에 대응해서 존재의 고요

3) 들뢰즈, 『스피노자의 철학』(1999), 9쪽

한 힘과 그 충만한, 그리고 그에 따른 존재론적인 변형, 즉 이미 존재하는 것의 규범으로 고착된 욕망의 불가역성을 단언한다"[4]라는 네그리(Antonio Negri, 1933~현재)의 언급이 있다. 스피노자의 내재성(內在性, immanence)이라는 개념은 자신의 삶과 육체의 질서가 역사와 사회가 갖고 있는 본성을 내면의 자기원인으로 갖고 있다는 점을 투영한 것이다. 그의 삶이 비록 간결하면서 검소했다하더라도 사랑과 욕망이 일으킬 전대미문의 힘을 응시하고 있었다는 점에서 가타리가 '분자혁명'(分子革命, La rèvolution molèculaire)이라고 언급했던 욕망의 혁명을 배태하고 있었다고 보아도 과언이 아니다. 이단적인 스피노자가 위기와 반동의 시대에 직면한 한 철학자의 별종적이고 특이한 삶을 보여주었다면, 가타리는 68혁명이 지상에서 파열음을 일으키며 욕망의 힘을 드러내고 있을 때 스피노자의 특이한 사상적 현현이 실천적으로 가능하다는 것을 직접 보여준 사람이다.

가타리는 스피노자주의자로서의 진면목을 보여준 몇 명 안 되는 사람 중에 하나이다. 가타리의 사상에서는 스피노자에 대한 이론적 언급이 몇 군데밖에 없다. 그렇기 때문에 사람들은 스피노자와 가타리를 접속시켜서 사고하지 못하는 경우가 많다. 그러나 가타리의 이론가로서의 면모가 아니라, 실천가로서의 면모를 들여다보면 봉기에 참여하기 위해서 긴 칼을 들고 말을 타고 가려던 '나폴리의 혁명가' 스피노자의 모습이 금방 떠오르게 된다. 물론 스피노자가 언급했던 "인민은 왜 자신의 예속을 영예로 생각하는가?"라는 질문은 "대중은 왜 복종을 욕망하는가?"라는 라이히(Wilhelm Reich,

4) 네그리, 『전복적 스피노자』(2005), 5쪽

1897~1957)의 질문을 거쳐 가타리의 핵심적인 질문이기도 하다.[5] 이러한 마조히즘의 문제는 파시즘 하에서의 대중의 욕망 굴절과 왜곡현상을 설명하는 데 핵심적인 논거를 제공하는 측면이 있다. 그런데 가타리는 혁명운동과 소수자운동의 사이에서 움직이는 욕망의 미세한 작동방식에 대해서 주목하며 '욕망의 미시정치' 문제를 제안하였으며, 스피노자의 욕망의 생성적 지평을 '반동의 차원'에서 '혁명의 차원'으로 옮겨다 놓는다. 이제 더 막강하고 전도된 질문이 가타리에 있어서 수행된다. "욕망을 통해서 어떻게 혁명이 가능했는가?"라는 질문이 말이다.

스피노자의 '신, 즉 자연'의 차원에서 신체의 '자기보존의 욕구'(conatus)는 신적 본성을 내재한 수준에서 다루어진다. 그렇기 때문에 욕망의 긍정적인 힘은 세상 속에서 삶을 살아가는 내재적인 자기원인이라고 할 수 있다. 물론 신체의 차원은 외부와의 마주침 속에서 수동적인 정서(情緖, affect)작용을 일으킬 수도 있고, 능동적인 변용(變容, affection)을 일으킬 수 있다. 스피노자의 두 언급에서 변용의 차원은 강력한 사랑의 지평을 개방한다. 욕망이 합성되고 신체적 차원에서 변용이 일어날 정도로 사랑한다는 것은 인류보편적 사랑이나 현학적이고 낭만적 사랑과 달리 자신의 존재를 욕망의 흐름 속에 내던지며, 존재를 이동시켜 완전히 다른 것으로 만

5) 『신학정치론』(1665)에서 스피노자는 "인민은 왜 자신의 예속을 영예로 여기는가? 왜 인간은, 예속이 자신들의 자유가 되기라도 하듯 그것을 위해 투쟁하는가?"라는 질문을 던지는데, 그것은 라이히의 『파시즘의 대중심리』(1933)의 핵심적인 질문으로 계승되어 욕망억압 후 2차적 욕망의 발생으로 설명된다. 가타리는 이러한 맥락에서 분리차별을 발생시키는 미시파시즘에 대한 설명으로 나아간다.—저자

들어버리는 새로운 수준의 논의이다. 물론 정서작용의 차원에서 두 욕망이 서로 상호 긍정하며 상승되는 차원의 '기쁨'과 권력과 예속에 의해서 욕망이 축소되는 '슬픔'으로 나누어서 사고해 볼 수 있다. 이러한 욕망의 상호긍정으로 나타나는 기쁨의 차원에 대한 논의는 매우 점잖은 합리적 삶을 살아가는 사람들이 인정할 만한 차원이다. 그러나 가타리는 정동작용보다 변용작용에 더 주목하면서 욕망을 자기원인으로 한 색다른 흐름에 주목한다. 가타리에 의해서 변용은 정서에 있어서 기쁨으로만 드러나며 내재된 신적 본성이라기보다는 사랑의 행동에 의해서 현실에서 벌어지는 능동적인 행위양식이라고 규정된다. 스피노자의 욕망에 대한 언급은 '신체변용의 역량이 증대할수록 공통관념의 획득이 가능하다'[6]는 점에서 이성과 평행을 이루는 수준에서 논의되고 있다. 가타리는 이러한 욕망과 이성의 평행론(平行論, parallelism)적 수준의 논의를 돌파하며 합리주의와 다른 경로로 움직이는 반합리주의의 길을 개척해낸다. 사실 신체의 욕망을 스피노자가 언급하는 순간 그는 '이성의 외부', '철학의 외부'를 개방하였으며, 가타리는 철학과 이성으로는 잡히지 않는 욕망의 차원으로 줄달음질친다.

이런 가타리의 색다른 면모에도 불구하고 스피노자와 가타리의 가장 핵심적인 공통점을 제시하면 사상적·실천적 맥락에서 가타리가 스피노자주의자라는 것을 금방 이해할 수 있다. 물론 공통분모는 이질적이고 색다른 영역에서의 논의를 제거해 버리는 효과를 갖

---

6) 스피노자, 『에티카』(1990), 95쪽 "정리 23 : 정신은 신체의 변용의 관념을 지각하는 한에서만 자신을 인식한다." 참고

기도 한다. 스피노자와 가타리의 공통점은 '사랑과 욕망의 역능(力能, puissance)으로 세계를 재창조하거나 변혁하고 색다른 삶의 차원을 개방하려고 한다'는 점이다. 이러한 맥락은 사랑과 욕망의 역능을 근본적으로 의심하거나 회의하고 구조, 권력, 이성, 규범에 호소하려는 경향이 있는 사상적 전통과 궤를 달리한다.

스피노자의 혁명성은 가타리를 통해 더 강렬한 지평으로 나타난다. 그것은 스피노자 당시에 변용(=사랑)의 차원의 문제는 '사랑에 대한 믿음'을 추구하면서도 정작 육체의 사랑에 대해서 거부하는 종교에 대한 비판의 차원에서 다루어진다. 스피노자는 종교를 비판하면서 직접적으로 신체변용의 차원으로 나타나는 사랑의 행동을 전면에 걸게 된다. 당대 스피노자의 범신론의 혁명성은 자연과 인간의 신체 속에(이를테면 가장 에로틱한 욕망이라 하더라도) 신적 자기원인이 내재해 있다는 점에 대한 지적이었다는 점에 있다. 이 범신론의 전개로 말미암아 스피노자는 유대교 광신도에게 칼을 맞았지만 다행히도 두꺼운 외투 덕분에 살아남았으며, 그 외투를 집에 걸어두고 신중함을 신조로 삼았다는 일화를 낳았다. 가타리는 스피노자의 종교비판의 차원을 더 확장하여 신, 국가, 아버지라는 무의식 속에 권력을 행사하는 초자아(超自我, superego)의 존재를 거부하는 것으로 나아간다.[7)]

가타리의 이러한 스피노자의 색다른 방식으로의 계승의 방향성과

7) 가타리, 『자본주의와 횡단성』(2004), 151쪽, 264쪽, 가타리는 신, 국가, 아버지로 구축되는 '초자아의 수용좌표'(données d'accueil du surmoi)라는 개념을 통해서 자본주의적 예속의 방식이 만들어내는 삶의 방식을 문제 삼는다.

달리 스피노자주의를 변신론(theodicy, 辨神論)적 원리로 만들었던 헤겔의 해석이 한국사회의 한 시대를 풍미했던 것도 사실이다. 헤겔의 사고의 핵심 유한자를 무한자로 변증법적으로 움직이게 할 자기의식의 생성 원리를 스피노자에게서 발견하였던 점에 있다. 물론 이러한 헤겔의 해석은 스피노자가 갖고 있는 생성의 논의를 육체를 떠난 이데올로기적인 것으로 만들어버린다.[8]

만약 스피노자의 평행론의 한 축을 헤겔로 본다면 반대편의 다른 축을 가타리라고 보아야 할 것이다. 한 편은 이성의 분기점이라면 다른 한편은 욕망의 분기점이다. 헤겔과 가타리의 결정적인 차이점을 '동일성의 논리'와 구분되는 '차이의 논리'로 보는 관점도 가능하지만, 유한과 무한의 이행의 논의를 살펴볼 때 더 구체적인 형태로 나타난다. 헤겔은 관념의 자기운동이 무한자로 나아갈 수 있다는 생성의 논의를 스피노자에게서 발견한다. 반면 가타리는 무한자의 논의에서 유한자들로 이루어진 집합적 신체에 대한 조성의 논의로 나아간다. 즉 유한자들의 이질적인 조각으로 결합되어(예를 들면 신체의 차원에서 보면 눈, 코, 입, 발 등이 따로따로 결합되어) 나타나는 괴물과 같은 형상을 보여준다. 가타리의 '집합적 배치'(集合的配置, agencement collective)라는 개념은 이러한 스피노자에 대한 생성의 논의에 의해 만들어낸 것이다. 결국 관념과 자기의식이 집합적 실천과 결합되지 않은 채 무한자로 이행한다는 것은 실천가였던 가타리로서는 받아들일 수 없었던 철학적 사변이었으며, 스피노자를 통해서 그는 집합적 신체가 만들어낼 색다른 실험과 실천을 응시하

8) 피에르 마슈레, 『헤겔 또는 스피노자』(2010) 참고

고 있었던 것이다.

이 집합적 차원의 논의에서 스피노자의 생성 차원의 도입은 아주 색다른 구도를 그리게 된다. 가타리는 '일관성의 구도'(plan de consistance)라는 그림을 제시한다. 이 그림의 구도는 광인들이 한자리에 앉아 서로 이야기의 맥락에 닿지 않는 말을 하고, 중언부언하면서 서로 다른 소리를 해대는 것을 의미한다. 이러한 집단의 내재적 차원은 공통성이 아니라 이질생성의 수준에서의 논점을 촉발하는 측면이 있다. 또한 통합, 통일성, 동일성, 적분의 논의를 넘어서기 위한 이질적이고 색다른 것을 생산해 내는 삶의 구도를 의미하는 것이다.[9] 그것은 이성을 갖고 있는 사람들이 일관되고 의식적으로 통일된 결론에 이르기 위해서 일사불란하게 논쟁을 전개해야 한다는 점과는 다른 방식인, 특이성(特異性, singularité) 생산을 통한 집단의 증식과 변이의 내재적 차원을 개방한다. 합리적 사고를 전개하는 사람들이 전개하는 통합의 논리는 의사결정에 있어서 일정한 효율성과 일관된 행동양식으로 비추어질 수도 있다. 헤겔의 통일성의 논의는 한국사회에서 '민족통일'과 '통일된 노동자계급'이라는 형상으로 재해석되었던 측면이 있었다.

반면 가타리는 아주 특이한 방향으로 나아가는 대화와 관계에 주목한다. 특이한 존재들이 어떻게 생산될 수 있는가의 여부가 사실상 스피노자의 생성의 논의에서 핵심적인 사상이라고 가타리는 파

9) 가타리, 『정신분석과 횡단성』(2004), 447쪽, 가타리는 정신병원 내에서 '기층치료단위'(UTB)가 기존의 배치를 수정하여 색다른 방식으로 행동하기 위한 실험을 사례로 들고 있다. 일종의 인공가족과 같은 이 개인과 집단의 관계를 재설정할 뿐만 아니라, 생각지도 못한 방향으로 움직이고 집단책임으로 만들어낸다.—저자

악하고 있는 것이다. 각각의 특이한 유한자들이 접속하고 결합되어 전혀 다른 이야기를 만들 수 있다는 구도가 유한자-무한자 논의에서 등장한다. 그렇기 때문에 유한자들로 구성된 공동체가 색다르고 특이한 주체성을 어떻게 생산하느냐의 여부가 마치 무한자로의 이행으로 보이는 공동체의 변이와 이행을 촉발하는 결정적인 것이라고 본다. 이러한 점에서 스피노자의 생성의 논의를 가타리가 어떻게 계승하는가를 알 수 있으며, 유한한 육체가 변용을 통해 특이성을 생산하는 것이 결국 색다름과 독특함을 끊임없이 전달하고 연결시켜 집단의 그림과 구도를 여러 가지 형태로 영속적으로 변화시킨다고 보는 것이다.

스피노자의 간결하고 검소하며 순수한 삶, 능력으로 충만되고 풍부한 욕망의 힘에 입각한 삶의 차원은 비로소 육체와 자연의 모습을 갖춘 삶을 이야기할 수 있도록 만들어주며, 그것을 철학함으로 끌어들인다. 스피노자에게 있어서 정서적 차원에서 욕망의 상호긍정과 잡종화에서 오는 '기쁨'과 그것이 내재한 '민주주의'의 구도는 미시적인 신체 정서영역과 사회적이고 거시적인 정치영역이 동시에 설명될 수 있는 독특한 일원론적 구도를 만들어낸다. 가타리는 미시적인 욕망과 삶의 문제를 철학적 차원을 뛰어넘어 전개하는 측면이 강하다. 스피노자에게 '자기보존의 욕구'로서의 등장했던 욕망의 차원은 가타리에게 광기와 분열의 차원으로 더 확장되어 적진 깊숙이 전진 배치된다. 더 나아가 단순한 기쁨과 슬픔이라는 정서적 차원의 합리적 논의를 뛰어넘어 사랑의 용감한 행동이 만들어낼 막강하고 돌이킬 수 없는 차원을 변용이라는 새로운 개념으로 그려낸다. 물론 스피노자의 기쁨의 차원이 승리할 것이라는 낙관[10]은 가타리에 의해서 사랑의 행동의 승리의 낙관으로 계승되며, "혁명운동이나 혁명가가 없을지라도 모든 수준에서 혁명이 진행될 것이라는 낙관"[11]으로 나타나서 강렬도를 가진 집합적 실천 영역의 보이지 않는 움직임에 주목한다.

스피노자의 변용과 욕망의 미시적 흐름

"변용이 이루어지는 신체와 신체 사이에는 어떤 연결방식이 있을 수 있을까?"라는 질문이 가타리의 스피노자의 독해에서 핵심적인 질문이다. 스피노자에게 '변용'이 이루어지는 신체의 조성은 "부드러운", "연약한", "딱딱한" 등으로 표현된다.[12] 물론 신체가 부드럽고 유연할수록 변용에 의해서 다른 형태와 모습으로 변모할 수 있는 가능성이 높아진다. 스피노자는 신체의 조성을 언급하면서 사실상 변용에 적합한 신체를 구상하고 있으며, 신체와 신체의 합성과정에서 색다른 유형의 신체조성을 응시하고 있다. 여기서 변용의 역능으로 가득 찬 신체조성의 관계를 구상해 볼 수 있는데, 스피노자의 일원론(一元論, monism)적 구도에서는 신체와 신체간의 관계

---

10) 스피노자, 『에티카』(1999), 224쪽 참고. "정리18 기쁨에서 생기는 욕망은 다른 사정이 같을 경우, 슬픔에서 생기는 욕망보다 강하다."

11) 가타리, 『욕망과 혁명』(2004), 79쪽

12) 스피노자, 『에티카』(1999), 87쪽, "요청2 인간의 신체를 조직하는 개체 중에서 어떤 것은 유동적이고, 어떤 것은 연약하며, 마지막으로 어떤 것은 단단하다."

는 거의 언급되지 않고 있다. 가타리는 '변용'이 욕망의 흐름 속에서 신체조성을 달리하는 과정에서 어떻게 욕망이 연결되고 조립되는지에 대해서 관심을 갖는다. 매우 특이하게도 스피노자의 '신체론'의 구상은 들뢰즈 · 가타리가 공동으로 작업했던 과정에서 들뢰즈가 제안한 '기관 없는 신체'(corps sans organs)라는 구상으로 나타난다.[13] 그러나 가타리에게 있어서 '반생산'이나 '강렬도=0'인 '기관 없는 신체'라는 알 상태의 시원적 신체론을 정태적으로 드러내는 방식보다는 흐름, 상호작용, 관계망에서 욕망이 어떻게 작동하는지에 대한 역동적인 측면에 더 주목한다.[14] '자본주의와 정신분열증' 기획의 두 저작이 기관 없는 신체라는 벌거벗은 신체의 한계와 국가, 자본, 가족 등의 반생산을 다룸으로써 자본주의를 설명하고자 했다면, 가타리의 후기 저작들에서는 혁명운동과 소수자운동이 어떻게 움직이고 연대망을 형성하는가를 그려내는 '욕망하는 기계'의 작동방식이 중심주제였기 때문이다. 그러므로 스피노자의 '신체론'의 제안이 가타리의 문제의식의 전면에 서지는 않으며, 변용에 따른 신체의 연결방식이 문제의식의 중심이 된다.

스피노자의 신체 변용은 복수의 신체의 연결과정에서 하나의 욕망의 흐름으로 나타날 수 있다. 가타리는 스피노자의 일원론적 구도와 달리 복수의 존재들이 작동시키는 욕망의 미세한 움직임에 주목한다. 이미 가타리의 초기 저작들에서도 복수적 욕망의 움직임을

13) 들뢰즈 · 가타리, 『천개의 고원』(2001), 287쪽, 「1947년 11월 28일—기관 없는 몸체는 어떻게 만들어지는가?」

14) 이런 의미에서 가타리는 들뢰즈가 제안한 '기관 없는 신체'보다는 '욕망하는 기계'의 작동방식에 더 주목하며, 들뢰즈와의 만남 속에서만 기관 없는 신체에 대해서 언급한다.—저자

'횡단성'(橫斷性, transversalité)이라는 개념으로 제시하고 있다.[15] 이 횡단성이라는 개념은 수직성과 수평성의 가운데의 n개의 사선으로 존재하는 영역으로 묘사되고 있는데, 수직선과 수평선 중간의 사선으로 끊임없이 편차를 만들어내는 과정을 의미한다. 가타리에게 있어서 '소용돌이운동'을 일으키며 지상에 파문을 던지는 것이 사랑(=변용)의 강렬한 움직임이라면, 가타리 초기의 논의에서는 약간의 '편위운동'(偏位運動, clinamen)적 차원으로만 존재하는 횡단성이 제시된다. 물론 편위는 소용돌이의 시발점일 수 있다. 횡단성은 집단적 차원에서 드러나는 방식으로 설명될 수 있는데, 정신병원에서의 간호사, 의사, 관리자들의 위계와 정신병실의 수평적 배치를 다른 방식으로 관계하여 간호사, 의사, 관리자, 환자의 설정으로부터 자유로운, 색다른 관계망을 구상해 보는 것이라고 할 수 있다. 초기에 가타리의 횡단적 집단 구상 속에는 변용의 강력한 역능에 대한 사고는 아직 전개되지 않는다. 그러나 반정신의학(反精神醫學, anti-psychiatrique)운동과의 접속이 만들어낼 색다른 무의식의 지도를 만들어내는 과정에서 그 운동의 원동력을 전혀 생각지도 못했던 무의식의 지도를 만들어낼 '변용'의 역능으로 바라보고 있다는 갖가지 증후가 나타난다.[16] '횡단성'은 집단 구상에서 무의식 구상

15) 가타리, 『정신분석과 횡단성』(2004), 133쪽, 「8.횡단성」 초기 가타리는 욕망의 복수성이 복잡계를 형성하는 것에 주목하며 횡단성이라는 개념을 제안했지만, 이후에는 그것의 작동방식과 연결방식에 대해서 더 주목한다.—저자

16) 가타리, 『분자혁명』(1998), 143쪽~228쪽, 가타리는 변용의 과정에서 형성되는 무의식의 수준을 광기의 차원으로 확장하여 완전히 다른 의미에서의 변용의 방식이 가능하다는 점을 지적한다. 이 책은 전혀 다른 방식으로 사고하는 사람들의 실천인 광인해방운동의 색다른 변용과정을 역사적 무의식의 수준에서 서술한다.—저자

으로 뒤바뀌며, 기존 무의식의 지도를 한꺼번에 바꿀 수 있는 섬광과 같은 생성으로 나아간다. 그 과정에서 스피노자의 '변용'이 갖고 있는 역능과의 접속이 존재한다.

스피노자의 변용 개념은 가타리의 되기(becoming)이라는 개념으로 계승되는데, 이 되기라는 개념은 사랑이 어떤 신체조성의 상태로 드러나는지를 단적으로 보여주는 개념이다.[17] '되기'의 전통은 만물의 유전(流轉)과 흐름의 구상을 갖고 있던 철학적 전통을 계승하는 것이기도 하며, 헤라클레이토스(Herakleitos, B.C 540~B.C 480?)로부터 시작되는 철학적 구도와도 결합된다. 이러한 철학은 변화와 흐름에 주목하는 독특한 철학적 위상을 갖는다. 이런 면에서 가타리에게 있어서 스피노자의 변용개념은 신체 조성의 차원에서 다루어지는 것이 아니라, 철학적 그림과 구도 전반에서 다루어지는 측면이 강하다. 파르메니데스(Parmenides, B.C 515~B.C 445?)에서 시작되는 '존재'(存在)에 대한 전통적 논의는 '이기'(being)라는 개념으로 표현되는데, 가타리에 따르면 철학적 존재에 대한 논의에서 언급되었던 존재라는 것은 고정되어 있으며, 변용되지 않는 딱딱한 신체의 조성을 의미하게 된다. 이 '존재'를 중심으로 한 전통은 플라톤과 이성주의 철학의 기본적인 전제가 되며, 존재의 자기동일성과 이성의 통합능력의 논거로 작동한다. 철학에서의 주류를 이루었던 '이기'로서의 존재에 대한 전통은 가타리의 '되기'라는 이단적인 논점에 의해서 반박된다. 이미 가타리가 수용했던 라이히 전통에서도 '이기'를 정체성이나 변용되지 않는 고정되어 있는 성격구조로

17) 같은 책, 195쪽 「4.어린이, 부랑자, 동성애자 되기」

보는 관점이 등장하고 있었다.18) 라이히는 리비도가 울혈(鬱血)을 만들어낼 정도로 억압되어 있던 성-욕망의 상황을 성격갑옷이라는 개념으로 구체화한다. 이를 계승한 가타리는 더 적극적으로 성격갑옷과 변용을 대조하며, 철학적인 두 가지 전통, 즉 이기(being)의 전통과 되기(becoming)의 전통의 차원으로 확장시켜 낸다. 이제 스피노자의 변용 개념은 가타리에게 있어 욕망의 흐름과 생성의 차원에서 다루어진다.

가타리의 '되기'의 차원은 집단적 구도에 들어가서 '전인민적 변용'이라는 개념으로 나타난다. 즉, 되기는 집단에서 증식하며 확산되는 하나의 흐름으로서 간주된다. 전인민적 변용이라는 개념은 '사랑'의 힘이 세상을 바꾸어낼 수 있는 원동력이 된다는 점을 지적한 개념이다. 그것은 민중이 기존의 자신의 삶의 방식을 문제삼기 시작하고 색다른 것을 사랑하기 시작할 때, 사회를 변혁하려는 움직임이 생성되는 것을 의미한다. 여기서 사랑은 미리 주어진 결론을 갖고 있고 이미 지각하게 있는 것을 직면하는 차원이 아니라, '지각 불가능한 것 되기'(devenir-imperceptible)의 차원을 의미한다. 즉 이제까지 기억에 없었고 느껴본 적이 없는 아주 색다른 것으로 변화되는 것을 의미하는 것이다. 그것은 달콤함과 행복함으로 느껴지는 낭만적 사랑이 아니라, 이제까지 사유하거나 느껴 보지 못했던 색다른 부드러움의 감수성과의 접속을 의미한다. 가타리의 전인민

18) 빌헬름 라이히, 『파시즘의 대중심리』(2006), 라이히는 성-억압의 과정이 경제적으로 억압받는 사람들로 하여금 자신의 물질적 이해관계에 반해서 행동하고, 느끼고, 생각하도록 만든다고 본다. 이러한 기계적인 성-억압이 성경제적 수준에서 성격구조 형성에 중요한 원인이 된다고 본다.—저자

적 변용의 개념은 집단의 구도와 스피노자의 변용개념을 결합함으로써, 돌이킬 수 없이 강력한 사랑의 색다른 경로가 가능하다는 것을 보여준다.

변용의 개념은 '되기'라는 개념적 구도를 갖게 되면서 갖가지 되기의 형상으로 드러난다. 먼저 '동물되기'(devenir-animal)는 동물무리의 야성성과의 접속을 의미하며 인간의 내면에 존재하는 동물의 속성으로 나아갈 수 있는 되기의 유형이다. 또한 '여성되기'(devenir-femme)는 남성과 여성의 경계가 생물학적으로 위치 지워진 것이 아니라, 젠더유형의 사회적인 것으로서 존재하는 것으로 사고하는 것이다. 여성되기는 여성이라는 소수자적 존재와의 접속과 변용을 통해서 남성 혹은 여성이 '여성성'을 획득하는 과정을 의미하며, 유성적 신체가 비로소 될 수 있어서 동물, 우주, 문자, 색채, 음악이 되는 과정의 교두보라고 할 수 있다.[19] 또한 여성과 남성이 사랑하는 과정에서 나타나는 '아이되기'(devenir-enfant)는 욕망의 존재로서 완결되어 있는 아이와의 접속과 변용을 의미하며, 계몽주의적 전제들과는 다른 역행(逆行, involution)적인 변화를 의미한다. 이러한 '되기'라는 차원은 변용의 과정이 색다른 무엇이 되는 것을 의미하기 때문에 '지각불가능하게 되기', '투명인간 되기'라고도 규정된다. 이것은 세상의 준거 틀이나 공리로는 잡히지 않는 색다른 무엇이 되는 것을 의미한다. 스피노자의 변용은 가타리에게 특이한 '주체성 생산'의 과정으로 나타나며, 그것은 근대가 규정해 놓은 정체성을 깨뜨리는 색다른 욕망의 흐름들을 규정한 것이었다.

---

19) 가타리, 『분자혁명』(1998), 226쪽

그러한 욕망의 흐름들이 어떻게 움직이는지를 살펴보기 위해서 가타리는 욕망의 연결과 조립을 구체화한다. 먼저 언급했던 '되기'와 '이기'는 그저 대립되는 철학적인 입장을 의미하는 것이 아니라, 마치 지도 속의 배치와 같이 욕망이 연결되는 방식이 된다. 변용의 과정에서 나타나는 '되기'는 욕망이 색다른 무엇과 '접속'(接續, connexion)하여 생산되는 과정에서 만들어지는 움직임으로 파악된다. 또한 변용이 정지되고 고정된 '이기'는 욕망이 정체가 분명한 것이 되고 소비되는 과정에서 나타나는 '연접'(連接, conjonction)의 형태로 파악된다. 여기서 '되기'의 욕망의 흐름이 '이기'로 고정되는 과정을 설명하기 위해서 하나의 연결방식이 도입된다. 그것은 '이접'(異接, disjonction)이라는 연결방식이며 분리하고 차별하여 코드를 등록하는 방식을 의미한다.[20]

더 쉽게 개괄하자면 처음에 욕망은 "그리고…… 그리고…… 그리고"로 접속의 형태로 연결되며 끊임없는 변용과 흐름 속에서 존재하면서 생산되는 과정에 있다. 접속은 아이, 동물, 광인, 식물, 예언자, 시인, 여성과의 접속의 과정을 의미하며 변용의 과정을 거쳐 색다른 욕망을 생산해 낸다. 그러한 과정은 무엇이라고도 규정할 수 없는 횡단과 변신의 과정에 있는 욕망의 흐름이며 욕망의 생산이다. 예를 들어 흐름 속에서는 이것일 수도 있고, 저것일 수도 있는 애매하며 모호한 주체성이 끊임없이 생산된다. 그런데 자본주의와 초월적 권력은 그것을 분리차별하는 방식으로 욕망을 연결하려고

---

20) 들뢰즈·가타리, 『앙띠 오이디푸스』(1994), 『천개의 고원』(2001), 11쪽 「서론 : 리좀」 참고.

한다. 그렇기 때문에 "또는…… 또는"의 방식의 욕망의 연결방식이 도입되는데, 이러한 이접적 방식은 "너는 동성애자냐? 또는 이성애자냐?"라는 방식으로 욕망의 흐름을 분리하고 차별하려 한다. 그래서 결국 '이기'라고 언급되었던 "나는 이성애자다"라는 방식으로 '욕망이 고정점에서 연결되는 방식'인 연접이 나타나는 것이다. 접속-생산, 이접-등록, 연접-소비는 욕망의 연결과 조립방식을 설명하기 위해 만든 가타리의 구도이다. 그것은 스피노자적 변용의 개념을 '되기'로 설명하고, 존재론적 '이기'의 전통에서 맞서고자 하는 것에서 더 나아가 욕망의 작동방식을 설명하는 방식으로 이 두 가지를 동시에 사용하는 것을 의미한다.

물론 가타리는 들뢰즈와 함께 '되기'의 영속적 과정과 흐름을 '리좀'(rhizome)이라는 개념으로 전진 배치한다.[21] 여기서 리좀은 구근식물인 감자, 개밀, 고구마 등이 땅 밑에서 연결 접속되며 끊임없이 '옆으로 옆으로' 증식하는 과정을 의미한다. 이 리좀의 구상은 '되기'라는 차원을 만들 수 있는 기본전제인 '접속'의 차원을 다룬 것이라고 볼 수 있다. 물론 '수평적 연결접속'의 차원은 되기의 기본전제일 뿐이지 그것만으로는 사랑과 변용의 과정이 갖고 있는 막대한 생명에너지의 응축과 방출을 설명할 수는 없다. 마치 네트워크 유형으로 짜여진 리좀적 지도 그리기는 변용이 만들어내는 특이한 주체성의 생산과정을 고려했을 때, 끊임없이 외부의 접촉면을 늘려나가며 증식하는 프랙털(fractal) 유형으로 나타나는 내재성의

21) 『천개의 고원』(2001), 11쪽 「서론 : 리좀」 여기서 들뢰즈 · 가타리는 변용의 과정의 '되기'와 욕망의 흐름의 차원을 생명현상에서 벌어지는 리좀이라는 탈기표작용, 지도제작, 다양체 등의 원리로 바라본다.—저자

그림과 구도를 보여준다. 가타리는 이접과 연접을 자신의 존재를 반성하거나 반영할 뿐인 수목(arbre)구조라고 묘사하면서 '리좀'의 선 사이에 있는 점과 같이 그 의미를 축소시킨다.[22] 그 이유는 이접과 연접의 욕망의 연결방식은 기존의 정체성을 합리화하는 방식이지만, 탈영토화(脫領土化, déterritorialisation)하는 욕망의 흐름이 그려내는 색다른 지도와 그것의 경계면의 증식의 입장에서 보면 지도 한 켠에 배치된 고정된 점과 같기 때문이다. 스피노자의 '변용' 개념은 가타리에게 계승되면서 하나의 신체조성을 설명하는 방식이 아니라 복수의 욕망하는 신체들이 어떻게 연결되고 조립되는지에 대한 설명방식으로 확장되어 새로운 지평을 드러내 보인다.

가타리의 소수자되기와 해방을 향한 사랑의 전주곡

스피노자가 보여준 주체성은 '자유인'이라는 개념에서 드러나는데, 이 자유인은 "변용에 적합한 신체를 갖고 있으며, 영원한 정신을 소유한 자"이다.[23] 또한 이 자유인은 죽음에 대해서 공포를 갖지 않고 삶을 성찰할 뿐인 사람이다. 이러한 자유인이라는 주체성은 스피노자가 변용에 적합한 신체를 갖고 있으며 당대의 민주주의를 이끌 주체성임에 분명하다. 반면 가타리는 변용을 집단적 기획으로 투사하여 전인민적 변용의 기획으로 만들어냈을 뿐만 아니라,

22) 같은 책, 54쪽 참고

23) 스피노자, 『에티카』(1990), 316쪽, 정리 39. 많은 것에 대해서 적합한 신체를 가진 자는 그 가장 큰 부분이 영원한 정신을 소유한다.—저자

그 방향성과 구도를 그려나가는 과정에서 소수자(少數者, minorité)라는 주체성을 등장시킨다. 소수자는 양적인 소수(少數, minor)를 의미하거나 사회적 약자를 의미하는 것이 아니라, 특이성을 생산할 수 있는 주체성을 의미한다. 이러한 소수자와의 접속-흐름이 형성하게 될 변용의 과정이 소수자되기(=전인민적 변용)이다. 소수자되기를 사회적 약자에 대한 연민을 느끼는 것으로 사고하는 것은 그 개념이 갖고 있는 주체성 생산의 의미를 간과하는 측면이 강하다. 가타리가 등장시킨 소수자는 '특이성을 생산하는 사람'과 동의어이며, 그렇기 때문에 소수자되기라는 변용의 과정은 매우 강렬한 색다름을 창조하고 생산하는 과정을 의미한다. 기존 질서에서 주류 '다수자'(多數者, majorité)로 나타나는 주체의 형상은 남성-백인-자국민-성인-이성애자-비장애인-정상인이다. 소수자의 계열은 여성-유색인-타인종-아이 · 노인-동성애자-장애인-광인으로 나타난다. 이러한 소수성은 사회가 정상적이고 합리적인 틀을 어떤 영역으로 설정하느냐에 따라서 주변부와 가장자리에서 끊임없이 생성된다. 이 소수자라는 주체성은 다수자의 격자와 규범 속에서 살아가지 않고 자신의 욕망을 끊임없이 생성해 낸다는 점에서 스피노자적 '자유인'이라는 주체성의 계승자이다.

문제는 '소수자되기'(devenir minorité)가 어떤 방식으로 '주체성 생산'을 할 수 있느냐에 대한 것이다. 보통의 경우처럼 사랑을 연민이나 동정이라고 사고하는 사람들에게는 변용의 강렬한 되기의 흐름이 색다른 주체를 생산할 정도로 사고되지 않는다. 소수자되기는 자신의 영토(=거주지)를 벗어나 색다른 특성을 갖고 있는 소수자와 접속하여 갑자기 돌연변이처럼 전혀 생각지도 못했던 사람이 되는 것을 의미한다. 그렇기 때문에 이러한 소수자되기는 욕망과 광기의 힘이 아주 이질적인 주체를 만들어내어 사회에서 독특하고 색다른 이야기를 하기 시작하는 것을 의미한다. 이러한 변용의 차원은 단순한 신체조성의 변화 정도의 의미를 갖는 것이 아니라, 전대미문의 역능을 드러내면서 홀연히 등장하는 주체성의 섬광과 같은 차원을 의미한다. 가타리는 랭보가 광기에 직면해서 갑자기 시를 쓰기 시작한 상황과 음악에 대해서 전혀 알지 못했던 사람이 광기에 사로잡히자 피아노를 치기 시작한 경우 등을 사례로 든다.[24] 이러한 가타리의 주체성 생산의 차원은 스피노자가 언급한 자유인의 간결하고 단순한 움직임과 다른 역동적이고 복잡한 움직임을 표현하고자 하면서 매우 심오한 논의로 나아간다. 물론 그 이유는 '소수자되기'가 만들어내는 색다른 주체성이 어떻게 생산되는지에 대한 무의식적 차원을 그려내기 위한 것이다. 이를 위해 기호론과 기계론이라는 이론적 연장들이 사용된다.

'소수자되기'라는 개념이 중요한 또 다른 이유 중에 하나가 자본주의가 갖고 있는 초자아의 수용좌표 하에서 안전하게 살고 있는 사람들과 예속집단의 문제를 해결할 수 있기 때문이다. 불변항처럼 느껴지는 구조 속에서 안전하고 안락한 삶을 살아가는 '예속인'은 그 내부에 영속적인 형태의 삶이 보장될 수 있을 것이라는 환상을 갖게 된다. 이러한 예속인과 다른 자유인은 가타리에게는 '주체집단'(主體集團, groupe sujet)이라는 개념으로 등장하는데, 구조의 불

24) 가타리, 『욕망과 혁명』(2004), 249쪽

변항과 영속성이 점차 수정되게 되는 것이 자신의 유한성에 대한 응시에 입각해서이다. 즉, 자본주의의 맹목적인 성공주의, 승리주의의 충동으로 나아가는 예속집단(隷屬集團, groupe assujette)의 무의식의 궤도를 수정하기 위해서는 자신의 삶의 밖에서 유한하고 특이한 삶을 살고 있는 소수자와의 접속과 변용이 필수적이다. 소수자되기는 유한성의 실존좌표를 통해서 자신의 죽음, 욕망, 광기를 인정함으로써 동시에 자신의 삶이 유한하다는 것을 인정하면서 예속인으로부터 벗어날 수 있는 경로를 개척한다. 스피노자의 '자유인'과 '예속인'이라는 개념은 가타리에게서는 '주체집단'과 '예속집단'이라는 개념으로 뒤바뀌어서 나타난다. 여기서 주체집단은 현기증 나도록 정열을 만들어내는 이유가 바로 자신의 집단이 언제가 사멸할 것이라는 점을 응시하기 때문이다.[25] 이러한 집단의 동학에 대한 언급은 스피노자의 자유인 개념을 계승하여 미세한 집단적 욕망의 흐름을 설명하기 위한 것이다.

스피노자의 변용개념을 사회화학적으로 확장한 '소수자되기'라는 개념은 자유인의 해방전략이라고 지칭되는 스피노자적 노선을 정확히 따르고 있다.[26] 자유인의 해방전략은 사랑과 욕망의 힘으로 세상을 바꾸자는 전략이라고 할 수 있다. 많은 이론들이 있지만 사랑

---

25) 가타리, 『정신분석과 횡단성』(2004), 103쪽. 예속집단은 지도력, 동일시, 암시효과, 거부, 희생양 등의 터부와 의례, 규율 등에 의해서 조직을 만들지만, 주체집단은 문제, 긴장감, 내부 투쟁, 분열의 위험에 침몰할 위기에 처하는데 다른 집단들에 개방되어 있기 때문이며, 자기집단의 사멸을 응시하기 때문이다.

26) 스피노자, 『에티카』(1990), 224, 정리18. 기쁨에서 생기는 욕망은 다른 사정이 같을 경우, 슬픔에서 생기는 욕망보다 강하다.—저자

이 해방의 원동력이 될 것이며, 사랑의 행동을 통해서 세계 재창조와 사회변혁을 이루겠다는 노선을 찾아보기 힘들다. 예를 들어 맑스주의의 프롤레타리아트 혁명은 계급투쟁이라는 투쟁의 동력이 등장하여 주체를 움직이게 한다. 특히 맑스주의 내에서 수용된 구조주의적 발상들은 주체성의 변용(=사랑)이 사회변혁의 원동력이라는 사고를 간과하고, 구조적 수준에서만 접합과 구조결정으로 이행이 이루어지는 것처럼 사고하는 객관주의적 경향이 있다.[27] 그러나 가타리는 이행과 변이를 드러내는 주체성의 생산과정에서는 필수적으로 '소수자되기'라는 변용과 사랑이 동반된다는 점을 강조함으로써 구조, 이성, 규범, 권력의 작동방식과 다른 사회변혁의 작동방식을 제시한다. 그렇기 때문에 스피노자의 '자유인의 해방전략'은 가타리에게서 매우 급진적인 방식으로 재창조되며, '사랑의 행동'이 만들어낼 전대미문의 주체성들이 사회적 관계를 변화시키고 색다른 목소리들과 관계맺음을 수행하는 점에 주목한다.

스피노자의 내재성의 차원은 초월적인 권력에 맞선 내재적인 민주주의의 구도로 그림을 그리는 경우가 많다. 홉스(Thomas Hobbes, 1588~1679)가 이기적 욕망에 의거한 "만인에 의한 만인의 투쟁", 즉 '인민투쟁' 상태에서 결과적으로 초월적 권력인 리바이어던(Leviathan)을 요청했다면, 스피노자는 욕망의 합성과 소통이 갖고 있는 기쁨의 민주주의의 내재성이 결국 승리할 것이라는 점을 제시하였

27) 이러한 구조결정론적 사고방식은 라캉을 수용한 알튀세르의 경우에 해당하며, 이 이론은 구조의 대체와 접합을 변혁의 전략으로 제시하면서 주체성에 대한 논의를 누락하는 경향이 있다. 이러한 사고방식은 주체들의 변용과정이 생략된 채, 변혁운동이 존립할 수 있다는 환상을 만들어낸다. 그레고리 엘리어트 지음 『알튀세르,이론의 우회』(1992) 참고. —저자

다. 이러한 홉스와 스피노자의 노선은 '초월적 권력'과 '내재적 민주주의'라는 차원의 두 구도를 대조적으로 보여준다.[28] 스피노자의 내재성의 구도는 민주주의적 관계망을, 즉 기쁨의 정서를 촉발하는 욕망합성과 잡종화로 이루어진 관계망을 보여준다는 점에서 의미를 갖고 있다. 스피노자는 초월성으로 언급되는 '신'조차도 내재성의 '신, 즉 자연'으로 삶의 내부에 배치하지만 종교권력과 같은 초월적 권력의 현존에 직면해서는 색다른 내재성의 민주정치의 필요성을 주장하였다.

가타리에게서 초월적 권력은 언어규범, 사회규칙, 법, 제도 등을 결정하는 초코드(surcode)의 수준에서 다루어진다.[29] 특히 언어적 코드(code)의 작동방식의 외부에 있는 아이, 동물, 광인, 이주민 등의 소수자들에 대해서 주목하면서, 비언표적 기호(非言表的記號, signe asignifiant)를 통해서 관계망을 형성하는 소수자적 네트워크를 설명하려고 한다. 스피노자에게 있어서 초월성에 대한 논의는 삶의 내재적인 구도를 넘어선 권력의 좌표를 의미한다. 반면 가타리에게 있어서의 초월성은 암암리에 소수자에 대한 명령으로 존재하는 언표적 코드로서 내재한다. 물론 이 초월적 코드를 작동시키는 주체들은 신, 국가, 아버지와 같은 초자아들이라는 점에서 권력의 작동방식에도 분명히 적과 아(我)가 구분된다. 그렇기 때문에 가

28) 기유정, 『홉스와 스피노자의 정치이론 비교연구-계약론과 반계약론의 문제설정을 중심으로』(서울대 정치학과 대학원, 1998.08) 참고

29) 들뢰즈·가타리, 『앙띠 오이디푸스』(1994) 이 책에서 기표독재체제라는 개념을 통해서 초코드화하는 권력의 지배명령어가 언표적 수준에서 존재한다는 점을 지적한다. 코드는 제도, 규범, 법 등의 수준을 만드는 기호학적 용어이며, 초코드는 그것에 권력의 적분을 부여하는 행동을 의미한다.—저자

타리는 초월적 권력이 우리의 내부에서 작동한다는 점을 승인하는 데 머무는 것이 아니라, 코드를 탈코드화(décodage)할 수 있는 민중적 관계망의 내부에서의 욕망의 흐름의 작동방식에 주목한다. 탈코드화를 일으키는 욕망의 작동방식에는 여러 가지의 의미나 지시대상을 한꺼번에 갖고 있는 것으로 파악될 수 있는 춤, 몸짓, 색채, 음향, 의례, 표정 등으로 이루어진 비언어적 관계 맺기의 차원이 있다. 가타리의 내재성의 차원은 스피노자처럼 '민주주의'라는 기쁨의 정동양상으로 드러나는 관계 맺기가 아니라, 더 미세한 영역에서 작동하는 말로도 표현될 수 없는 수준의 관계 맺기의 섭동작용(攝動作用)을 의미한다. 그렇기 때문에 내재성의 구도는 더 세밀하고 구체적인 현장분석의 차원으로 나아가며, 주체성 생산을 설명하기 위한 무의식 분석으로 나아간다.

소수자되기와 같이 특이한 주체성이 생산되는 과정에 대한 무의식적 과정을 분석한다는 것은 상당히 난해한 부분이며, 어찌 보면 이론적으로 설명될 수 없는 부분이라고도 할 수 있다. 그러나 가타리는 소수자되기가 갖고 있는 욕망의 탈영토화와 탈코드화의 운동을 설명하기 위해서 무의식의 차원의 움직임을 보여주려고 노력한다. 그 과정에서 초기에는 '횡단성'이라는 복잡계의 구도가 등장하였고, 후기에는 '분열분석'(分裂分析, schizo-analyse)이라는 '무의식의 화용론'의 차원이 등장한다. 결국 가타리의 시도는 사랑과 변용이 무의식을 어떻게 움직이게 하며 세계를 달리 보고, 다른 삶을 살도록 만드는가를 설명하고자 했던 이론적 기획을 작동시켰다. 물론 이러한 시도에 대해서 매우 무익하며 허황된 것이라고 일침을 가하는 사람들이 있을 수 있다. 그러나 그러한 시도를 제일 처음 한 사람이 바로 스피노자였으며, 스피노자의 기획을 현대적으로 더 확장시켜 나갔던 사람이 가타리였다. 스피노자가 정서적 차원에서 기하학적 사고를 전개시켰다면, 가타리는 무의식의 차원에서 기호론과 기계론을 전개시킨다.

욕망은 역능, 역능은 욕망

스피노자의 '욕망론'의 개념적 구도는 '자기보존욕구'(conatus)라는, 삶을 자존시키고 자립시킬 수 있는 긍정적인 본성으로 그려진다. 그런데 "존재할 수 없는 것은 무능력이고, 반대로 존재할 수 있는 것은 능력이다"[30]라는 점에서 욕망은 존재의 구성과 긍정의 원천이라고 할 수 있다. 그러나 '욕망'을 철학적으로 정의한다는 것은 거의 불가능에 가까운 일이다. 예를 들어 철학에서의 인식론(認識論, epistemology) 차원에서 욕망을 정의하려고 하면, 규정과 정의 내로 들어오지 않는 존재의 변이와 흐름, 양태들로 이루어져 있음을 알 수 있다. 스피노자의 욕망에 대한 기본적인 정의를 계승한 가타리는 '욕망'에 대한 선험적인 정의를 내리고 규정하는 방식이 아니라, 이미 존재하는 욕망을 화두로 던지고 논의를 진행한다. 가타리는 욕구(慾求, needs)와 요구(要求, demand), 이익(利益, interest)의 주체로 등장하는 맑스의 프롤레타리아트라는 설정으로부터 벗어

30) 스피노자, 『에티카』(1990), 25쪽

나서 욕망(慾望, desire)을 정의하면서 '자기보존욕구'라는 스피노자적 정의로부터도 벗어난다. 여기서 '욕구'는 결여와 부재의 원리에 입각해서 대상이 존재하며 기존 공리 내에서 충족될 수 있는 것이지만, 욕망은 기표(記表, signifiant)와 제도(制度, institution) 등의 공리를 산출하며 생산하면서 색다른 무엇인가를 만드는 예술, 창조, 과학, 혁명의 행위기반이라고 할 수 있다. 가타리에 따르면 "욕망이 억제된 것은 아무리 작은 욕망이라도 일단 욕망이 생기면 사회의 기존 질서가 의문시되기 때문이다. 그렇다고 욕망이 비사회적인 것은 아니다. 그렇지 않고 욕망은 사회를 뒤집어엎는다. ……욕망은 본질적으로 혁명적이다"[31]라고 욕망의 혁명성에 대해서 언급한다. 이러한 욕망에 대한 정의는 스피노자의 자기보존 욕구의 차원에서 보여준 욕망의 '세계 구성의 원동력'이라는 차원에서 '미래구성의 원동력'이라는 차원으로 나아간다. 그렇기 때문에 맑스의 노동자계급의 계급이익의 혁명성이 아니라 '욕망의 혁명성'으로 나아간 것은 기존의 공리계(公理系, axiomatic system)를 거부하고 색다른 욕망을 생산하였던 68혁명을 겨냥한 것이었다.

스피노자는 욕망의 움직임을 서술하기 위해서 평행론이라는 이론적 연장을 사용하는데, 그것은 공통관념의 속성(屬性, attribute)과 신체변용의 양태(樣態, mode)가 평행을 이룬다는 이론적인 구도를 그린다. 즉 관념 속에서 속성이 늘어나기 위해서는 변용양태가 나타나야 한다. 그것은 헤겔식의 '관념의 자기운동'에 대한 거부를 의미하며, 신체의 변용과 관념의 운동이 평행적으로 같이 움직인다는

31) 들뢰즈·가타리, 『앙띠 오이디푸스』(1997), 179쪽.

사고방식이다. 예를 들어 말발자국을 보는 순간 관념에서는 말과 마부 등의 속성이 증가될 것인데, 그 이유는 신체가 말되기, 마부되기 등으로 변용되기 때문이다. 이러한 평행론적 사유방식은 '욕망과 이성이 평행을 이룬다'는 사고방식으로 발전한다. 즉, 신체를 변용하도록 하는 욕망의 운동은 이성의 운동과 평행적으로 발전하며, 더 욕망할수록 더 이성적일 수 있다는 사유가 가능한 것이다. 스피노자는 "이성에서 생기는 욕망은 결코 지나칠 수 없다 : 욕망은 인간의 본성이며, 이성에서 생기는 욕망, 즉 우리가 활동하는 한 우리들 안에 생기는 욕망의 인간적인 본질이 오로지 인간의 본질에 의해서만 타당하게 생각되는 일을 하도록 결정되는 한에서 인간의 본질 또는 인간의 본성 자체이다."[32]라고 발언하면서, 욕망과 이성이 평행선 내에서 교차될 수 있음을 말한다. 그러나 가타리는 이성의 궤도를 벗어난 욕망, 즉 광기의 수준으로 욕망의 차원을 확장한다. 가타리의 욕망은 합리적 준거틀로는 잡히지 않는 미세한 흐름을 보여주는 광기와 분열의 차원으로 나아간다. 결국 스피노자가 욕망의 합리적 자기원인에 대해서 설명하고자 했다면, 가타리는 욕망의 반합리적 움직임을 설명하고자 한 것이다.

스피노자의 언급대로 '존재한다는 것이 능력'이라는 점에서 '자기보존의 욕구'로서의 욕망은 역능이다. 그러나 능력의 차원은 권력(勸力, pouvoir)의 초월적 힘인지, 아니면 자유인의 내재적 역능(力能, puissance)인지에 따라 분리되어서 논의되어야 할 것이다. 역능의 논리는 내재적인 능력이 갖고 있는 개념구도가 권력의 경로를

32) 스피노자, 『에티카』(1990), 262쪽.

통하지 않고도 설명될 수 있도록 만든다. 만약 힘과 능력의 차원이 초월적 권력과 내재적 민주주의의 두 가지 구도로 분리해서 설명되지 않는다면, 사랑의 힘과 권력의 힘이 차이점을 간과하게 될 것이다. 스피노자의 엄밀한 능력에 대한 구분은 사랑과 욕망이 민중적 역능이 될 수 있음을 설명하게 해 준다. 더 나아가 가타리는 "욕망이 역능이며, 역능이 욕망"이라는 선언으로 달려간다.[33] 물론 여기서 욕망은 존재긍정과 존립의 코나투스에서 더 확장된 개념이다. 색다른 것을 욕망하기 시작하고, 새로운 삶과 관계를 구축할 것을 욕망하는 것이 역능이라고 한다면, 역능의 개념에는 아직 존재하지 않는 것에 대한 능력 역시도 포함된다고 할 수 있다. 그것은 단순한 상상계적 수준에서의 문제가 아니라, 실재적인 현실의 관계에서 이질적인 것들과 만나 새로운 삶을 생성하는 과정을 '욕망'이라고 표현하는 것이다. 즉, '욕망하는 생산'의 차원에서 욕망이 끊임없이 생산하며 산출할 수 있는 역능을 갖고 있음을 의미한다. 여기서 실제적인 현실이라고 묘사된 실재계는 단지 의식된 물질현실을 의미하는 것이 아니라, 무의식적인 차원에서의 욕망의 움직임까지도 포함한다. 그렇기 때문에 욕망이 역능이 되는 것은 무의식이 색다른 방향으로 바뀌는 것을 의미하며, 고정되어 있는 '존재의 능력'의 차원만을 의미하는 것이 아니다. 물론 이러한 무의식 변화의 의미는 주체성 생산이라는 차원을 의미한다. 그렇기 때문에 욕망이 역능이며 역능이 욕망이 되는 차원은 무의식의 구도에서 이질적이고 색다른 요소들이 등장하고, 그것이 욕망함이라는 차원으로 발전하여 색

33) 가타리, 『욕망과 혁명』(2004) 259쪽.

다른 흐름을 갖는 관계망이 형성하고, 결국 그것이 능력의 차원이 될 수 있는 자기생산성을 확보하게 되는 것을 의미한다. 가타리는 욕망할수록 이성적이게 된다는 스피노자의 구도에서 욕망할수록(이성적이든, 이성을 넘어서 있든) 역능을 향상시킬 수 있다는 구도로 나아가는 것이다.

가타리는 니체(Nietzsche, Friedrich Wilhelm, 1844~1900)의 초인론에 대해서 역능의 내재적 차원을 배제한 채 약점을 넘어서려는 시도로 바라보면서 선을 긋는다.[34] 니체의 도덕의 계보학이나 초인론은 민주적 역능의 차원의 맥락에서 벗어나서 마치 자신의 약함이 강함으로 초극될 수 있을 것이라는 논리를 품고 있다. 그런 점에서 가타리는 철저히 스피노자주의의 입장에서 니체주의와는 결별한다. 물론 가타리와 함께 작업했던 들뢰즈의 경우에는 상당부분 니체를 따르는 경향이 있었지만, 그럼에도 불구하고 가타리는 니체를 수용하지 않는다.[35] 니체는 권력과 역능의 구분에 대해서는 간과하고 있으며, 권력이 관통하면서 선·악의 계보를 넘어서는 힘에 대해서 주목한다. 그렇기 때문에 내재적인 삶과 욕망의 차원에서 논의되어야 할 민중적 역능을 약함으로 규정하며 그것을 넘어서라고 말한다. 가타리는 이러한 '약함을 넘어서려는' 행동방식이 역능으로서 존재하는 욕망이 아니라 권력-욕망일 수 있다는 점을 간파

---

34) 같은 책, 284쪽 "무엇보다도 먼저, 저는 니체주의자가 아닙니다. 둘째로 저는 저의 약점을 넘어서는 것에 대해서 생각하지 않습니다. 셋째로 저는 정신분석에서 그리고 대학에서 목을 적시고 있는 이러한 영역에 제가 기여할 수 있는 것을 알지 못합니다."

35) 질 들뢰즈, 『니체와 철학』(2001) 참고.

하고, 니체의 철학적 구도와 거리를 취한다. 결국 철학의 논의에서는 니체가 수용될 수 있을지 몰라도, 실천적 맥락 속에 있었던 가타리에게는 니체는 수용될 수 없었다. 소수자의 욕망에 대한 논의 역시도 니체가 갖고 있는 초인사상에서는 소수자와의 접속이 만들어낼 색다른 차원에 대한 논의가 아니라, 그러한 약한 인간을 뛰어넘는 행동양식을 추구한다는 점에서 소수자를 배제하고 있다고 평가될 수 있다. 결국 가타리가 스피노자의 역능을 수용하면서 니체를 넘어섰다고 할 수 있다.

역능에 대한 논의에서 '네그리'를 필두로 한 자율주의자(自律主義者, autonomist)들의 논의 맥락은 단순히 '잠재성'(潛在性, virtuality)의 차원에서 다루는 측면이 강하다. 결국 내재적 역능의 차원이 드러나며 흐름과 움직임을 갖는 미시적인 영역에 대한 언급 없이 '다중의 잠재력'이라는 차원에서 다루어진다. 스피노자 수용의 역사 속에서 자율주의자들(특히 네그리)의 스피노자 수용은 초월적 권력에 맞선 내재적 민주주의의 구도라는 차원에서 이루어져 왔다. '제국'(帝國, Empire)과 '다중'(多衆, multitude)에 대한 논의에서 내재성의 차원을 설명해야 할 필요성이 제기되었음에도 불구하고, 스피노자의 내재성을 마치 사랑과 욕망의 미시적인 움직임과 별도로 존재하는 형이상학적인 평면구도로 사고하는 경향을 보였다.[36] 결국 가타리의 '욕망의 미시정치'가 스피노자의 역능에 있어서 가장 중요한

36) 네그리, 『야만적 별종』(1997)과 『제국』(2001)에서의 스피노자의 논의를 참고했다. 네그리의 지나친 존재론적 평면화는 결국 내재성을 변용의 흐름이 보여주는 미세한 움직임으로 보는 것이 아니라, 잠재성의 차원으로 신비롭게 표현하게 만든다.—저자

부분을 의미한다는 점에 대해서는 간과하는 결과를 낳게 된다. 결국 네그리의 다중에 대한 언급은 "어떻게 살 것인가?"에 대한 언급을 제시하지 못한 채 "존재론적으로 다중이 있다, 어디에? 우리 안에!"라는 식의 논증으로 구성되어 있다. 그러나 가타리에게 있어서 스피노자의 내재성의 구도는 욕망의 미세한 흐름과 움직임이 어떤 방식으로 이루어지며, 변용과 사랑의 역능이 어떤 식으로 구성되는가에 대한 주체성 생산에 대한 이야기라고 할 수 있다.

'욕망의 미시정치'는 거시적인 정치의 신화로 이루어졌던 맑스주의와 가족 내의 사생활로 이루어진 프로이트주의를 동시에 비판한다. 이것은 구체적인 삶의 욕망과 사랑이 어떤 방식으로 미시적으로 움직이며, 미시파시즘적 분리와 차별에 맞서 어떤 방식으로 사랑이라는 용기 있는 행동에 나서는가에 대한 그림을 그려낸다. 그렇기 때문에 프롤레타리아트의 형이상학적 신화가 아니라, 사회의 주변부와 가장자리에 있는 소수자와의 접속과 변용이 만들어낼 색다른 움직임에 주목한다. 예를 들어 노동자 가장이 가정에 돌아와서 여성에 대해서 차별적인 관계를 맺고 있다면 자본주의와 색다른 관계 맺기에 실패한 것이며, 아이에 대해서 교육적인 면에서 권위적인 태도를 취한다면 지식권력과는 다른 방식의 집단지성(集團知性, Collective Intelligence)을 획득하는 것에 실패한 것이 된다. 그렇기 때문에 소수자에 대한 태도, 감수성, 지각형태가 완전히 다른 의미에서 재구축되는 삶이 바로 스피노자의 내재적인 역능의 차원을 의미한다. 그러므로 스피노자의 역능에 대한 논의는 구체적인 욕망—삶을 어떻게 살아가고, 어떤 것을 열망하는가?—이라는 차원에서의 논의로 나아간다. 기존의 맑스주의적 혁명론은 권력의 틀만을 강조한 나머지 기존 방식과 다른 삶이 어떻게 가능한가에 대해서는 누락시키는 경향이 있었다. 국가권력을 대체하며, 사회주변 영역이나 소수자운동에 헤게모니를 행사한다는 맥락은 오히려 '소수자되기'라는 욕망의 혁명에 거스르는 결과를 낳는다. 결국 아주 미시적인 욕망과 삶이 변화해야만 사회변혁의 논의도 가능하다는 것이 가타리의 지적인 것이다. 스피노자의 '내재적 역능'이라고 표현되었던 기쁨의 민주주의는 가타리에게 있어서 '욕망의 미시정치'라는 실천적인 명제가 되며, 그저 잠재되어 있는 우리 안에 내재된 관계나 능력이라는 설정이 아니라 욕망혁명을 위한 색다른 실험과 실천의 차원에서 논의된다.

스피노자의 일원성과 가타리의 복수성

스피노자는 "사물의 자연 안에는 동일한 본성이나 속성을 가지는 둘 또는 다수의 실체가 존재할 수 없다."고 언급하면서 '실체'(實體, substance)는 하나의 자기원인을 갖는다고 언급한다.37) 스피노자의 실체는 무한한 유적 본성을 갖고 있는 실체이며, 그렇기 때문에 변용에 따른 양태에 앞선 개념이며, 양태를 무한히 산출하는 하나의 원인이다. 이러한 스피노자의 일원론은 무한자인 '신'으로서의 하나의 원인이 모든 자연물 안에 내재해 있다는 논증이다. 일원론

37) 스피노자, 『에티카』(1990), 17쪽

의 구도는 특이한 변용과 사랑의 행동들이 그물망처럼 연결되어 있고 그것에 앞서 '유'적 본성인 공동체의 자기원인에 따르도록 만든다. 이러한 스피노자의 일원론적 구도는 무한한 양태와 속성을 갖고 있는 '공통성'으로서 사회와 집단을 바라보게 만든다. 스피노자의 일원론적 구도는 '특이성'(特異性, singularité)을 사랑하는 '공통성'(共通性, communauté)이라는 측면을 보여주는데, 이 공통성은 헤겔이 오독한 것처럼 자기원인으로서의 실체가 하나라는 점에서 특이성의 생성 과정이 없이 현존하는 질서 속에서 파악하는 '보편성'(普遍性, universality)으로 오해될 소지도 있다. 그러나 스피노자의 신적 본성이 무한한 증식과 변이를 일으키며 특이성을 보이는 변용양태를 드러낸다는 점에서 '공통성'이 고정되어 있는 보편자로서의 의미에서 벗어나 있다. 그러나 헤겔의 오독은 일정한 근거를 갖고 있는데 그것은 이성의 통합력에 근거해서 자기원인으로 작동하는 공통성이 하나로 묶일 수 있다는 생각이다. 물론 신적 본성이라는 차원의 무한의 논의로 보자면 생성과 변용 속에 있는 욕망의 자기원인을 하나의 실체로 보는 입장은 언제든 논의될 수 있다. 그러나 세속적 현실을 설명하는 과정에서 실체의 논의는 달라질 수 있으며, 다질적이고 다극적이며 다실체적이고 다중적인 수준에서의 서로 환원될 수 없는 수준의 특이한 존재에 대한 논의가 이루어져야 한다. 가타리는 스피노자의 일원론적 구도가 공동체나 사회(유적 본성)가 내재적으로 연결되어 있다는 점을 지적하고 있지만, 그것을 변화시키는 특이성이 어떻게 조립되고 연결되어 공통성을 변화하는지에 대해서 주목하고 더 나아가 특이성이 어떻게 생산되는지에 대한 구도에 더 주목한다.

스피노자는 욕망의 자기원인을 하나의 실체의 관점에서 보는 일원론의 구도를 그리면서 '공통성'의 내재성의 구도를 그려낼 수 있었다. 그러나 가타리는 욕망의 자기원인이 다채로울 수 있다는 점에 착목하면서 다양, 여럿, 복수의 관점을 개방한다. 이제 공동체는 서로 이질적인 특이성이 조각조각 이어져 서로 다른 이야기와 서로 다른 움직임을 가지면서 특이한 욕망을 생산하는 과정으로 표현된다. 이러한 사고방식은 "특이한 사물의 존재의 본성이 신의 본성의 영원한 필연성에서 나오기 때문이다"[38]라는 스피노자적 방식의 특이성 논의를 넘어서서 특이성의 원인을 '신적 본성'이라는 형이상학적 차원에 놓아두지 않고 구체적으로 설명하겠다는 시도라고 할 수 있다. 특이성 생산이라는 영역에 대해서 설명하지 않으면서 '공통성'이 갖고 있는 내재성의 차원만을 언급하는 논의들은 스피노자의 일원론 구도에서 벗어나지 못한 것이라고 할 수 있다.[39]

반면 가타리는 복수자가 갖고 있는 욕망의 자기원인을 특이성의 차원에서 각각 설명해 냄으로써 어떻게 그것이 '이질생성'되는지에 대한 그림을 그려내려고 한다. 가타리의 욕망의 복수성은 존재론적 '차이'(差異, Difference)의 수준을 실체론적 수준에 옮겨 놓은 것이 아니라, 횡단하며 변이하면서 차이와 특이성을 생산해내는 욕망의 움직임에 주목하는 것이다. 가타리에게 있어서 '욕망하는 기계'에 대한 논의는 '차이에 대한 논의'에서 차이가 발생하는 '기계의 자기

38) 스피노자, 『에티카』(1990), 114쪽 : 네그리, 『야만적 별종』(1997), 203쪽 재인용
39) 네그리, 『제국』(2001), 394쪽 참고

생산의 논의'로 문제의식을 변화시킨 것으로, 특이성을 가진 각각의 욕망이 '전체의 작동을 고려하지 않는 부분'의 작동이라는 입장에서 각각 자기원인이 되어 움직이는 것을 의미한다.40) 그렇기 때문에 특이성은 공통성에 의해서 작동하는 수동적인 것이 아니라, 각각 자기원인을 가지면서 스스로 움직이고 생산되는 것이다. 이것은 가타리가 '차이의 정치'를 강조하는 경향이 있었기 때문에 욕망의 복수성 논의를 하였다기보다는 각각의 차이를 갖는 욕망의 기계작동들이 어떻게 연결되고 조립되면서 생산, 흐름, 변이, 접속되는지에 대해서 다루려 했던 것이다. 들뢰즈의 '차이의 논의'는 가타리와 접속하여 돌연 '욕망하는 기계'라는 기계론적 차원으로 움직이며, 주어진 차이에서 차이 생산의 문제로 위상을 달리하게 된다. 기계는 각각 스스로의 작동원인을 갖고 있으며, 이질적인 것으로서 상호간에 연결된다. 기계는 구체적인 주체를 등장시키는 방식이 아니라, 사이-주체성인 "어느 누군가"를 등장시키는 색다른 관계 작용에 대한 인식이다. 이러한 욕망하는 주체성이 각각 달리 생산되고 움직이는 과정을 설명하는 과정에서 세계는 하나의 자기원인을 갖는 것이 아니라, 특이한 것들이 각각의 자기원인을 가지면서 움직이는 것으로 설명된다.

가타리에 따르면 특이성 자체에 대한 논의 역시도 특이성 생산의 입장에서 논의되어지는데, 그 이유는 현실에서 주어진 특이성이나 '모든 사람은 다 특이하다'라는 방식의 논의에서 머무르지 않고 흐름과 변용과정에 있는 주체성의 역동적 과정을 보기 위해서다. 결

40) 들뢰즈·가타리, 『앙띠 오이디푸스』(1997) 15쪽~24쪽 참고

국 가타리의 '욕망의 복수성'의 논의는 '욕망하는 기계'로서의 특이한 주체성들이 어떻게 생성되고 창조되며, 어떻게 욕망이 움직임을 형성하는지에 대한 문제로 나아간다. 그것은 각각 이질적이고 복수적인 욕망이 어떻게 결합되고 움직여야 욕망이 선순환될 수 있는지를 다루는 '욕망의 미시정치'의 차원의 문제이며, 이 차원이 바로 스피노자적 '내재성의 구도'를 의미한다.

이러한 독특한 가타리의 구상은 비르노의 방어전략으로서의 '공통성' 구상[41]이나 네그리의 스피노자의 수용방식과는 달리, 스피노자를 더 이단적 방향으로 급진화한다. 가타리의 구도에서 공동체는 이질적인 조각조각들이 이어 붙여져서 만들어져 있으며, 이 이질적인 조각들이 끊임없이 연결과 조립을 달리하며 색다른 조각으로 변이되는 것으로 묘사될 수 있다. 그렇기 때문에 '기계적 이질발생'(機械的異質發生, machinic heterogenesis)이라는 특이성 생산의 문제는 공통성의 변화에 있어서 핵심적인 문제가 된다.[42] 물론 '특이성을 사랑하는 공통성'의 입장에서 어떤 쪽에 방점이 찍혀 있는가의 여부로 보면 두 입장이 거의 차이가 없는 것처럼 보일지도 모른다. 그러나 스피노자의 내재성의 차원이 삶의 평면이 아니라, 각각 다른 자기원인을 가진 다양, 복수, 여럿이 접속되고 조립되면서 만들어내는 미세한 욕망의 움직임과 흐름, 그리고 변용이라는 생각에서 보면 그림의 구도가 달라질 수 있다. 이런 점에서 스피노자의 내재성의 구도는 평면적 기하학적 구도가 아니라, 살아 움직이는 다채로운 욕망하는 주체들(이를테면 욕망하는 기계들)의 변이와 생성의 과

---

41) 빠올로 비르노, 『다중』(2004) 참고
42) 가타리, 『카오스모제』(2003), 「2.기계적 이질발생」 참고할 것.

정으로 구체적인 모양새를 갖추게 된다. 공통성의 시각에서 그림을 그리다 보면 특이성은 마치 신비로운 본성에 의해서 만들어지거나 삶의 과정에서 주어져 있는 어떤 것으로 사고될 위험이 있다. 그러나 가타리에게는 특이성이 어떻게 만들어지는가를 설명하고 실천방향성과 미시정치의 방식으로 그것을 조성하는 것에 더 주목한다.

여기서 '공통성'과 '이질생성'(=기계적 이질발생)은 단순히 선후 문제가 아니다. 물론 어떤 것이 구체적인 실천에서 무엇을 해야 하며, 어떻게 살아야 할까를 이야기해주는가에 대해서 생각해 보아야 한다. 공통성에 주목하는 후렴구들은 대부분 거시적인 이야기에 주목한다. 그러나 이질생성은 매우 미세한 삶의 이야기들을 담고 있다. '특이성 생산' 즉 '이질생성'의 차원은 스피노자의 내재성의 구도가 욕망하는 주체성들이 만들어내는 그림이라는 것을 보여준다. 여기에는 살아 있는 주체들의 구체적인 움직임과 삶의 이야기들이 있다. 또한 집단의 차원에서 어떤 방식으로 공동체가 풍부하게 관계망을 생성할 수 있으며, 색다른 방향으로 나아갈 수 있느냐의 여부는 바로 이질생성의 문제라고 할 수 있다. 공통성만을 강조하다보면 특이한 개개인들이 어떻게 움직이며 생산되는가를 설명할 수 있는 원천이 신비한 부재의 고리로서 작동하게 된다. 그러나 가타리는 특이성 생산의 원동력을 미시적인 변용(=사랑)과 욕망의 움직임으로 보면서, 살아가면서 사랑하며 실천하고 욕망하는 구체적인 삶을 들여다본다.

스피노자의 일원론적 구도를 돌파하였던 가타리는 복수적인 욕망의 움직임을 설명하기 위해서 스피노자를 급진적으로 변형한다. 스피노자의 하나의 자기원인으로서의 신적 본성은 특이한 것들에 그저 내재하는 것이 아니라, 각각의 자기원인을 가지고 자기생산하는 특이한 것들이 연결되고 조립되는 과정에서 만들어지는 것이다. 내재성은 특이성으로서의 '욕망하는 기계'의 움직임이며 접속과 생산이지, 숨겨져 있는 신비로운 잠재력의 차원에서 언급되는 신적 본성이 아니다. 그것은 변용이 신적본성이 아니라 사랑의 행동이라는 가타리의 해석과 궤를 같이 한다. 이로써 아주 미세하고 실제적인 실천의 문제가 제기되며, 특이성이 생산되는 과정에 대한 혁명적이고 분석적 접근이 필요하게 된다. 가타리의 반정신의학, 감옥정보그룹, 소수자운동, 동성애자운동 등에 대한 접근들은 '욕망의 미시정치'라는 관점에서 어떻게 특이성이 생산되는지에 대한 아주 구체적인 삶의 이야기들과 활동기록 등으로 이루어져 있다. 가타리는 더 나아가 특이성 생산을 설명하기 위해서 욕망의 보이지 않는 움직임에 주목하며, '무의식분석'과 '욕망분석'으로 나아간다. 분열분석이라고 지칭되는 가타리의 후반기의 작업은 이러한 스피노자주의적인 내재성을 '욕망의 미시적인 움직임과 행동역학'으로 보고 이를 분석하겠다는 색다른 시도라고 할 수 있다. 물론 이러한 시도는 '욕망해방과 욕망의 미시정치'라는 68혁명 이후의 실천적인 요청에 응답하기 위한 것이었다.

사랑과 욕망의 영토에 대한 두 시선

이제까지 가타리가 스피노자와 접속해서 어떻게 돌연변이처럼 특이한 사상을 갖게 되었는가를 살펴보았다. 가타리는 기쁨의 정서가 승리할 것이라는 스피노자의 생각을 급진화시켜, 사랑이라는 변용을 통해서 세계가 변혁되고, 세계재창조가 이루어질 수 있다고 보았다. 또한 전인민적 변용(=소수자되기)라는 개념을 통해서 가장 특이한 존재들인 소수자들과의 접속이 만들어낼 '기계적 이질발생'이 '주체성 생산'의 구체적인 행동양식이라고 말한다. 스피노자의 무한-유한의 논의에서 가타리는 유한자 개념의 특이성에 착목하면서도 그것이 어떻게 생산되는지에 대해서 설명하기 위해서 '욕망하는 기계'라는 개념을 창안한다. 그리고 욕망이 어떻게 기계작동처럼 조립되고 생산되는가를 보여주기 위해서 '연접', '접속', '이접' 등의 개념을 제시하는데 그것은 변용과 갑옷, 분리차별의 다른 이름들이다. 스피노자의 경로를 따라가면서 가타리는 욕망과 변용이 민중적 역능이라는 점을 분명히 하면서 사랑과 욕망이 만들어낼 내재성의 영토를 구상한다. 결국 이러한 내재적 구도는 다양, 여럿, 복수의 특이성들이 생산되는 욕망의 흐름, 배치, 작동방식에 대한 설명방식이므로 잠재력의 차원이라기보다는 사실상 '욕망의 미시정치'를 의미한다. 각각의 특이성들인 욕망하는 기계가 생산되는 과정은 복수의 자기원인으로 구성된 독특한 내재성의 구도를 개방한다. 가타리는 스피노자를 가장 이단적이고 실천적인 방향에서 수용하여 그것을 변형하고 아주 색다른 모습의 스피노자로 만들어버린다. 우리가 보아야 할 지점은 이 두 사람의 차이점이라기보다는 두 사람이 동시에 응시했던 '사랑과 욕망의 영토'이다.

제2장 무의식

정신분석에서 분열분석으로
(프로이트와 가타리)

프로이트와 가타리, 무의식을 조명한 두 인물

프로이트(Sigmund Freud, 1856~1939)는 아주 초기에 브로이어 박사와 함께 상담요법의 일종인 카타르시스이론을 발견하였으나 자유연상(自由聯想, Free association)기법으로 방법론적 선회를 한 이후로 히스테리, 강박, 불안 등을 연구하였다. 그는 최초의 '정신분석'이라는 용어를 창안하였는데, 후대의 이론적인 평가에서 프로이트는 초기와 후기로 분리하여 사고되는 경향이 있다. 비교적 초기 저작이라고 할 수 있는 『꿈의 해석』에서 무의식(無意識, unconsciousness)과 의식(意識, consciousness), 전의식(前意識, preconsciousness)의 정신역동과정을 설명하며, 후기에 가서 『문명 속의 불만』이라는 책에서 이드(id), 자아(自我, ego), 초자아(超自我, super-ego)의 관계와 죽음충동 등의 문제를 제기하면서 초기 문제의식과 궤를 달리 한다. 프로이트에게 무의식연구가 초기연구였다면 초자아가 어떻게 이드를 통제할 것인가는 후기의 문제의식이었다. 초기 프로이트와 달리 후기 프로이트는 욕망에 대해서 규제적인 입장을 갖고 있다는 것이 특징이다. 가타리는 프로이트의 초기연구를 발전시켜 실제 임상현장에서의 풍부한 경험을 바탕으로 무의식연구를 계승 발전시켰다. 프로이트가 자유연상기법을 통해서 임상치료를 달성하려고 했던 것에 비해, 가타리에 와서는 다양한 치유 기법들이 실험되고 연구되는 양상을 보인다. 예를 들어 자유연상기법에서 치료자와 피치료자 간의 일대일 분석관계 설정은 프로이트의 기본적인 전제인 데 반해, 가타리는 갑자기 녹음기를 틀어 제 3자가 있다고 느끼게 만든다든지, 다른 예술적·심미적·창조적 행위를 도입한다든지 등의 실험적인 치료방식을 도입한다.[43] 가타리의 임상치료는 의사 장 우리(Jean Oury)와 함께 젊은 시절부터 지속되었고, 그의 사상사적 궤적에 큰 이정표를 남겼다.

초기 프로이트와 후기 프로이트가 어떤 방식으로 나뉘게 되며 어떤 실천적인 함의를 갖는지 살펴보자면, 초기 프로이트가 정신역동과정으로서의 무의식과 의식의 관계를 중심으로 문제의식을 발전시킴으로써 꿈, 실수, 농담 속에 작동하는 무의식적 움직임에 주목하였다면, 후기 프로이트는 충동으로서 존재하는 이드를 통제할 수 있는 초자아의 역할과 자아의 중재적 의미에 대해서 주목하였다. 초기 프로이트의 의식·무의식 논의에서 프로이트는 무의식이 의식화되면 치료에 도달한다는 설정으로 자유연상기법을 이용하였다. 그

43) 가타리, 『정신분석과 횡단성』(2004), 47쪽

러나 이러한 방법론은 무의식이 서식하고 있는 공간을 의식이 규제하고 조절할 수 있다는 이성의 통제력에 대한 신화에서 벗어나지 못한 한계를 갖고 있다. 그렇기 때문에 프로이트가 무의식을 발견하는 과정에서 보여준 풍부한 실험과 실천에 비해 치유의 방법론은 왜소하기 짝이 없으며, 정신질환 중에서도 자유연상기법을 사용할 수 있는 중산층의 시민들에게 흔했던 신경증에 한정된 기법이라는 점도 지적될 수 있다. 또한 아무리 무의식이 의식된다할지라도 무의식을 발생시키는 배치가 변화하지 않는 이상 치유 달성은 어려울 것이라는 것이 가타리의 생각이었다. 가타리는 배치를 바꾸고 관계망을 바꾸는 제도요법(制度療法, thérapeutique institutionnelle)으로 응답한다.[44] 이러한 실험과정을 통해서 무의식의 위치는 조정되었으며, 의식에 상보적 위치를 갖는 무의식의 설정이나 표출적인 시각에서 보는 관점들에 대해서 수정이 가해진다. 가타리에 의하면 모든 것이 무의식으로 설명되어야 하며, 그 이유는 꿈, 농담, 실수 등의 낡은 지표와 달리 무의식이 대량생산되는 사회에서 살고 있다는 점에 있다. 이런 의미에서 무의식은 축구경기장에도, 기상징후에도, TV에서 들어붙어 있는 것이며, 단지 소비되며 주어진 것으로서의 무의식이 아니라, 생산되며 창조되는 무의식이라는 의미에서 '기계적 무의식'(機械的 無意識, l'inconscient machinique)이다.

후기 프로이트는 이드라는 충동이 생체에너지를 전달하며 순환시키는 긍정적인 역할을 하면서도 반문명적인 충동(예를 들어 근친상간의 충동)을 갖고 있다는 점에서 매우 위험한 것으로 간주된다. 그렇

44) 같은 책, 113쪽

기 때문에 이드를 통제할 수 있는 초자아(신, 국가, 아버지)의 역할은 매우 중요하며, 이드는 규제되고 통제되어야 문명이 유지될 수 있다는 것이 프로이트의 해명이었다. 가타리는 라이히와 마찬가지로 자연스러운 1차적 욕망이 초자아에 의해서 억압되는 순간 2차적 욕망이 발생되며, 그것이 예속함을 욕망하게 되는 굴절되고 억압된 욕망이라는 점을 지적한다. 프로이트의 방식은 미시파시즘을 발생시키는 욕망억압의 메커니즘이라고도 반박되는 것이다. 그렇기 때문에 무절제하고 방탕한 이드와 억압적이고 권위적인 초자아의 역할보다 자아의 중재적이고 합리적인 역할을 강조하는 '자아심리학'(自我心理學, ego psychology)의 노선도 일부 심리학의 전통에서 발흥했다.[45] 그러나 자아심리학의 위상은 이드와 초자아보다 더 이성적이고 합리적으로 느껴질지도 모르지만 사회심리적인 과정 중의 일부인 자아의 영역을 떼놓고 바라보면서 근본적인 문제의식을 회피하는 경향이 있다. 결국 자아에 대한 믿음체계를 재구성하는 방식의 데카르트(René Descartes, 1596~1650) 유형의 심리치료기법들은 프로이트의 삼분할 공식에서 벗어난 것이 아니라 그것을 애매하게 절충한 것이 된다. 가타리는 이드, 초자아, 자아라는 후기 프로이트의 삼분할이 실제적으로 작동하고 있는 욕망억압의 현상을 나타내는 것으로 보면서 그 개념을 사용하면서도 설명방식을 따르지 않는다. 특히 아버지를 죽이고 어머니를 취하려는 근친상간적

45) CBT, DBT 등 인지치료기법 등은 대부분 자아심리학적 전통에 서 있다. 그 기본적인 치료기법은 자아의 믿음, 정서, 인지체계를 바꿈으로써 치료에 달성할 수 있다고 보는 것이다. Judith S. Beck, 『인지치료 이론과 실제』(1997) 참고

충동과 오이디푸스 콤플렉스(complexe d'Oedipe)에 대한 설명은 가족이 내재한 위협요인이면서도 작동원인이라는 점에 대해서 동의하지 않고, 오히려 무의식은 사회·역사적인 수준에서 자리잡고 있으며 더 광범위한 위상을 갖고 있다고 본다. 결국 가족무의식에서 사회·역사적 무의식으로 논점의 범위는 바뀌게 되는 것이다.

가타리는 프로이트주의가 욕망을 지나치게 사적인 것으로 바라보고 사생활의 범위 내에서 설명하려는 방식을 띠는 것에 대해서 비판한다.[46] 욕망은 사적인 것도 공적인 것도 아닌 그러한 이분법으로 나누어질 수 없는 집합적인 무의식의 흐름이다. 프로이트주의는 가족 내에서 사생활을 갖고 있는 개인의 관점에서 보면 설득력이 높은 이론처럼 보이나, 실상 사회적 장 속에 있는 집단을 설명하고자 할 때 타당성은 현저히 떨어진다. 프로이트가 발견한 늑대인간이라는 형상은 한 마리 늑대가 아니라 여러 마리의 늑대무리의 문제가 된다.[47] 물론 정신분석에서 사고하는 가족 내의 개인은 한 마리의 개라고 할 수 있으며, 늑대의 야성적인 무리짓기의 본능으로부터 벗어난 주체라고 할 수 있다. 가타리에 의해서 집단적 무의식으로 설정된 무의식의 흐름과 움직임은 아버지-어머니-나라는 오이디푸스 삼각형의 구도를 벗어난다.

가타리는 메어리 반즈(Mary banes)의 킹슬리홀 실험에 대한 사례를 통해서 가족주의로부터 벗어나려는 필사적인 집단적인 실험에 대

46) 가타리, 『분자혁명』(1998), 31쪽. 여기서 가타리는 "욕망이론의 첫 번째 임무는 프로이트에 의해 전개되었던 사적인 정신분석 치료라는 것보다는 사회적 장으로 돌파해 들어갈 수 있는 길을 찾는 것이다"라고 말한다.

47) 들뢰즈 · 가타리 『천개의 고원』(2001), 59쪽 1914년-늑대는 한 마리인가? 여러 마리인가?

해서 보고한다. 메어리 반즈는 간호사 출신이며, 로날드 랭(Ronald Laing)에 의해서 주도된 반정신의학운동에 참여하여 현기증 나는 아이로의 퇴행으로 나아간다. 벌거벗은 채로 똥오줌이 범벅되고 젖병을 빠는 등의 그녀의 실험은 집단으로 하여금 그녀의 보호자와 같은 태도를 취하게 만들어 집단적 오이디푸스 삼각형을 만들어버리면서 실패한 실험이 된다고 가타리는 평가한다.[48] 그러나 가타리는 이탈리아 정신의학자 바살리아(F. Basaglia)나 스페인 콩소병원의 사례를 들면서 대감금의 신화로부터 벗어나기 시작한 대안적 정신의학운동에 주목한다. 사실 반정신분석학이나 반정신의학은 욕망과 광기에 대한 억압을 통해서 문명이 성립된다는 신화에 맞선 운동이라고 할 수 있다. 사실 정신분석학은 광기나 욕망에 대해서 매우 규제적이고 보수적인 시선을 갖고 있으며, 광기를 발생시키는 사회현실에 대해서 침묵하면서 순전히 개인의 정신상태의 문제로 돌리는 경향이 있다. 가타리는 이에 반해 광기를 발생시키는 분열된 사회현실에 대해서 지적하면서, 광인해방운동이 문제제기한 지점인 '광기를 분석하지 않고는 자유를 해석할 수 없다'는 점에 주목한다. 사실 사회현실과 투쟁하려는 주체들의 입장에서, 투쟁은 반드시 광기를 동반할 수밖에 없으며 사회적 규제나 자아의 입장으로부터 벗어나게 된다. 그렇기 때문에 광인해방운동의 문제의식은 사회해방운동의 문제의식이라고 할 수 있다.

특히 들뢰즈와 함께 작업한 『앙띠 오이디푸스』는 오이디푸스 콤플렉스를 가족심리학의 문제로만 보지 않고 사회심리학적 차원에서

48) 가타리, 『분자혁명』(1999), 143쪽~157쪽

반권위주의운동이라고 할 수 있는 68혁명운동의 설명기제로 간주했다는 특징을 갖는다.[49] 여기서 욕망(=내재된 광기)은 혁명운동의 잠재력이자 자본주의를 유지하는 메커니즘의 기본구성요소로 간주된다. 프로이트의 오이디푸스 삼각형은 자본주의를 살고 있는 개인들의 기본적인 콤플렉스라는 설명방식을 따른다. 그러나 68혁명과 같이 권위주의적 아버지로부터 벗어나려는 무의식이 고아인 아이들의 집단이 생겼을 경우에는 이제 오이디푸스 콤플렉스는 극복되어야 할 기성세대의 틀에 불과한 것이 된다. 이는 욕망억압을 위해서 아버지의 권위에 호소하던 기존 세대들의 입장에서는 '모든 사람들이 미쳤다'라고 할 수밖에 없는 상황이었다. 그러나 청년, 실업자, 이주민, 주변인, 소수자들의 입장에서는 이 '미쳤다'라는 지점이 오히려 자신의 삶과 욕망을 표현하고 억압에 맞서 투쟁할 수 있는 발본적 계기라고 할 수 있다.

가타리는 초기 프로이트의 성-욕망으로서의 리비도 해방의 급진적 논의를 계승하였다. 이후에 프로이트 맑스주의의 노선이라고 할 수 있는 라이히의 입장을 받아들여, 욕망의 원억압이 문명의 성립이 아니라 오히려 파시즘의 근원적인 충족이유율이 될 수 있다는 점을 지적한다. 이러한 노선은 욕망의 논의에서 있어서 보수적인 결론을 내리고 있었던 기존 맑스주의에 대해서도 문제제기를 하는 측면이 강하다. 68년 혁명은 당, 노동조합, 학생회 등의 전통적인 혁명집단에 의해서 주도되었다기보다는 주변부집단의 욕망으로부터 시작했다는 점에서 '욕망'의 혁명이었다. 그러한 68혁명의 문제는

49) 로널드 프레이제, 『1968년의 목소리』(1999), 조지 카치아피카스, 『신좌파의 상상력』(1999)

가타리에게 매우 급진적인 욕망혁명의 논거로 작동하며, 프로이트의 무의식논의를 혁명적 지반으로 옮겨다 놓는다. 초기 프로이트의 급진적인 계승자인 가타리는 색다른 무의식에 대한 논의로 나아가며, 그 이유는 무의식적 주체성을 통해서 주체성 생산이라는 역사의 과정을 설명하기 위한 것이었다.

초기프로이트의 무의식 개념의 확장

프로이트는 무의식에 대한 논의를 전개하면서도 의식의 상보적 개념으로 무의식을 한정한다. 그러나 가타리는 모든 곳에서 서식하는 무의식을 다루면서, 무의식 개념을 통해서 세상을 설명하는 방식으로 나아간다. "무의식은 부부나 가족이나 학교나 이웃이나 공장이나 경기장이나 대학에서도 작동한다"[50] 무의식이 빙산의 아래층과 같이 심층을 갖고 있고, 의식에서 이따금 표출된다는 프로이트의 설명방식은 사실상 낡은 것이 된다. 가타리가 보기에는 무의식은 세계 속에서 실재로 구체적으로 작동하는 것이다. 학교, 감옥, 군대, 병원 등도 무의식으로 설명될 수 있으며, 무의식의 흐름과 작동방식을 따른다. 그렇기 때문에 의식적으로 확실한 자아, 표상이 분명한 언어, 지시대상이 분명한 관계망 등이 존재하는 것이 아니라, 무의식의 작동방식에 따라 움직이며 무의식을 생산하는 집단, 제도, 관계망이 있는 것이다.

50) 가타리, 『기계적 무의식』(2003), 26쪽

'세계를 무의식으로 설명한다'라는 가타리의 기획은 초기 프로이트 기획을 급진화시켜내며, 비표상적이고 다지시적인 주체성, 탈중심화된 주체성을 개방한다. 무의식으로 구성된 세계는 이것일 수도 있고 저것일 수도 있는 비표상적인 세계라고 할 수 있는데, 이러한 세계는 대량생산되는 영상·이미지가 존재하는 TV 속에서도 이미 존재하는 것이다. 물론 TV는 비표상적인 영상과 이미지를 작동하면서도 의미와 표상을 고정시키는 언어를 작동시키는 측면이 강하지만, 아동들의 눈에 비친 TV는 비표상세계라고 할 수 있다. 무의식의 비표상 체계로서 세계를 설명한다는 것은 아이, 동물, 광인이라는 소수자들의 영역을 개방하는데, 이들은 의식적 주체로 간주되던 이성적 주체와 달리 의미의 확실성이나 이성적 통합능력을 갖고 있지 못한 주체성이다. 그렇기 때문에 가타리의 무의식의 구도는 다른 각도에서 보면 아이, 동물, 광인의 시선에서 세상을 보는 것이라도 할 수 있다. 그러한 시선은 언어로 고정되지 않는 흐름, 관계망, 상호작용의 질서를 가지며, 의식에 의해서 확실하게 고정된 개념으로 표상할 수 없게 된다. 결국 표상적 질서로 인도하는 의식의 역할은 권력이라고 할 수 있으며, 소수자적 주체성에 대해서 억압적인 태도를 취하는 모든 행동양식들은 이러한 배경을 갖는다고 할 수 있다.

가타리의 무의식 이론은 '자아심리학'적 경향에서 만들어지는 모든 심리치료 유형과 궤도를 달리한다. 자아심리학에서는 무의식의 광기가 중화되고 살균되면서 이상적 평균상태로서의 자아를 설정한다. 그러나 가타리의 무의식적 주체성은 분열되고 해체되어 있으면서도 세상을 색다르게 재구성할 수 있는 역능을 갖고 있다. 자아심리학에서는 광기와 분열에 대해서 적대적이며, 광기가 제로인 어떤 심리상태를 설정하면서 논의를 시작한다. 그러나 가타리와 장 우리는 "미친 사람보다 더 미쳐야 한다"[51]라는 분열분석의 과제를 언급한다. 결국 분열과 광기의 제로상태를 설정하는 자아심리학은 사실상 사회 밑바닥에서 투쟁하고 실천하는 소수자들의 광기에 대해서 규제적이고 보수적인 시각을 가질 수밖에 없다. 그렇기 때문에 분열분석은 분열하여 투쟁에 나선 주체집단에 대한 분석이라고 할 수 있으며, 사회변혁운동과 소수자운동의 무의식적인 행동역학에 대한 심리적 작동방식을 연구하는 것이다.

후기 프로이트주의나 자아심리학이 욕망을 금기시하고, 침묵하는 이유는 그것이 사실상 내재된 광기와 다르지 않기 때문이다. 그러나 가타리는 욕망의 움직임에 주목하며, 사회적 장에 집단적인 욕망 투여가 어떤 방식으로 이루어지는지에 대해서 설명하려고 한다. 결국 무의식의 흐름을 결정하는 두 가지 경로라고 할 수 있는 이 이분법은 욕망이 덩어리진 군집적 유형으로 움직이며 제도화되고 있느냐, 아니면 유동적이고 비제도적이냐를 결정하는 것이다. '분자'(moléculaire)와 '몰'(mole)이라고 지칭되는 욕망투여의 두 가지 방식은 소수자운동의 움직임을 바라보면서 가타리가 구상한 방식이다. 분자는 다채로운 방식으로 욕망이 움직임을 형성하여 그 흐름 속에서 하나의 모델이 아니라 다양한 움직임을 드러내 보이는 차원을 의미하며 늘 생성되고 이행한다. 반면 몰은 욕망의 움직임이 하

51) 가타리, 『정신분석과 횡단성』(2004), 42쪽

틀지어지는 형태를 의미한다. 분자와 몰은 색다른 철학적인 논의로 나아가기도 하는데, 사실상 소수자운동과 혁명운동의 욕망이 어떤 형태의 흐름으로 나아가는 방향성을 겨냥한 것이다.

이러한 욕망의 흐름은 광기라는 차원에서 분열증(分裂症, schizophrénie)과 편집증(偏執症, paranoia)의 두 가지 방향을 의미한다. 가타리는 운동이 새로운 차원으로 끊임없이 이행하고 색다른 지평을 만들어내며 분산되고 다채로운 방향성으로 나아가는 분열증의 흐름과 운동을 기존 모델이나 하나의 틀 내로 집중되고 한정되는 편집증의 방향성을 지적한다.[52] 이러한 혁명적 움직임과 반동적 움직임에 대한 상은 분열증이 만들어내는 창조적인 지평을 겨냥한 것이다. 분열증은 모든 사람이 똑같은 목소리를 낼 때 특이한 목소리와 색다른 움직임을 형성할 수 있는 광기이다. 그렇기 때문에 분열증은 특이성 생산의 입장에서 볼 때 가장 혁명적인 원동력이라고 평가될 수 있다. 만약 이러한 욕망의 흐름이 없다면 세상이 바뀌는 것은 불가능한 일이 될 것이다. 그러나 분열증과 편집증, 분자와 몰을 선악의 이분법 구도에서 보는 것은 가타리 사상을 오해할 소지가 있다. 욕망의 움직임에도 이 두 가지 요소가 동시에 존재하는 경우가 많기 때문에 가타리는 욕망의 지도그리기의 방법을 제안한다. 마치 지도처럼 움직임을 그려내고 거기서 색다른 방향으로 나아갈 수 있는 길을 모색해야 한다는 것이다.

초기 프로이트의 무의식 논의는 가타리에게 있어서 욕망투여의 두 가지 방향성이라는 무의식의 흐름에 대한 분석으로 나아갔다.

52) 들뢰즈 · 가타리, 『앙띠 오이디푸스』(1997), 357쪽~388쪽

이러한 무의식의 방향성은 언제나 미래를 향하고 있으며, 미래진행형이다. 보통 정신분석이나 심리치료의 방법들은 과거의 트라우마(trauma)를 치유해야 한다는 등의 퇴행(退行, regression)의 방법론을 따른다. 반면 가타리는 과거로 나아가는 길이 아니라 늘 미래를 향해 나아가면서 무의식의 지반을 색다르게 만드는 것에 주목한다. 결국 치유된다는 것도 과거로 소급해서 치유되어야 하거나 과거의 상처를 안고 살아가야 한다는 정신분석의 설명방식이 아니라, 전혀 예상치 못했던 무의식의 생산과정을 통해서 아주 다른 방식의 삶이 가능하다는 것을 의미한다. 그것은 분자적 수준에서 혁명이 가능하다고 생각했던 가타리의 생각의 배경이 되며, 사실 치유과정에 대한 신비를 살짝 보여주는 측면도 강하다. 가타리의 '무의식은 미래진행형'이라는 언급은, 병리적 무의식이 강건해지고 건강해지는 이유는 과거로 돌아가서 그것을 해결하는 방식으로 가능한 것이 아니라 낯설고 새로운 미래를 스스로 만들어가면서 가능한 것이라는 점에 대한 지적의 함의도 갖고 있다.

가타리는 프로이트가 설명하는 가족무의식 내에서의 신경증 유형으로부터 벗어나면서도 다양한 정신적 증후들, 예를 들어 편집증, 히스테리, 불안증, 정신증, 망상증 등을 어떻게 설명할 것인가의 문제에 직면해서 색다른 방법론을 제안한다. 각각의 모델의 상위개념이라고 할 수 있는 메타모델을 만드는 것이 제안된 방법이다. 즉 무의식이 하나의 모델에 집중되는 것이 아니라, 다양한 설명방식을 통해서 지도처럼 그려질 수 있기 위해서는 보다 상위의 모델이 필요한 것이다. 가타리에 따르면 프로이트 모델은 분석장치의 발견으로 인해 주체성 생산을 확실하게 풍부화시켰으나 가족적이고 보편적인 개념을 구사하는 과정에서 상투적 실천으로 전락하고 만다.[53] 또한 가타리가 보기에 특히 프로이트는 해석의 차원에서 언어기호를 넘어서지 못하였기 때문에 난관에 봉착하고 만다. 그 이유는 현실의 실재적인 관계인 실재계는 언어로 지칭될 수 있는 수준에서 확실하게 의미가 고정되고 표상이 고정된 세계라기보다는 이것일 수도 있고 저것일 수도 있는 횡단의 흐름과 언어로 표현될 수 없는 관계망과 비물질적인 상호작용으로 구성되어 있기 때문이다. 그러한 차원은 바로 무의식의 차원이다. 이러한 무의식의 차원이 드러나는 것은, 정신병적 차원에서 간혹 잠깐 드러나지만, 실제로 우리가 살아가는 현실이다.

가타리는 무의식을 상징계나 상상계적 차원에서 보는 것이 아니라, 실재계적 차원에서 바라본다. 이것은 인생을 시작하는 아동들의 삶에서 잠깐 드러난다. 확실한 자아로 굳어지기 전에 잠깐 동안 출현하는 자아의 모습을 띠는 무의식적 주체성은 의미나 표상이 고정된 질서에서 세상을 인식한다기보다는 흐름의 강렬도를 통해서 세상을 인식하는 색다른 방식을 의미한다. 가타리는 이러한 출현적 자아(出現的 自我, emergent self)[54]가 느끼는 세상이해 방식이 사실상 무의식으로 구성된 세계를 이해할 수 있는 열쇠로 보고, 계몽적인 방향성이나 아이 성장드라마를 역행하는 '아이되기'의 방식을 따른다. 물론 아이되기는 퇴행을 의미한다기보다는 아이가 갖고

53) 가타리, 『카오스모제』(2003), 88쪽
54) 같은 책, 91쪽

있는 창조적이고 다채로운 역능과 접속하는 것을 의미한다. 이 실재계로서의 현실은 아이들의 엄마들이 '있다없다' 놀이를 할 때 '우우우우' 하면서 반응하는 것에서도 나타나는데, 보통 정신분석에서는 그것을 반복강박으로 설명하려고 한다. 반면 가타리는 실재계의 무의식현상이 갖고 있는 반복구와 같은 독특한 화음현상인 리토르넬르(ritournelle)로 설명한다.[55] 즉 차이의 반복과정에서 어떤 박자와 리듬이 하나의 멜로디처럼 나타나는 현상을 의미한다. 결국 실재계에 대한 정신분석의 공포는 실재계의 현실에서는 화음 같은 질서가 없으며 파괴되고 해체된 상태만이 존재한다는 부재와 죽음의 우주관을 의미한다. 반면 가타리는 생태, 자연, 우주를 카오스모제(Chaosmose)라는 생성과 창조의 열린 우주로 간주하는 색다른 실재계로 보여줌으로써 이러한 정신분석이 갖고 있는 우주관이 지나치게 협소하고 자연과 우주가 갖고 있는 생성과 창발의 역능을 왜곡하고 있다는 점을 보여주었다.[56]

원억압과 문명의 공식, 초자아의 수용좌표를 거부하며

후기 프로이트는 문명이 성립되기 위해서 욕망억압이 필수적이라는 점을 강조하면서, 매우 보수적인 결론을 이끌어내고 있다. 예를

55) 같은 책, 99쪽

56) 카오스모제는 혼돈과 복잡성의 상호작용과정에서 조직화되는 것을 지칭하며, 자연의 생명현상이나 우주의 혼돈 속의 질서를 표상한다. 이것은 카오스(chaos)+ 코스모스(cosmos)+ 오스모제(osmose)를 결합하여 가타리가 창안한 개념이다.

들어 프로이트는『문명 속의 불만』이라는 책에서 "모든 문명은 강제와 본능 억제에 바탕을 두어야 하는 것처럼 보인다. 강제가 사라졌을 때 대다수 인간이 새로운 물자 획득에 필요한 작업을 수행할 준비가 되어 있는지도 확실치 않아 보인다. 모든 사람에게는 파괴적인 따라서 반사회적이고 반문화적인 경향이 있(……)다"57)라고 말하면서 인간은 본능적으로 반사회성과 반문화성을 갖는다고 언급한다. 이러한 사고방식은 원억압으로서 존재하는 욕망억압을 정당화하는 논거이며, 욕망이 드러나는 아이, 동물, 광인들에 대해서 체계적이고 기계적인 억압이 가해지는 것을 정당화하는 논변이다. 특히 후기 프로이트의 이러한 생각은 정신질환자들에 대한 정신분석의 태도를 보여주는 것으로서, 프로이트가 얼마나 정신질환자들에 대해서 억압적이고 권위적인 태도를 취하는지를 단적으로 보여준다. 이러한 문명사회의 건설은 사실상 파시즘의 토양이 되었으며, 억압을 욕망하는 마조히즘의 문제가 결국 소수자의 욕망에 대한 체계적인 억압사회로 돌변할 것임이 분명하다. 이런 점에서 라이히와 프로이트의 결별지점은 매우 구체적인 태도의 문제로 보이게 된다. 이것은 욕망의 자연스러운 흐름을 인정하는 태도와 욕망에 대해서 억압하려는 태도로 나뉘게 된다. 가타리는 후기 프로이트의 이러한 생각에 대해서 반대하며, 라이히의 논점을 따르게 된다.

후기 프로이트는 아버지-어머니-나라는 오이디푸스 삼각형의 구도 속에서 아버지의 초자아적 기제에 의해서 통제되는 아이의 상을 제시한다. 초자아는 이른바 기표독재체제라고도 불리는 언어적 규

57) 프로이트,『문명 속의 불만』(2008), 170쪽

제 또한 포함하며, 아이로 하여금 똑바로 세상을 살게끔 강제하는 역할을 아버지에게 할당한다. 아버지라는 위치는 성냥을 팔든 탱크를 팔든 아버지이며, 나쁜 아버지이든 착한 아버지이든 지배질서에 순응하도록 만드는 '체제의 하사관' 역할을 맡는다. 아버지의 권위의 배후에는 가족 재생산이 있을 뿐더러 더 나아가 무의식 통제가 있다. 어떤 방식으로든 아이가 갖고 있는 욕망을 체제와 제도 내로 인입시켜내는 역할을 아버지가 한다. 결국 정신분석이 갖고 있는 주요 담론인 '착한 아버지'의 설립이라는 것은 이러한 무의식 통제와 욕망억압을 극복하지 못하는 초자아의 현존에 대한 순응을 의미한다. 만약 아버지의 역할을 정신분석가가 하게 되었을 때, 그것을 정신분석에서는 '전이'(轉移, transference)라고 매우 신중하고 조심스럽게 다루면서도 일정한 전이감정이 분석과 치유에 도움이 되며 치료동맹의 수립에 역할을 한다는 이중적인 태도를 취한다. 가타리는 전이에 맞서 횡단성이라는 사회적 관계를 제시한다.[58] 가족의 틀과 체계에 의해서 무의식이 통제되거나 왜곡되는 것이 아니라, 수직과 수평의 관계의 무한 사선적 관계만이 존재한다는 횡단성의 논의는 가족을 넘어선 사회적 장에서의 관계를 다룬 정신분석의 착한 아버지론에 대한 일차적인 대응이었다.

가타리는 후기 프로이트의 논의에서 초자아의 수용좌표(données d'accueil du surmoi)라는 개념을 도출하는데, 그것은 신, 국가, 아버지라는 초자아적 주체에 의해서 예속되거나 굴복하게 만드는 삶의 바운더리를 의미한다. 초자아의 수용좌표는 영속적이고 안전한

58) 가타리, 『정신분석과 횡단성』(2004), 101쪽

삶을 구축해내며 그 안에서는 어떤 긴장관계나 내부투쟁도 존재하지 않는 평화로운 상태가 지속된다. 초월심리학이나 명상요법 등도 사실상 초자아의 수용좌표를 치료적 기전(機轉)으로 바라보는 경향을 갖고 있다. 그러나 초자아의 수용좌표는 가장 욕망이 예속되고 가장 특이성 생산이 정지된 반민주주의적 상태를 의미한다. 부르주아적 안전주의도 사실상 반생산으로서의 국가를 도입함으로써 생산을 통제하려는 기획이며, 초자아의 수용좌표의 도입과 긴밀한 연관을 갖는다. 자본주의는 욕망을 생산하면서도 반생산(反生産)하여 통제하려는 이중적인 전략을 사용한다. 초자아의 수용좌표는 그것을 위해서 사용되는 가장 자본주의적인 통제방식이라고 할 수 있다. 혹자는 욕망이 해방된 상태가 이미 자본주의에서 이룩되고 있다고 말하는데, 사실 그것은 자본주의의 반생산의 부분에 대해서 괄호치기를 하거나 침묵하면서 바라볼 때나 가능한 것이다.

가타리는 초자아의 수용좌표가 필연적으로 불변항(不變項)으로서의 구조를 동반하는 현상에 주목하며, 그 영속성(永續性)의 신화가 죽음, 욕망, 광기라는 유한성이라는 실존적 삶에 대면하면서 점차적으로 수정되어질 수 있다고 전망한다.[59] 스피노자의 논쟁에서도 유한-무한은 매우 중요한 논점을 제공하였는데, 프로이트에 있어서도 중요한 논점을 차지한다. 영원성이라는 시각에서 문명사회를 바라보고 문명의 외부에 있는 현실의 존재들(아이, 동물, 광인)을 죽음이나 부재와 결핍으로 보는 시각이 프로이트의 기본적인 사고유형이었다. 그렇기 때문에 욕망은 부재와 결핍의 입장에 선 채 늘 게

59) 가타리, 『정신분석과 횡단성』(2004), 105쪽

결스러운 탐욕이라는 시선에서 바라보게 되며 욕망의 긍정과 생성의 힘은 평가절하(平價切下)되었다. 초자아의 수용좌표의 욕망억압은 '예속집단'을 만들어내며, 지도력, 동일시, 암시효과, 거부, 희생양 등을 통해 터부와 의례, 금기로 이루어진 특이체질적(特異體質的) 집단을 구성한다.[60] 이러한 예속집단은 사회구조나 역사구조의 불변항 속에서 끊임없이 자기 집단을 재생산하면서 마치 그것이 영원성을 갖고 있는 것처럼 느끼도록 만든다. 가타리는 구조가 아닌 기계라는 개념을 통해서 영원한 불변항에 대한 생각을 수정할 수 있는 사유의 패러다임을 구상한다. 이 기계란 연결되고 조립되는 것에 따라 변용될 수 있는 유한자의 연결접속과 삶의 패턴이다. 기계는 '주체집단'에 다름아니며 끊임없이 접속과 연결을 달리하면서 특이성을 생산하는 주체성을 의미한다. 결국 가타리는 후기 프로이트의 개념을 연장통의 도구들처럼 사용하면서도 그 반대편에 서 있었다.

초자아의 수용좌표는 욕망을 체계적으로 억압하는 근원이라고 할 수 있을 뿐만 아니라, 욕망이 굴절되고 변형되도록 만든 현실적 기제이다. 초자아의 입장에서 볼 때 욕망은 탐욕스럽고 반사회적이며 반문명적이라고 규정된다. 그러므로 욕망이 억압되는 것은 문명과 사회를 건강하게 지켜내기 위해서 반드시 필수적인 것이다. 욕망의 문제에서 초자아의 수용좌표의 수립은 욕망억압이 결국 예속을 욕망하는 굴절된 욕망을 만들어 파시즘 대중을 형성하는 밑거름이 되었다는 점에서 정반대가 진실이라는 것을 보여준다.

---

60) 같은 책, 103쪽

프로이트의 초자아의 논의는 스피노자적 차원에서 보면 초월성에 대한 논의와 마찬가지의 위상을 갖는다. 스피노자가 초월성의 권력과 달리 내재성의 민주주의를 구축하려 했던 것과 마찬가지로, 가타리는 내재적 삶의 욕망의 차원에서 초자아의 수용좌표에 맞선다. 초자아의 초월성에 대한 가타리의 탐구는 처음에는 집단에 대한 연구에 머무르고 있었지만, 아이에 대한 체계적인 억압과정에서 동반되는 기표독재체제에 대한 연구로 나아간다. 즉 아이들의 자연스러운 욕망의 흐름은 언어의 규제적이고 구조적인 사용에 의해서 억압되며, 언어구조는 마치 자동기계처럼 억압에 순응하도록 만든다는 것이다. 그러므로 초월성에 대한 논의는 초자아의 수용좌표에서 초코드(supercode)에 대한 논의로 이행한다. 규범, 제도, 법 등의 코드를 사실상 결정하는 초코드의 배후에는 언표구조의 사법적 사용과 같은 맥락이 있으며, 그럼에도 욕망은 정해진 규칙이나 제도의 틀을 벗어나 탈코드화된다. 가타리의 무의식의 구도 속에서는 내재적인 욕망이 해방의 잠재력과 역능을 갖고 기존 제도를 넘어서 제도를 생산하고, 기존의 지배명령어를 넘어서 해방의 언어를 생산할 능력이 있다는 점을 분명히 한다. 그렇기 때문에 무의식 내에서의 초월성에 대한 논의는 초자아의 수용좌표를 승인하는가의 여부가 아니라, 그것을 점차적으로 수정해 나가면서도 변화의 흐름을 만드는 내재적인 욕망의 움직임에 대한 논의로 나아간다.

초자아의 수용좌표를 넘어서는 욕망의 움직임은 그저 정상성의 궤도에서 나타나는 것이 아닌 일탈, 신경증, 광기, 청소년 범죄와 긴밀한 연관을 보인다.[61] 보통 정상성과 광기를 구분할 때 준거(準

據)가 되는 집단이 존재하고 그로부터 배제된 집단이 존재하게 된다. 그런데 준거집단의 경우에 대부분 내부적으로 광기로부터 자유롭지 않음에도 이성적이고 합리적이라는 평가를 받는다. 예를 들어 한국사회의 준거집단이 보여주는 개발주의·성장주의적 욕망, 승리주의·성공주의를 향한 맹목적인 열망, 부동산투기, 주식투기, 사교육열풍, 벤처열풍, 미디어와 인터넷 등에 대한 각종 중독 등의 증후는 이들에게 내재된 광기가 사실상 주변부 집단의 광기를 배제할 수 있는 정당화 논거를 갖고 있지 못함을 보여준다. 그럼에도 불구하고 준거집단은 자신이 가장 합리적이라고 스스로의 위치를 설정하고, 나머지 집단의 욕망을 광기로 틀 지우고 배제한다. 그런 의미에서 가장 이성적인 영역이 가장 광기적인 것이다. 그렇기 때문에 자아라는 이성적 합리성의 범위도 욕망과 광기에 대한 통제에 공모하고 있다고 보아야 할 것이다.

가타리는 광인해방운동에 대해서 주목하면서, 욕망과 광기가 초자아와 자아를 넘어서는 방식이 광인의 비표상적 사유(非表象的 思惟)의 자율성으로 나타나는 점에 대해서 주목한다.[62] 광기로 평가되는 욕망은 체제를 넘어선 사유와 무의식을 가질 수 있느냐의 지표(指標)이다. 그러므로 초자아의 수용좌표에서 살아가는 사람들이

---

61) 가타리, 『분자혁명』(1998), 220쪽. 여기서 가타리는 "정상성과 광기, 성적 자유와 도착, 청소년 비행과 반란 사이의 전통적 대립은 무너져버렸다."라고 말한다.

62) 같은 책, 171쪽. 여기서 가타리는 정신의학의 대안을 수립한 프랑코 바살리아에 대한 언급과 더불어 SPK(사회주의질환자동맹)의 흥망을 건 도전, 프랑코주의에 반대했던 콩소병원의 사례, 라 보르드 병원 등을 차례로 보여준다. 이러한 광인해방운동은 사실상 체제에 맞선 욕망과 광기의 해방을 다룬다는 점에 의미를 갖는다.

광기라고 식별(識別)하는 대부분의 병증들이 사실 억압된 욕망들의 표징(表徵)일 가능성이 높다. 미친 사람보다 더 미치는 분열생성의 흐름이 사실상 이렇게 욕망을 억압하며, 무의식을 협착(狹窄)시키는 광증을 벗어날 수 있는 분열의 흐름이다. 프로이트는 분열자들을 치료의 범위에서 배제했을 뿐만 아니라 매우 혐오했다. 그리고 신경증 환자라는 정상성의 범위 내에 있는 실존적 상황을 치료의 범위로 한정했다. 후기 프로이트가 보기에 초자아의 수용좌표를 넘어서는 것은 반문명적 광기에 사로잡히는 것이었지만, 68혁명 당시 대부분의 시민들은 주류규범에서 벗어나 있었다는 점에서 광기가 단지 개인의 심리적 상황에 한정되는 부분이 아니라 사회적-역사적 실천의 좌표와도 긴밀히 연결되어 있음을 알 수 있다. 프로이트의 초자아라는 개념을 연장통에서 도구를 꺼내 쓰듯이 써버리는 가타리는 후기 프로이트주의의 반동성에 대해서 대결할 수 있는 방법을 모색하기 위해서 초기 프로이트를 확장한다.

무의식적 주체성으로서의 '욕망하는 기계'

프로이트는 유아기의 '부분충동'(部分衝動, part impulse) 현상에 주목하며, 구순기, 항문기, 성기기라는 시기구분을 한다. 부분충동은 리비도에너지가 어디에 집중되는가의 여부에 따른 설명방식이며, 유기체로서의 전체를 고려하지 않은 채 작동되는 충동 현상을 보여주었다. 그러한 부분충동 현상에 대해서 여러 정신분석학자가 주목하였지만, 그것의 작동방식에 대한 혁신적인 설명은 가타리에 와서 가능했다. 부분대상(部分對象, part object)에 대한 주목은 멜라니 클라인(Melanie Klein, 1882~1980)의 대상관계이론에 이르러서 보다 더 확장된다.63) 아이들은 엄마의 젖에서 최초의 욕망의 부분대상을 발견하며, 똥을 누면서 딱딱한 것이 몸에서 나오며 배변쾌락을 느끼게 하는 것에 대해서 부분대상을 발견한다. 부분대상에 대한 논의는 라캉에 이르러 타대상(他對象, objet petit a)에 대한 논의로 바뀌었으며, 목소리, 시선, 똥, 유방이라는 4가지 대상으로 제한되게 된다.64) 부분대상에 대한 논의는 유아기 동안에 유기체가 되지 못한 신체의 상황에서 아주 잠깐 드러나는 것으로 사고되거나 대상과의 관계성 속에서 작동하는 충동의 작동방식으로 사고되는 경향이 있었다.

가타리는 『앙띠 오이디푸스』에서 <그것>이라고 규정하며 부분충동 현상을 설명하기 시작한다. "그것은 어디서나 작동하고 있다. 때로는 멈춤 없이 때로는 중단되면서 그것은 숨쉬고 그것은 뜨거워지고 그것은 먹는다. 그것은 똥을 누고, 성교를 한다. 그것이라고 불러버린 것은 얼마나 큰 잘못인가?" 그리고 <그것>이라는 애매한 규정에서 기계(機械, machine)라는 개념으로 문제의식을 이동시킨다. "유방은 젖을 생산하는 기계요, 입은 유방에 연결되어 있는 기계다. 식욕상실자의 입은 먹는 기계, 항문기계, 말하는 기계, 숨 쉬는 기계 중 어느 것이 될 것인지 망설인다."65) 가타리의 기계개념

63) 한나 시걸, 『멜라니 클라인』(1999) 참고
64) 딜런 에반스, 『라깡의 정신분석 사전』(1998), 153쪽~155쪽
65) 들뢰즈 · 가타리, 『앙띠 오이디푸스』(1998), 15쪽

은 기계작동처럼 움직이는 부분충동을 새롭게 재구성한 개념이다. 그것은 대상에 관계하는 충동의 의미에서 출발하였지만, 접속에 따라 그 흐름이 단절되거나 지속되고 신체를 변용시키는 기계현상을 의미한다. 여기서 '기계'라는 개념은 기계학(器械學, mechanism)의 기계개념이 아니라 기계론(器械論, machinism)의 기계개념이다. 즉, 기계학에서는 폐쇄되어 있는 닫힌 체계 속에서 반복되는 기계현상을 다루는 데 반해, 기계론은 연결과 접속을 달리했을 때 끊임없이 변모하는 열린 체계 속에서의 기계현상을 다룬다.

프로이트의 부분충동 개념은 가타리에 의해서 극적으로 '욕망하는 기계'(machine désirant)라는 개념으로 나타나는데, 욕망하는 기계는 현실에서 실제로 존재하는 무의식적 주체성을 의미한다. 사람들이 무의식이라고 하면 현실에서 없는 관념 속에서나 언어 속에서의 심리상태로 사고하는 경향이 많은 데, 가타리에게는 무의식은 현실에서 분명히 실제로 존재하는 것을 의미한다. 회의석상이나 얘기를 나눌 때 공동체 속에서 지목에 의한 '바로 그'나 '바로 너'가 아니라 돌연 '어느 누군가'가 등장하는 것을 목도하는 때가 많다. 특히 집단 내에서 홀연히 어느 누군가의 주체성이 등장하는 경우는 빈번하다. 이것은 관계 속에서의 사이주체성으로서 침묵을 깨고 누군가 발언하기 시작하거나 갑자기 어느 누군가가 웃기 시작해 사람들에게 웃음을 폭발시키거나 전달하는 경우에서도 그 현상이 나타난다. '욕망하는 기계'는 이 어느 누군가로 표현되는 사이주체성이자 비인칭적(非人稱的) 주체성이다. 비인칭적 주체성은 '나', '그', '우리'가 분명하지 않고 모호하게 무의식의 흐름 속에서 발생하는 주체성이다. 집단 내에서 무의식의 흐름을 고려할 때 어딘가에 욕망하는 기계는 서식(棲息)하고 증식하면서 어느 누군가를 만들어낸다. 그것은 현실에서 분명히 존재하는 주체성이다.

결국 가타리는 초기 프로이트의 입장을 더 발전시켜 무의식으로 세상을 설명하겠다는 야심찬 기획의 일환으로 욕망하는 기계 개념을 만들어낸다. 무의식은 더 이상 개인의 심리상태에만 존재하는 것이 아니게 되며 현실에서 작동되는 욕망의 흐름, 관계망, 상호작용 속에서 설명되어야 하는 것이 된다. 그렇기 때문에 가타리는 욕망하는 기계는 결코 은유가 아니라고 단언한다. 그것은 은유가 아니라 실제로 존재하는 사이주체성이자 관여적 주체성(關與的 主體性)을 의미하며 프로이트의 부분충동에 대한 혁신적인 계승이라고 할 수 있다. 이제 부분충동은 유아기 때만 작동하는 것이 아니라, 모든 삶의 영역에서 작동하는 전체와 유기적으로 결합되어 있지 않기 때문에 결합과 접속/연결을 달리 할 수 있는 기계가 된다. 가타리는 사회를 구조와 같이 불변항으로서 이루어진 체계라고 보는 것이 아니라, 미세한 기계들이 연결되어 있는 기계체(機械體)라고 본다. 그렇기 때문에 구조를 바꾸기는 어려울지 몰라도 분자적인 수준에서 기계작동을 바꾸어서 전체 기계작동을 색다른 방향으로 나아가게 할 수 있는 가능성은 열려 있다.[66] 예를 들어 회식 자리 가운데 앉아 채식주의자임을 밝히는 것이랄지, 자동차가 질주하는

66) 윤수종, 『욕망과 혁명』(2009) 118쪽, "거대기계는 흔히 생각하는 것처럼 거대한 장치들에 의해 움직이는 것이 아니라는 점이다. 오히려 작은 기계들의 작동과 조립 속에서만 움직이는 것이며, 따라서 거대한 장치와 기계들, 그리고 기계적 작동이 어우러진 배치가 문제가 되는 것이다."

도로에 자전거를 타고 유유히 가는 행위 등은 유기적인 전체의 입장에서는 자율성을 가진 분자적인 행동이자 색다른 기계작동이다.

가타리는 철저히 실재계(實在界, Reel)라고 지칭되는 현실을 파악하고자 하는 유물론적 정신분석학(=프로이트-맑스주의)의 혁명가이다. 그러므로 일말의 타협의 여지를 주지 않고 상상계(想像界, Imaginaire)와 상징계(象徵界, Symbolique)가 아닌 실재계에서 현존하는 무의식을 다룬다. '욕망하는 기계'라는 개념은 사실상 분자혁명이라는 가타리의 혁명에 대한 시각을 만들어낸 기초개념이다. 그것은 일상을 살아가던 사람들이 돌연 색다른 혁명에 나서면서 아파트, 고기, 육식, TV, 인터넷 등의 삶의 형태와 다른 관계 맺기를 시도할 때 나타나는 기계작동의 방식이다. 이러한 기계작동은 자기생산적인 방식으로 나타나기 때문에 끊임없이 바로 자신을 만들어내는 욕망의 작동방식으로 규정될 수 있다. 만약 삶의 미세한 변화가 불가능하고, 자본주의에서의 현실이 매일 똑딱거리는 일상을 주조해 낼 뿐만 아니라 특이하고 색다른 주체성이 만들어질 가능성이 없다고 생각한다면, 그것이 미세한 변화와 움직임을 보는 현실까지도 생각한 것인가를 다시 질문해야 한다. 가타리는 경화되어 있는 현실이 실재계로서의 현실이 아니라고 본다. 무의식 속에는 기계들간의 색다른 접속이 있으며, 아주 다른 방식으로 연결되어 작동하기 시작한 욕망하는 기계들의 기계작동이 있다. 그러한 과정을 포착해야지만 역사 속에서 계속되어온 주체성 생산의 현상을 설명할 수 있게 된다.

주체를 파악할 때 마치 고정되어 있고 확신에 찬 듯한 인물을 등장시키는 경우가 많다. 그러나 주체 개념과 다른 주체성이라는 개념 자체 속에 관계성이라는 차원을 내포하고 있다.[67] 의식적 주체의 신화가 맑스주의 내부에서의 전위에 대한 환상을 만들어냈다. 그러나 의식적 전위주의에 대한 볼세비키의 전략은 사실상 모든 사람이 의식적 차원에서는 혁명가일 수 없지만 무의식적인 차원에서는 혁명가일 수 있다는 사실을 간과하게 만든다. 스탈린주의가 만들어낸 사상학습과 교육과정에서 의식적 차원에서 대중을 혁명가로 만들려는 시도는 '혁명이 무엇을 의미하는가'에 대한 질문을 던지게 한다. 혁명이 돌이킬 수 없는 차원의 개방이자 기존에 생각지도 못했던 색다른 지평을 여는 것이라고 할 때, 그것은 단순히 의식적 차원에서의 문제라기보다는 무의식(=삶)의 문제이다. 그러므로 무의식의 수준에서의 주체성 문제는 어떤 혁명이론에서도 다루어진 바 없지만 가장 중요한 주체성 차원에 대한 해답을 제공할 수 있는 것이다. 초기 프로이트의 풍부한 주체에 대한 탐구는 가타리에게 독특하게 계승되어 이제 특이한 주체가 형성되고 움직여 나가는 것 전반을 설명하기 위해서 무의식적 주체성인 욕망하는 기계의 논의로 나아간다.

---

67) 구조와 주체를 상보적이거나 상호배제적인 관계에서 질문하는 형태가 구조주의 논쟁에서 주로 논의되었던 주체논의이다. 그러한 구조와 주체의 두 가지 양상으로부터 자유로운 자율성을 사고하기 위해서 관계 속에서 생산되는 주체성이라는 개념이 가타리에게 중요한 개념이 되었다. 주체성은 주체의 의식신화가 아니라 무의식과 삶의 관계 속에서 살아 숨쉬는 사람들을 의미한다.

가족무의식을 넘어선 사회/역사적 무의식

프로이트는 오이디푸스 신화를 통해서 가족무의식을 설명하려고 하는데, 그것이 그 유명한 오이디푸스 콤플렉스이다. 신화에 따르면 오이디푸스는 테베의 왕인 아버지를 죽이고 어머니를 부인으로 취하였다. 오이디푸스 콤플렉스는 아버지를 잠재적인 경쟁자나 적으로 보거나 아버지의 강력한 권위 속에서 거세되는 등의 심리구조를 의미한다. 프로이트에 따르면 오이디푸스 콤플렉스 현상은 근친상간(近親相姦)을 금기시하는 현재의 문명을 유지할 수 있도록 만드는 기제(基劑)라고 할 수 있다. 여기서 아버지의 역할은 가족구성원을 통제하는 초자아적 지위를 가지며, 아이의 무의식에 일괴암(一怪巖)적 위치를 차지한다. 프로이트는 아이들을 관찰하면서 다음과 같이 말한다. "이제 우리는 조그만 남자아이가 어머니를 독점하고 싶어 하고, 아버지의 존재를 거추장스럽게 느낀다는 것을 쉽게 볼 수 있습니다. 어린 남자아이는 만약 아버지가 어머니에 대해서 사랑을 표시하면 언짢게 여깁니다. 하지만 아버지가 여행이라도 가거나 부재중일 때는 만족감을 표시합니다. 종종 그는 자신의 감정들을 직접 말로 표현하는데, 어머니와 결혼하겠다는 약속도 합니다."[68] 프로이트의 신경증 현상의 연구에서 오이디푸스현상은 하나의 중심 테마이며, 신경증 발생에 대한 구체적인 사례들이나 모형에서 반복된다. 심지어는 문명이 만들어지는 과정에서 반드시 이러한 오이디

68) 프로이트, 『정신분석강의』(2005), 449쪽

푸스 콤플렉스가 동반되는 것으로까지 말을 한다. 가타리는 콤플렉스현상을 배치(配置, agencement)라는 개념으로 바꾸어버리며, 어디엔가 사로잡혀 어쩔 줄 몰라 하는 유약한 주체성이 아니라 배치를 바꾸고 그곳으로부터 탈주하며 재배치할 수 있는 자율적인 주체성을 사고한다. 또한 오이디푸스 콤플렉스가 설명하고 있는 신경증적 가족무의식이 인류보편의 무의식이 아니라, 하나의 틀이나 개념으로 모든 것들을 설명하는 환원주의라고 본다. 하나의 개념이 제시될 때, 그 개념의 적용범위와 한계는 명확하다. 그러나 프로이트는 개념이 지칭하는 대상범위를 보편의 범위로 확장해 버려서 마치 모든 것들이 설명될 수 있는 것처럼 여겨버린다. 예를 들어 신경증적 오이디푸스 콤플렉스로는 분열증이나 도착증, 망상증 등은 설명될 수 없다. 그러나 모든 사람들의 탄생배경에는 가족이 연루되어 있고, 이 가족 속에서의 신경증적 무의식과 불가분하게 관련되어 있다는 것이 프로이트의 설명이다. 그런 의미에서 하나의 개념이나 발상에 환원하는 프로이트의 설명방식은 모두에게는 근친상간의 욕망이 있다는 것을 인정하라고 강요하는 꼴이 된다.

가족무의식속에 존재하는 오이디푸스 콤플렉스는 아버지라는 초자아적 존재에게 예속된 인간이 겪게 되는 분열현상을 나타낸다. 이것을 가타리는 베이트슨(Gregory Bateson, 1904~1980)의 이중구속(二重拘束, double bind)이론을 통해서 설명한다. 이중구속이론은 서로 모순되는 두 질서의 메시지를 동시에 발신하는 것을 지칭한다. 예를 들어 이런 식이다. "아버지가 자기 아들에게 앞으로 나아가라, 나를 비판하라고 말한다. 그러나 모든 유효한 비판 적어도 어떤 종류의 비판은 환영받지 못하리라는 것을 은연중 강하게 암시한다."[69] 아버지의 초자아적 권위가 작동하면 아이들은 '아버지의 아버지가 되려는 충동'과 '부친살해의 충동'이라는 이중적인 양상의 모순된 심리상태를 갖는다. 이 두 경우 모두 초자아로부터 벗어나는 올바른 길이라고 할 수 없는데 그것을 긍정하든 부정하든 초아자로부터 벗어날 수 없는 상태에 직면하게 되는 것이다. 사실 이 이중구속이론은 분열된 마음의 상태를 설명할 수 있는 중요한 논거를 제공하는 측면이 있다. 가타리는 분열발생의 원인이 되는 커뮤니케이션 습관이나 논리구조를 분석하면서, 초자아가 아이들의 무의식에 개입하면서 벗어날 수 없는 미로와 같은 상황에 직면하게 되는 것을 설명한다. 가타리는 베이트슨을 통해서 초자아에 반항하거나 초자아보다 더 높은 초자아가 되려는 두 가지 심리 모두 초자아를 극복할 수 있는 길이 아니라는 점을 분명히 한다. 사실 사회심리적으로 좌·우파로 나뉘게 되는 이유도 국가권력이라는 초자아에 의한 이중구속에 대한 태도와 긴밀한 관련이 있다. 결국 욕망하는 기계는 '초자아'—신, 국가, 아버지와 결합되면서 반생산적인 신체상태에 빠지게 되며 그것으로부터 벗어나려면 접속과 연결을 달리하는 길밖에는 없다. 그렇지 않으면 내부에서는 끊임없이 이중구속이라는 틀이 작동하게 된다. 결국 프로이트는 오이디푸스 콤플렉스를 통해서 신경증의 발생원인을 보고 있지만, 가타리에 있어서는 분열발생의 이중구속의 상황으로 나타난다. 가타리가 보기에는 '초자아'의 문제는 신경증 수준에서의 문제라기보다는 분열증 수준에

69) 들뢰즈 · 가타리, 『앙띠 오이디푸스』(1998), 125쪽

서의 문제였다. 결국 초자아는 이중구속의 형태로 욕망을 붙잡아매고 왜곡시키면서 욕망이 갖고 있는 역능을 회수하려는 권력의 지배방식이다.

가타리는 초자아에 포섭되는 방식을 이중구속이론을 통해서 분석해 냈으며, 그것이 욕망에 대한 통제의 방법으로 보았다. 프로이트는 쾌락원칙(快樂原則, pleasure principle)과 현실원칙(現實原則, reality principle)이라는 테제를 통해서 쾌락원칙으로 나아가려는 맹목적 충동이 현실원칙에 의해서 수용과 적응단계에 들어선다고 본다. 그러나 쾌락원칙이 현실원칙이 되도록 만드는 '초자아'의 예속 방식은 단순히 신경증적 수준으로 완화될 수 있는 성격이 아니라, 분열로 나아간다는 것이 가타리의 설명이다. 그렇기 때문에 자본주의를 살아가는 사람들은 광기가 완화되고 절충되면서 평범하고 정상적인 삶이라고 사고되는 신경증적 삶을 살아가는 것이 아니라, 분열증이 전반적인 현상으로 나타나게 된다. 이러한 가타리의 설명은 욕망의 강렬한 힘을 분열발생의 상황으로 파악하면서, 초자아와 욕망이 충돌하는 현실을 바라본 반면, 프로이트는 초자아가 욕망을 예속시키는 현실을 바라본다. 그런 의미에서 가타리는 모든 사람은 분열자라는 전제에서 출발하게 된다.

그러므로 가족무의식을 통해서 무의식을 설명하는 정신분석의 방법론은 분열된 사회적 지반을 설명할 수 없다. 가족무의식은 역사적·사회적 무의식이 도처에서 삼투해 들어오는 것을 막을 수 없으며, 가족의 내재적인 삶을 들여다보면 사실상 가족 외부와 긴밀히 접속해 있다는 것을 알 수 있다. 가타리는 "언제나 아메리카에서

온 삼촌, 망나니가 된 형, 어떤 군인과 함께 떠난 숙모, 파산했거나 공황의 여파로 실직한 사촌형, 무정부주의자인 할아버지, 미쳤거나 노망이 들어 입원한 할머니가 있다.…… 파리 코뮌, 드레퓌스 사건, 종교와 무신론, 스페인 전쟁, 파시즘의 대두, 스탈린주의, 월남전쟁, 68년 5월 이런 것들이 모두 무의식의 콤플렉스를 형성하는데, 이것들은 늙어빠진 오이디푸스보다 더 큰 영향들을 끼친다. 따라서 바로 무의식이 문제이다"[70]라고 언급하면서, 정신분석이 아무리 가족드라마로 환원하려고 한다고 할지라도 가족의 외부에 있는 사회적·집단적 무의식과 관련되어 있다는 점을 말한다. 가타리에게 있어서 무의식은 사회적·역사적 장에 있어서의 욕망의 움직임이다.

결국 프로이트의 신경증 논의가 가족이 동형(同形)모델에 착목한다면, 가타리의 분열증 논의는 사회·역사적 무의식이 보여주는 이형(異形)모델에 착목한다. 모든 사람이 똑같이 가족모형에 의해서 주조된다는 설정은 사실상 설득력을 잃게 되며, 어떤 방식으로 가족 외부와 접속하느냐가 관건이 된다. 가타리의 '분열증' 논의는 초자아가 분열발생의 기원이 될 수 있으며, 그것의 벽에 도전했다가 실패한 사람들의 모형이기도 하다. 분열증 모델은 모순된 메시지가 동시에 발신되는 상황을 만들어내는 이중구속이라는 분열의 논리에 사로잡혀 있는 사람들이 어떤 심리적·실재적 상황에 직면하는지를 보여준다. 분열에 대한 논의는 세 가지 심급을 갖는데, 사회분열적 양상, 정신분열증, 창조적이고 생성적인 분열이라는 세 가지 차원이다. 가타리는 이 세 가지 층위를 모두 응시한다. 가타리는 분열에

70) 앞의 책, 152쪽

대한 분석을 크게 두 가지 층위로 나눈다. 가타리의 분열분석은 정신분열증이 종속을 완화되고 탈소외되려는 과정에 대한 '생성분열분석'(生成分裂分析, schizo-analyse générative)과 혁명적 집단이 상황을 변형하거나 이행하는 '변형분열분석'(變形分裂分析, schizo-analyse transformationelle)의 두 가지 차원에서의 분석으로 진행된다. 생성분열분석은 사회적 약자로 규정된 소수자의 욕망분석에서 유효하고, 변형분열분석은 특이성을 생산하는 소수자집단의 설명에서 유효하다. 결국 프로이트의 신경증 논의는 자본주의의 욕망분석의 기제로서 적용될 수 없으며, 초자아를 수용하는 상황만을 제시했지 초자아의 예속이 분열을 발생시키는 상황이나 그것에 대해서 도전하거나 충돌하고 있는 분열증의 상황을 드러내 보이지는 못했다. 그러므로 한편으로 욕망이 생산되고 흘러가고 조립되면서도 다른 한편으로 통제되는 이율배반적인 과정을 드러내는 자본주의의 분열된 상황에서의 무의식분석을 수행할 때 프로이트가 설명력이 현저히 떨어지게 되는 점은 분명하다. 들뢰즈와 가타리의 '자본주의와 정신분열증' 기획은 프로이트의 정신분석의 범주를 벗어나 욕망의 조립과 연결, 노마드적 이동, 탈주, 생산과 반생산의 충돌 등을 드러내면서 욕망분석의 차원으로 전개된다.

프로이트가 신경증적 가족무의식에서 보여주는 아이는 반사회적 충동이나 근친상간의 욕구를 가진 주체로서 초자아의 통제에 의해서 결국 사회적으로 적응하는 주체였다. 가타리는 아이를 소수자의 주체성으로 재조명하며, 아이가 사실상 동물의 근방에 있는 욕망의 주체라는 점을 보여준다. 가타리는 프로이트의 꼬마 한스에 대한 분석에 착목하며, 아이의 무의식을 지도 그리듯이 그려낸다. 프로이트의 설명방식에 따르면 꼬마 한스는 말에 대한 공포증을 갖게 되었는데 그 이유는 아버지의 큰 거시기와 같이 말이 큰 거시기를 갖고 있었기 때문에 거세콤플렉스를 갖게 되었다는 것이다.[71] 가타리는 욕망이 탈소외와 종속의 완화 상황으로 나아가려는 생성분열분석의 시각에서 꼬마 한스의 무의식분석을 수행한다.[72] 꼬마 한스는 또래 꼬마들과 말이 되는 놀이를 하는데, 그것은 말되기라는 동물되기의 욕망의 흐름을 형성하는 것으로 거세콤플렉스의 설명방식과 다른 욕망 횡단의 경로를 보여준다. 여기서 가타리가 유념해 둔 아이의 상은 가족의 침실에 가두어진 아이의 상이 아니라, 골목대상, 악동, 말괄량이와 같이 모험과 탐험을 하고, 동물처럼 무리짓기를 할 수 있는 주체성이었다. 가타리에 따르면 이러한 욕망의 흐름을 하나의 발상이나 언표로 고정시키려는 프로이트의 해석행위가 욕망의 입장에서는 반역적일 수 있다고 본다. 오히려 가타리는 아이들의 욕망이 고정된 무엇으로 해석되고 고정되는 것이 아니라, 자신들의 또래집단에서의 욕망의 흐름과 접속연결로 존재하는 상황이 자연스럽게 공포증으로부터 벗어날 수 있는 경로를 개척할 수 있다고 본다. 아이에 대한 프로이트와 가타리의 견해의 차이는 가족무의식 내에서 소수자로서의 아이에 대한 태도를 의미한다. 동시에 욕망을 하나의 언표인 오이디푸스 콤플렉스로 환원하려는 프로이트와 달리 가타리는 다채로운 방향으로 움직이는 욕망을 분석할 수 있는 지도 그리기라는 방식을 통해서 흐름과 방향성을 보여준다.

---

71) 프로이트, 『꼬마 한스와 도라』(2005), 46쪽
72) 가타리, 『기계적 무의식』(2003), 211쪽

정신분석과 분열분석

가타리는 '자본주의와 정신분열증'(capitalisme et schizophrénie) 기획 이후에 '분열분석'(分裂分析, schizo-analyse)이라는 연구테마로 주제를 이동시키는데, 그것은 욕망생산의 과정에 있는 혁명집단에 대한 무의식 보고서였다. 정신분석에서는 언급되지 않았던 분열생성의 논의는 여기서 등장한다. 분열분석은 정신분석과 달리, 가족무의식이 아니라 사회적 무의식을 다루는데, 사회적 장으로의 욕망투여와 욕망의 흐름과 움직임을 분석하려는 시도로 이루어져 있다. 프로이트의 정신분석에서의 주체성의 논의는 무의식의 심층까지 나아가 풍부한 논의주제를 발굴했음에도 불구하고, 자신의 형식과 틀에 사로잡힌 나머지 '주체성 생산'의 풍부한 전거를 놓치고 있다는 것이 가타리의 판단이었다. 분열분석은 '모든 사람은 미쳤다' 혹은 '모든 사람은 분열자이다'라는 규정에서 시작되는 분석의 방법론이며, 집단적 분열의 역동적인 움직임을 포착하려는 시도로 이루어져 있다. 욕망의 흐름은 현실의 거주지를 벗어나 탈영토화하는 움직임을 가지면서 분열의 방향으로 나아가며, 체제나 제도는 욕망을 응고시키는 방향으로 이러한 움직임을 바꾸려고 한다. 가타리가 주목하는 것은 '탈영토화하는 욕망의 방향성이 어떻게 생성되는가?'라는 지점이다. 사람들 사이에서 혹은 집단에서 엉뚱한 방향으로 나아가며 특이성을 생산하게 되는 것은 분열로 설명이 된다.

프로이트의 정신분석의 논의는 체계적인 환원을 통해서 해석(解析, interprétation)에 도달하는 방법론이었다. 그렇기 때문에 욕망의 움직임보다는 하나의 언표로 환원시켜서 고정시키는 것이 중심적인 이론적 작업이 되었다. 예를 들어 아이의 모든 무의식적 행위들을 오이디푸스 콤플렉스에 환원한달지, 신경증의 범위를 지나치게 확대한달지 하는 것이 정신분석이 보여준 모습이었다. 해석의 차원이 등장하는 것은 반드시 수반되어야 할 의식적 과정으로 보는 시각도 가능하다. 그러나 예를 들어 뉴스방송을 진행하는 아나운서가 방송을 하다말고, 방송국 카메라에 "저 진행이 어땠나요?"라고 묻는다면 뉴스프로그램의 흐름과 진행에 문제가 생길 것이다. 해석은 무의미로 간주되고 있는 욕망의 움직임과 흐름을 응고시키고 고정시킨다는 점에서 문제가 있다. 프로이트는 해석을 통해서 의식에 도달하는 순간 치료를 달성할 수 있다고 사고하는데, 그것은 무의식적 배치의 문제가 실재 현실에서 계속 작동하고 있다는 문제를 간과하게 된다. 가타리는 이러한 해석의 방법론을 "요술과 같은 기표의 작동"이라고 규정한다.[73]

프로이트는 치료과정에서 전이(轉移, transfer)라는 현상을 발견하는데, 치료자를 자신의 가족과 동일시하는 현상이었다. 그는 이러한 전이현상이 치료자와 피치료자의 치료동맹을 형성하는 데 도움이 된다고 간주한다. 그러나 가타리는 사회적인 관계망이 전이와 같은 방식으로 지각되는 것의 위험성을 사고하면서 '횡단성'(橫斷性, transversalité)이라는 개념을 전이에 대응하는 개념으로 제출

73) 가타리, 『분자혁명』(1998), 150쪽

한다. 전이와 같은 동일시는 이질적인 사람들의 집합체인 사회집단을 마치 하나의 틀에 의해서 작동한다고 사고할 위험이 있다. 그러므로 전이와 역전이 등과 같은 치료자-피치료자의 관계는 복잡계로 존재하는 사회현실을 지나치게 환원하는 퇴행적 방법론이라고 볼 수 있다. 정신분석은 전이가 마치 일반적인 현상인 것처럼 사고하는 경향이 있는데, 가타리는 동일시를 끊임없이 회피하거나 제거하는 방식으로 나아간다.

프로이트주의의 정신분석은 '가족주의' 입장에서 무의식과정을 설명한다. 그렇기 때문에 모든 사람은 유아기의 퇴행 속에서는 가족 속에서의 아이였다. 가타리의 무의식론은 유아기로의 퇴행의 방법론을 통해서 가족무의식의 심층으로 들어가보는 것이 아니라, 미래진행형으로서의 무의식과의 접속을 의미한다. 여기서 미래란 낯설고 이질적인 현실과 마주치거나 색다른 현실을 생산하는 것을 의미한다. 프로이트의 '가족주의' 모델은 그 내부에 오이디푸스 콤플렉스라는 기본무의식의 틀로 환원되는 체계를 의미한다. 그러나 가타리는 하나의 고정점으로 환원되는 체계를 거부하고, 무의식이 다양한 흐름의 경로를 갖고 있고, 마치 지도를 그리듯이 그려나가야 그 전개를 바라볼 수 있다고 본다. 가타리는 가족 속의 개인은 존재하지 않으며, 모두 사회 내의 집단과 연루되어 있다고 본다. 결국 프로이트의 가족주의가 갖고 있는 사생활이라는 설정은 '주체성'의 차원을 매우 협소한 영역으로 보고, 환원하는 것이었다.

가타리는 집단적 욕망의 흐름을 지도처럼 그려나가기 위해서 '무의식의 화용론'(pragmatique de inconscient)이라는 방법론을 도입한다. 무의식의 화용론은 말의 사용의 문제를 다룬 화용론의 차원에서 무의식의 말이 아닌 기호작용으로 문제의 층위를 이동시킨다. 말은 언표(言表)로서 표현되지만, 무의식은 비언표적 차원에서 나타난다. 그래서 가타리에게 비기표적 기호계의 차원은 무의식을 그려나갈 수 있는 중요한 도구가 된다. 비언표적 기호에 주목하는 이유는 말로써 표현될 수 없는 흐름, 관계망, 상호작용을 그려내기 위해서이다. 예를 들어 부엌이라는 공간을 생각해 본다면, 요리 매뉴얼이나 오가는 대화와 같은 언표적 차원만 있는 것이 아니라, 물의 흐름, 불의 흐름, 음식의 흐름, 쓰레기의 흐름 등이 존재한다는 것을 알 수 있다.[74] 그 흐름을 구도를 잡고 그려본다는 단순한 말의 차원이 아니라 말이 아닌 색다른 방식의 기호작용에 대해서 주목해 볼 필요성이 생긴다. 가타리의 분열분석의 차원은 '기호론'을 통해서 프로이트의 해석의 차원에서 나타나는 의미작용에 한정된 분석이 아니라, 무의미라고 간주되었던 현실에서 서식하는 무의식의 차원을 드러내려고 하였다. 이러한 가타리의 방법론은 무의식을 하나의 기표로 환원시켜 설명될 수 있는 것으로 보거나 알 수 없는 영역으로 보는 관점이 아니라, 무의미로 간주되었던 영역에 대한 적극적인 분석을 통해서 적어도 그림의 구도를 그려낼 수 있는 것으로 보는 것이다.

정신분석과 달리 분열분석은 분열되어서 역사와 사회적 삶을 창조해 내는 집단에 대한 분석으로 나아간다. 가타리의 레닌에 대한 분석은 혁명집단이 욕망의 탈영토화 과정에서 보여주는 움직임에

74) 가타리, 『카오스모제』(2003), 95쪽

대한 분석이다. 레닌은 기존의 혁명공식의 언표들과 단절하고 지금 당장 프롤레타리아트 혁명이 가능하다는 생각을 갖게 되는데, 그것은 그가 기존 혁명교리의 해석의 차원에 머문 것이 아니라 구체적인 역사의 흐름의 차원으로 인식의 범위를 확장했을 때였다. 레닌이 발견한 것은 탈영토화로 나아가는 집단의 움직임이었으며, 그것이 혁명을 달성할 수 있다는 전제조건이었다. 그러나 혁명의 과정에서 분열된 욕망이 응고되는 수준에서 스탈린이 등장한다. 이 모든 과정을 마치 지도를 그리는 것처럼 가타리는 그려나가면서 무의식의 화용론의 방법론을 적용해 본다.[75] 결국 분열분석이란 집단적 욕망의 흐름을 그려내기 위한 방법론으로 욕망이 현실을 변형할 정도로 탈영토화된 상황 즉 혁명적 상황에 대한 분석을 의미한다.

정신분석과 달리 분열분석이 탈영토화하는 집단의 욕망분석이었기 때문에 집단 내부의 관계망에 대한 분석도 욕망관계(慾望關係, rapport de désir), 예속관계(隷屬關係, rapport d'assurjettissement), 기계적 제어관계(機械的制御關係, rappot d'asservissement)라는 세 가지 차원으로 나누어서 분석된다. 만약 핵심집단과 민중이 지도/피지도의 관계를 갖는다면 '예속관계'일 것이지만, 민중이 스스로 기존의 틀을 벗어나 탈영토화하여 색다르게 바뀐다면 '욕망관계'를 형성할 것이며, 탈영토화된 민중과 핵심집단의 관계는 '제어관계'일 것이다. 이러한 분열분석의 설명방식은 삼차원 속에서 집단의 욕망의 움직임을 설명하는 것이다. 결국 정신분석이 가족 내 개인에 대해서 사고했다면 분열분석은 집단의 동역학(動力學, dynamics)이라는 차원

75) 가타리, 『기계적 무의식』(2003), 215쪽

으로 문제층위를 바꾸어버린다. 가타리의 분열분석은 프로이트의 무의식분석을 혁명집단분석으로 전진배치하며, 사회변혁으로 나아가는 욕망의 탈영토화 현상을 분석하려는 시도라고 할 수 있겠다. 여기서 분열이라는 순간은 색다른 무엇이 생산되고 창출되는 순간을 의미하며, 사회변혁의 원동력이 되는 특이성 생산을 함의하는 개념이다. '분열'은 욕망에 의한 창조와 생성의 또 다른 이름이며, 사회체계의 무시무시한 압력이 만들어낸 병리적 분열 속에서 생산되는 창조적 분열이다. 가타리는 프로이트의 정신분석을 독특하게 계승하여 사회 속에서 혁명적 행위가 발생되는 과정에서 벌어지는 욕망분석과 무의식분석을 수행하기 위해서 분열분석을 창안하였다. 이로써 프로이트가 간과했던 영역, 도달할 수 없었던 사회변혁과 혁명을 일으키는 무의식의 기반에 대한 논의는 가타리에 의해서 가능할 수 있었다.

무의식에 대한 두 시선

가타리는 초기 프로이트의 무의식이론을 받아들여, 실재계 속에서 존재하는 무의식의 차원으로 다룬다. 이제 무의식은 개인의 심리상태에만 존재하는 것이 아니라, 부부, 가족, 학교, 감옥 등에서 서식하는 실재적인 차원이 되었다. 또한 후기 프로이트의 논의에서 '초자아'에 대한 개념을 받아들이지만, 욕망을 억압해야 문명이 달성된다는 구도는 받아들이지 않는다. 초자아에 대한 논의는 초자아의 수용좌표 속에서 존재하는 예속집단과 이를 벗어나려는 주체집단의 논의로 뒤바뀐다. 또한 가타리는 프로이트의 부분충동현상에 대한 설명을 받아들이면서도 독특하게 개념의 위상을 바꾸어 '욕망하는 기계'라는 개념을 창안해 내는데, 이 욕망하는 기계는 관계의 사이에서 발생하는 '어느 누군가'일 수 있으며, 기계의 조립과 연결을 달리했을 때 달리 작동하는 유연한 기계론의 구도를 따른다. 욕망하는 기계에 대한 구상은 유년기의 부분충동 현상에 머무는 것이 아니라, 전체를 고려하지 않고 구조로부터 자율적인 주체성에 대한 논의로 뒤바뀐다. 가타리는 프로이트의 정신분석이 갖고 있는 환원론적 구도를 비판하면서 지도그리기와 같이 욕망과 무의식의 그림을 그린다. 프로이트의 오이디푸스 콤플렉스는 신경증 유형의 가족무의식을 통해서 세상을 설명하고자 하는 방식으로, 가타리는 초자아의 작동방식이 신경증 유형으로 머무는 것이 아니라 모순된 메시지를 발신하는 이중구속의 상황으로 내몰고, 결국 분열증적 차원에서 다루어져야 한다고 사고한다. 정신분석의 해석, 전이, 가족주의라는 요소와 달리 분열분석은 탈영토화하는 욕망을 가진 집단분석을 위한 도구이다. 결국 프로이트가 가족무의식적 차원에서 세상을 설명하는 데 그쳤다면, 가타리는 사회적 장에서의 욕망의 집단적 투여를 설명하고자 한 것이다. 가타리는 프로이트의 무의식논의를 경유해서 주체성 생산을 설명하고자 하는 대장정에 나섰던 것이다.

제3장 흐름

잉여가치 착취에서 코드의 잉여가치 착취로

(맑스와 가타리)

맑스와 가타리, 자본주의 논의에서의 두 인물들

칼 맑스(Marx, Karl Heinrich, 1818~1883)는 제 1인터내셔널의 이론가이자 공산주의 이론의 창시자로서 역사를 계급투쟁의 시각에서 바라보고, '자본'(資本, capital)의 움직임을 분석하였다. 맑스의 꼬뮤니즘 사회는 '자유로운 개인들의 연합'이라는 상을 갖고 있으며 현실의 운동임에도 불구하고, 후대의 맑스주의는 그것이 현재에 이루어져야 할 것이 아니라 아주 먼 미래에 달성되어야 할 과제로 사고하였고, 지금은 계급이라는 덩어리진 몰(mole)적인 수준에서의 적대와 투쟁이 중요하다고 보았다. 이러한 목적과 과정의 불일치는 맑스주의 일반이 보여준 실천형태이다. 네그리와 가타리는 죽어가는 꼬뮤니즘를 다시 부활시키겠다는 야심찬 프로젝트로 『자유의 새로운 공간』이라는 책을 쓰는데, 여기서 "꼬뮤니즘을 억압에 의존하는 맹목적이고 환원주의적인 집단주의가 아니라, 서로 환원될 수 없는 개인들과 그룹들('집단성들')이 결합된 생산성의 독특한 표현이다"[76]라고 언급한다. 이러한 가타리의 언급은 분자적인 특이성의 연합을 중시하며, 몰적 수준에서의 계급투쟁에서 모든 것들을 해결하려는 방법을 넘어서려는 것을 목표로 하고 있다. 맑스주의의 모든 환원주의적 방법론들의 기원은 꼬뮤니즘이 돌아오지 않는 미래의 시간으로 설정되어 있을 뿐, 현재 속에서 즉각 실현될 현실이나 싹트고 있는 잠재성의 현실로 보지 않는 것에서 기원한다. 가타리는 이러한 맑스주의의 이율배반을 "똥과 같이 지저분한 현실"로 규정하고, "맑스주의는 모든 형태에서 욕망을 결여하고 있으며, 관료주의와 인간주의로 경도됨으로써 그 본질을 잃어버리고 있다"고 진단한다.[77]

이렇게 맑스주의가 노동운동을 이끌면서도 풍부한 '인간'과 분자적 수준의 '욕망'의 이해를 놓치게 된 것은 맑스가 갖고 있는 전반적인 체계가 근대의 욕구이론을 넘어서지 못하고 있기 때문이다. 먼저 맑스의 욕구(慾求, need)에 대한 논의는 『독일 이데올로기』에서 발견되는데, 그는 "역사행위란 욕구충족과 물질적 생활 그 자체의 생산"[78]이라고 보면서, 욕구충족의 차원에서 '노동'이 존재한다는 것을 언급한다. 이러한 생각은 맑스의 전반적인 저작을 관통하며, 사회적 필요욕구 충족을 위해서 노동력을 팔 수밖에 없는 노동자라는 주체성의 형상을 제시한다. 맑스에게 있어서 '욕망'(慾望, desire)이란 부르주아적인 것으로 간주되는 경향이 있으며, 필요욕

76) 네그리/가타리, 『미래로 돌아가다』(2000), 103쪽
77) 가타리, 『분자혁명』(1998), 31쪽~33쪽
78) 맑스, 『독일 이데올로기』(1988), 56쪽

구를 갖고 있는 노동을 통해서 생활수단을 얻고자 하는 노동자계급이라는 관점이 일관되게 작동한다. 맑스도 어렴풋이 욕망의 실존에 대해서 짐작하고 있었다는 점은 『독일 이데올로기』 내에서 언급되고 있는 "충족된 최초의 욕구 자체 즉, 충족 행위 및 획득되어 있는 충족의 도구는 새로운 욕구로 귀착 된다"라는 구절과 "새로운 욕구의 창출이야말로 최초의 역사적 행위이다"라는 구절에서이다.[79] 그리고 그의 저작을 관통하는 '사회적 필요욕구'와 '신체 유지를 위한 욕구'간의 모순이라는 지점에서도 즉각적으로 '욕망'의 작동으로는 나아가지는 않았지만, 물질적 필요의 운동이 갖고 있는 모순 속에서 작동하는 미묘한 변화를 포착하고 있다. 물론 맑스의 논의는 여기서 멈추어 있으며, 물질적이고 경제적인 차원에서의 논의에서 욕망의 논의는 사라지고 계급의 이해투쟁으로 환원된다.

가타리는 "욕망은 사적인 측면으로 기울고, 반면에 사회적인 것은 수익성을 지닌 노동 측면에 국한"[80]된다고 말하면서 욕망의 실존가치를 의미하는 꿈, 사랑, 유토피아, 소비행위, 신용 등이 맑스주의에서 부차적인 것이 되고 있음을 지적한다. 가타리가 욕망의 차원을 통해서 자본주의를 설명하면서 만들어진 개념이 '욕망하는 생산'이다. 욕망하는 생산이라는 개념은 당, 국가, 자본이 생산적인 것이 아니라 욕망하는 대중이 생산적이라는 다분히 평의회 맑스주의 개념을 욕망개념에 도입한 것이다. 즉, 모든 욕망하는 행위는 생산적이며, 자본가는 그것을 이용하거나 기생하고 있을 뿐 삶의 욕망

79) 같은 책, 57쪽

80) 가타리, 『분자혁명』(1998), 36쪽

자체는 생산하고 창조하는 것이라는 의미이다. 맑스주의의 실천이 몰적 수준에서 계급적대로 환원되는 경향을 보이면서 '욕망하는 생산'이라는 차원을 개방하는 문제는 부차적인 것이 되는 경향이 있다. 그것은 욕망이 미래를 구성하고, 현실의 다채로운 운동을 만들어낼 수 있는 역능이라는 점을 간과하게 만든다. 마치 평의회 맑스주의자들이 미래사회의 원동력을 평의회나 소비에트, 꼬뮨 등의 질서에서 찾는 것처럼 가타리에게는 욕망의 생산성에서 찾아진다. 여기서 제시되는 '욕망하는 기계'라는 주체성은 자본주의적 기계배치와는 다른 방식으로 기계를 작동할 수 있는 주체성을 의미한다. 즉, 욕망은 혁명적이며, 미래를 구성하는 현실의 운동의 원동력이 된다.

맑스의 계급투쟁이 역사발전의 원동력이라는 사상은 생산적인 행위가 노동이기 때문에 노동자계급만이 경제생산의 주체임을 강조하는 결과를 낳았다. 결국 아이, 노인, 여성, 장애인, 부랑아, 광인 등을 생산적인 계급의 영역에서 배제하는 효과를 낳게 되었으며, 이들의 욕망은 생산적이지 못한 것으로 간주되었다. 반면 가타리에게는 새로운 수준의 삶을 개척하려는 욕망 자체가 생산적이라는 점을 지적하면서, '노동자계급'만이 생산적 계급이라는 신화에 맞선다. 예를 들어 자율주의자들이 주장했던 '가사노동에 임금지급을'이라는 슬로건만 보더라도 자본주의적 노동으로 간주되지 못하고 있는 여성의 가사노동이 사회적 가치를 지니고 있고, 사회적 임금이 지급되어야 할 부불노동(不拂勞動)이라는 점을 언급하고 있는 점에 주목해야 한다. 가타리는 여기서 더 나아가 아이들이 TV를 보거나 벽에 똥칠을 하는 것도 욕망노동이라고 말한다.[81] 즉, 아이들이 자본주의적인 틀에 따라 바로 자신을 생산하고 규격화된다는 의미에서 생산적인 것이다. 가타리는 맑스의 계급이라는 몰적 수준의 주체와 분자적 욕망의 주체성을 대조시키면서, 계급투쟁과 다른 욕망투쟁의 영역을 사고한다.[82] 계급이라는 몰적 수준에서의 적대에서 문제가 되는 것은 소수자나 사회주변인들이 갖고 있는 욕망의 생산성을 인정하지 않는 지배계급과 똑같은 시선을 갖고 있다는 점이다. 그러므로 계급적대를 다차원적으로 확대하려는 것이 문제가 아니라, 색다른 욕망을 가진 주체집단의 운동과 움직임에 연대하는 계급투쟁이 중요하다. 보통 계급투쟁은 욕망투쟁의 영역인 성노동자의 투쟁이나 성소수자의 투쟁, 아이해방운동, 광인해방운동, 생태운동, 공동체 운동 등에 대해서 헤게모니를 행사하려고 한다. 왜냐하면 중심적인 운동이 계급 적대이며, 나머지는 주변적이고 부차적인 의미만을 갖고 있기 때문이다. 이러한 생각은 바로 욕망하는 생산이라는 관점을 갖고 있지 않기 때문에 비롯된 것이다. 동시에 속류 맑스주의운동은 몰적이고 중앙집중적인 운동을 통해서 국가권력을 장악하고 그런 다음에야 노동해방이 오고, 그런 다음에야 인간해방이 온다는, 돌아오지 않는 미래의 공식에 사로잡혀 있다. 그러나 가타리는 계급투쟁과 연대하는 욕망투쟁의 가능성을 바라보면서, 투쟁의 연대에 있어서 중심과 부차라는 신화를 제거해야 한다고 본다.

가타리에게 있어서 소수자운동이 중요했던 이유는 그것이 특이성

81) 가타리, 『가타리가 실천하는 욕망과 혁명』(2004), 55쪽

82) 욕망투쟁의 영역은 어린이, 노인, 여성, 부랑아, 유색인종, 성노동자, 성소수자의 주체성을 등장시켜, 분자적 수준에서 움직이는 욕망의 미시정치의 영역을 드러내 보인다. 이 욕망투쟁의 영역에 대해서는 『분자혁명』 3장 「탈주하기」를 참고할 것

을 생산하기 때문이다. 그것은 '통일성의 정치'와 '차이의 정치'간의 해묵은 논쟁을 뛰어넘는 특이성 생산의 차원을 개방한다. 맑스주의 운동을 비판했던 라클라우와 무페의 '차이의 정치'는 공통되고 통합된 이해투쟁으로 나아갔던 기존 운동에 대한 비판으로써 다채롭게 만개하고 있는 대안운동을 조망하였다. 그러나 차이를 통한 연합의 제안은 몰적 수준에서의 계급투쟁의 대당으로서만 존재했지 어떤 방식으로 그것이 연결되고 생성되고 있는지 설명하지 못했다.83) 가타리는 '차이의 정치' 수준에서 다양성을 인정하는 것이 중요하고 차이를 존중하는 것이 중요한 것으로 머무는 것이 아니라, 차이와 특이성을 생산함으로써 유한자의 특이성이 결속되어 있는 민주주의의 장을 풍부하게 만들 수 있다고 본다. 차이를 생산하는 문제는 소수자운동이 정체성운동으로서 자신을 확인하려는 방향성—특히 게이, 레즈비언 운동 등에서 보이는 방향성—이 아니라, 색다른 움직임을 만들어가는 방향으로 발전함으로써 미시적으로 자본주의를 다른 방향으로 움직이게 하는 분자적인 운동일 수 있다고 본다. 가타리에게 있어서 자본주의의 정치경제는 욕망의 정치경제와 연결되어 있어서 색다른 욕망의 출현은 자본주의가 자신의 체제를 수정할 수밖에 없도록 만든다고 본다. 그러므로 트로츠키주의자들처럼 분파성과 조급함도 갖지 않은 가타리가 분자적인 삶의 수준에서 영구적인

83) 라클라우, 무페의 '차이의 정치'는 차이의 영역이 헤게모니의 영역을 넘어서 존재한다는 점을 밝힌 점은 매우 급진적 민주주의의 논의를 가능케 한다. 그러나 민주주의가 성장하고, 풍부해지기 위해서는 차이가 주어지거나 존재론적인 차원의 것이 아니라, 생산되고 생성되는 것이라는 점에 주목해야 한다. 그런 점에서 가타리의 특이성(차이) 생산의 논의는 차이의 정치를 넘어선 미시정치의 영역을 의미한다.

혁명, 영구적인 개량이 수행되는 것이라고 말한다. 가타리의 전략은 자본주의의 똑딱거리는 일상과는 다른 색다르고 특이한 삶이 창안되고 건설되어 이 분자적 수준에서의 변화가 자본주의의 궤도를 수정하도록 만드는 것을 의미한다. 결국 분자혁명이라는 개념은 혁명이 삶으로부터 소외된 영역에서 매우 특별한 혁명가나 혁명운동으로부터 비롯되는 것이 아니라, 모든 수준에서의 사랑과 욕망의 차원이 개방하는 혁명이라는 의미를 갖게 된다.84)

가타리는 국제연대운동으로 나서는 주체성이 국경을 넘는 분열자들일 수 있으며, 이 정신착란자, 불안정한 사람, 정신분열자들 속에서 삶의 노마드(nomad), 두뇌의 노마드, 이념의 노마드가 발견될 수 있다고 말한다.85) 맑스주의자들의 시각에서 여전히 주체성이 노동과 관련되어 있는데도 불구하고, 그러한 도발적인 말을 한 이유는 감성, 인식, 태도를 색다르게 만들고, 배치를 바꿀 수 있는 것이 분열자적 주체성에게서 발견되기 때문이었다. 자본주의 하에서 기존의 관계와 다른 방식으로 관계를 한다는 것은 미치지 않고서는 달성되기 어렵기 때문에 색다른 성애, 감수성, 인식을 가지며 세상과 관계하는 방식이 분열이라고 규정된다. 색다른 관계의 차원은 이 분열이 만들어내는 거대한 파급효과와 긴밀히 관련되어 있다. 기존의 노동운동이 자본주의의 삶의 하나의 배치로 굳어진 지 오래며, 운동이 갖고 있는 혁명적인 관계성을 상실하였기 때문에, 노동자계급은 혁명적 주체라기보다는 자본주의적인 인종주의나 개량주의에 물들 수 있는 가능성이 매우 높게 된다. 이런 관점에서 미국

84) 가타리, 『가타리가 실천하는 욕망과 혁명』(2004), 79쪽
85) 앞의 책, 37쪽

마피아와 손잡고 인종차별을 행사하던 미국 트럭노조도 노동자계급이다. 결국 순수한 노동운동과 노동자계급이라는 신화로부터 단절하여, 계급 폐절과 적대폐절의 방향성 속에서 대안운동이 위치지워져야 한다. 그런 의미에서 가타리의 시각에서는, 자본가계급만이 아니라 노동자계급도 사라져야 할 계급이 된다.[86] 결국 사회주의는 자본주의에 대항하는 국가체제로 보이지만 오히려 자본주의의 최고 형식일 수 있으며, 다가올 혁명인 모든 수준에서 특이성이 생산되는 차원에서의 분자혁명이 만들어낼 대안사회 건설과는 무관한 것이 된다. 가타리는 맑스주의가 언급한 계급투쟁이 더 이상 혁명적인 적대가 아니라 계급투쟁의 폐절이 혁명이라고 말하는 것이며, 이것은 맑스가 생각했던 계급투쟁이 역사발전의 원동력이라는 생각을 받아들이지 않고, 대신 꼬뮤니즘이라는 미래가 지금 당장 실천적 과제로 제출되어 계급투쟁을 폐절해야 한다는 역전된 사고를 전개한다. 이로서 가타리의 사상적 구도에서는 계급투쟁과 꼬뮤니즘 운동은 다른 방식의 운동이라고 사고된다. 모든 분자적 수준에서의 특이성의 연합으로서의 꼬뮤니즘은 계급투쟁을 폐절하는 운동인 것이다.

착취와 차별 : 자본주의의 권력추출의 두 가지 방식

맑스가 쓴 『자본』의 전반적인 맥락은 노동시간으로 환산가능한 노동력에 대한 착취와 이로 인한 잉여가치 추출의 방법에 관련된

86) 같은 책, 49쪽

것이다. 자본의 형성에 있어서 노동시간은 양적 척도로서 노동과 매개하는 자본의 권력추출을 가능케 하며, 이것이 노동자계급을 종속시키려는 자본가의 기본적인 행동의 원인이 된다. 잉여가치의 비밀은 노동에 대한 정당한 대가의 부분에서 부불노동의 부분이 존재한다는 지점이었고, 자본은 이러한 미지급분의 노동시간을 통해서 잉여가치를 획득할 수 있었다. 여기서 노동자계급의 격렬한 저항은 기계류를 도입함으로써 진압되는데, 여기서 '노동운동에 맞선 전쟁무기로서의 기계'라는 개념이 생겨난다. 기계의 도입은 노동자들 중에서도 숙련노동자를 공격하는 것이었으며, 탈숙련노동자들을 매개함으로써 현장에서의 숙련 노동자의 권위와 지도성을 파괴하려는 의도를 갖고 있었다. 여기서 노동시간을 늘림으로써 이윤을 확대하려는 '절대적 잉여가치'의 방법에서 기계류를 도입하는 이윤을 확대하는 '상대적 잉여가치'의 방법으로의 이행이 이루어진다. 자본주의는 상대적 잉여가치의 방법으로 전환하였는데 맑스는 기계는 가치를 형성하지 않는다는 논점을 유지하면서 산 노동에 맞선 죽은 노동이나, 현재의 노동에 맞선 과거의 노동이라는 개념을 쓴다. 그러나 자동화, 유연화, 원격화, 컴퓨터화, 예속화과정을 보이는 첨단기술사회에서 맑스가 생각했던 불변자본으로서의 기계류가 가치를 생산하지 않는다는 방식의 사고는 설득력을 잃고 있다.

맑스의 『정치경제학비판 요강』에서 「기계에 대한 단상」의 부분[87]은 기계를 그저 불변자본이나 고정자본으로 보는 시각에서 벗어나 '일반지성'(一般知性, General Intellect)의 산물이나 '사회적 노동'의

---

87) 맑스, 『정치경제학비판요강』(2007) 참고

산물로서 바라보는 시각이 등장한다. 기계에 대한 이러한 생각에서 기계류의 재전유(再傳諭, reappropriation)에 대한 사고방식이 가능하며, 첨단기술사회에서 기계류가 가치를 생산하는 방식으로서의 과학노동, 지식노동, 정보노동, 연구노동 등에 대한 사고방식도 가능케 한다. 이제 잉여가치의 문제는 '착취'의 문제에서 일반지성에 대한 약탈과 무단점취(武斷占取)의 문제도 포함하게 된다. 그러나 맑스는 일반지성이라는 개념만 제시했을 뿐 기계, 기관, 인간 등의 경계가 모호해지고 있는 상황에서 기계가 갖고 있는 색다른 의미에 대해서는 침묵한다. "나는 그것을 기계적 주체성이라고 특징지을 것이다. 이 새로운 주체성은 유독 인간만이 아니라, 사실 기관·인간의 기능에 관련된다. 오늘날 노동하는 것은 인간, 노동자, 직공(손노동자)가 아니라 하나의 인간기능, 하나의 기관, 하나의 생산된 배치이다."[88] 가타리의 기계적 주체성을 사고하면서 실물적인 기계의 논의를 뛰어넘어 추상기계와 욕망하는 기계 등의 개념을 제시한다. 여기서 기계현상은 인간의 기능과 기계를 연결하고 상호작용시키는 비물질적 관계와 기능연관을 의미하면서도 자기생산적인 열린 체계를 갖고 조립연결되는 기계현상까지도 포괄적으로 지칭된다. 결국 기계탄생의 비밀이라고 할 수 있는 일반지성을 생산하는 주체들이 누구인가의 문제에서 맑스는 노동자계급이라는 관점에서 멈추어서 있지만, 가타리는 욕망하는 모든 주체성들의 현재의 행동방식이 바로 추상기계든, 욕망하는 기계든 기계현상을 드러내기 때문에 대중들의 욕망 자체가 기계를 형성하는 기계적 주체성이라고 사고한다.

88) 가타리, 『가타리가 실천하는 욕망과 혁명』(2004), 48쪽

그렇기 때문에 첨단기술사회가 된 자본주의에서 잉여가치의 문제는 기계를 둘러싼 연결방식의 문제라고 할 수 있다. 자본주의는 가타리의 욕망하는 기계의 연결방식에 대한 연구에서 드러나듯이 '너는 동성애자냐? 이성애자냐?'라는 방식으로 '…또는…'으로 연결되는 이접적 종합인 차별의 방식을 통해서 권력을 추출한다. 여기서 분명해지는 것은 자본주의는 착취를 통해서도 유지되지만 차별을 통해서도 유지된다는 점이다. 특히 기계류를 만든 일반지성이 사회적 산물이기 때문에 자본은 사회와 관계할 수밖에 없으며, 사회를 통제하는 방법으로 차별의 방법을 사용한다. 그러므로 차별은 자본주의의 권력추출의 유력한 방식이다. 이러한 차별은 비정규직 노동자와 정규직 노동자간의 차별의 수준을 뛰어넘는 보다 심원한 차원을 의미한다. 즉, 모든 사회적 수준의 차별은 '욕망하는 기계'를 선취하고 이용할 수 있는 권력을 가져다주는 효과를 갖기 때문에, 그저 단순히 주변적인 문제가 아니라, 자본주의의 근본적인 문제가 된다. 결국 자본주의하에서 잉여가치 추출에 있어서 착취의 문제뿐만 아니라 차별의 문제가 동반되기 때문에 노동자계급 운동만이 아니라 소수자운동과 대안운동의 중요성도 강조될 수밖에 없어진다. 이는 자본주의의 통속화된 삶의 방식을 바꾸지 않는 채 계급적 이행이 가능한 것이 아니라, 자본주의의 욕망과는 다른 특이성을 생산하는 삶의 방식이 차별에 맞서 자본주의 전반을 변혁할 수 있다는 문제의식이 된다.

사회적 장에서 차별이 중요한 이유는 사회적 장에서 추출되는 잉여가치를 무단점취하고 차등화(差等化)할 수 있는 중요한 기제이기 때문이다. 먼저 모든 욕망하는 기계, 즉 욕망하는 주체성들은 욕망으로 인해서 생산적이다. 그러나 그 기계의 매뉴얼과 패턴, 비물질적 상호작용 등은 구체적인 기계를 통해서 물화되며, 그것이 만들어내는 사회적 가치에 대한 분배의 문제에 있어서 자본은 권력을 추출하기 위해서 분리차별의 방식을 통해서 사회적 장에서의 욕망과 관계한다. 모든 욕망은 동등하고 그 나름대로의 특이성이 있지만, 자본주의 하에서는 성인의 욕망과 아이의 욕망이 분리 차별되고, 비장애인의 욕망과 장애인의 욕망이 분리 차별되며, 자국민의 욕망과 이주민의 욕망이 분리 차별된다. 결국 자본이 사회적 장에서 존재할 수밖에 없는 상황에서 차별은 자본의 권력을 유지시켜주며, 잉여가치 추출의 매우 중요한 방식이 된다. 이를 통해 사회적 가치에 있어서의 차등화는 '권력자본론'에 대한 논의를 구체화한다.[89]

여기서 문제가 되는 지점은 욕망경제와 현존 정치경제가 다르지 않은 상황에서 차별-이접 욕망의 연결방식이 갖고 있는 권력추출이 어떤 방식으로 이루어지는가의 문제이다. 그 점에 대해서 가타리는 초코드화 양식에 의한 코드의 등록이라는 점을 언급한다. 코드는 규범, 제도, 법과 같은 영역을 달리 표현한 것이다. 욕망이 법과 제도와 같은 영역에 순응하거나 그것과 매개할 때, 결국 차별의 연결방식은 정당화된다. 결국 이러한 점에서 국가권력의 역할이 강조되며, 반생산의 메커니즘을 갖고 있는 국가는 어떤 욕망은 승인하고 어떤 욕망은 생산하지 못하도록 강제하면서 코드의 등록에 하나의 역할을 수

89) 심숀 버틀러, 조나단 나잔, 『권력자본론』(2004), 참고

행한다. 물론 세계시장 수준의 공리계(公理系, axiomatic system) 역시도 이러한 코드의 등록을 통한 차별과 차등화의 원칙에 의해서 움직이기 때문에, 욕망의 경제에 있어서 이접-분리차별의 수준을 차지한다고 보아야 한다.

보통 차별의 문제는 소수자운동의 차원에서 논의되거나 비정규직 차별의 문제에서 논의되지만, 차별을 종식함으로써 자본주의를 변혁하는 수준의 문제로는 다루어지지 않는 경향이 있다. 그러나 모든 수준에서의 차별의 차원은 자본주의의 유지와 잉여가치 추출이라는 목표를 달성하기 위한 가장 중요한 방법론이라는 점에 주목해야 한다. 그렇기 때문에 단순히 양적 수준에서의 착취의 문제가 아니라, 특이성이 발생하고 배제되는 질적 수준에서의 차별의 문제가 제기될 수밖에 없다. 정규직-비정규직 노동자의 차별의 문제가 임금 수준으로 환원되는 것은 질적 차원의 차별의 문제를 사고하지 못하는 경향이 있다.

차별은 '특이한 욕망'이 배제되고, '정상적인 욕망'만이 인정되는 욕망의 연결과정에서의 문제이며, 자본주의적 욕망경제를 작동시키는 가장 중요한 작동방식이다. 차별이라는 욕망의 연결방식은 모든 생산적인 욕망, 즉 욕망하는 생산의 차원이 갖고 있는 역능을 회수하고, 무력화시킨다. 그러므로 자본주의 현실을 살아가는 보통의 사람들은 자신의 욕망이 어떤 역능을 갖고 있는지에 대해서 무감각해지고 둔감해질 수밖에 없다. 그러한 분자적 수준에서의 무의식 통제가 차별이 가져다주는 가장 강력한 효과이다. 그렇기 때문에 차별에 맞서기 위해서는 분자적 수준에서의 색다른 인식, 성애, 지각,

관계 등을 생성시키고, 연결접속으로 나타나는 관계망을 만들 필요가 있다.

욕망경제의 차원에서 '욕망하는 기계'의 연결방식은 크게 세 가지가 있다. 먼저 '그리고……그리고……그리고'의 접속(接續, connection)의 종합형태를 통해서 욕망하는 생산이 이루어지는 경우가 욕망-생산의 기반이다. 그리고 그것에 사법적, 제도적 코드를 등록하는 방식으로 '…또는…또는'으로 분리 차별하는 이접(異接, disjunction)적 종합형태가 그 다음이다. 그런 다음 '나는 ~이다'라는 정체성이 발생하는 연접(連接, conjunction)적 종합의 욕망소비의 상황이 최종적이다. 결국 자본주의의 욕망경제는 차별을 통해서 정체가 분명한 집단을 만듦으로써, 자신의 분자적 수준에서의 욕망의 특이성이 갖고 있는 혁명적 작동방식을 상실하도록 만드는 시스템이다. 가타리가 들뢰즈와 함께 쓴 『앙띠 오이디푸스』에서 욕망의 정치경제학은 자본주의가 결코 단순히 착취를 통해서 유지되는 시스템이 아니라, 사회적 수준으로서의 욕망투여에서 차별의 공식이 자본주의를 유지토록 한다는 점에 대해서 말하고 있다.[90] 가타리의 이러한 작업을 단순히 은유나 상징적 비유로 간주하는 경우도 있는데, 사실 자본주의의 심장부에서 작동하는 욕망경제의 수준을 분석한 것이다. 결국 자본주의는 몰적 수준에서 노동자계급으로 드러나는 착취의 메커니즘을 갖고 있고, 분자적 수준에서 욕망하는 모든 사람들에게 관계되는 차별의 메커니즘을 갖고 있다. 차별이 중요해진 이유는 인간과 기계의 경계가 모호해지고 있는 첨단기술사회에서 착취는

90) 들뢰즈·가타리, 『앙띠 오이디푸스』(1998) 참고

단순히 노동현장에서만 이루어지는 것이 아니고 사회적 장으로 확대되었으며, 단순히 양적인 척도로서의 노동시간으로 환산될 수 없는 질적 수준에서의 권력추출이 중요해졌기 때문이다. "자본주의가 착취로부터 유지된다"는 맑스의 생각은 가타리로 와서는 "동시에 자본주의는 차별로도 유지된다"는 언급으로 보완되는 경향이 있다. 물론 이 두 사람의 생각이 해방과 혁명을 향하고 있다는 점에서 공통점이 있다.

코드의 잉여가치, 새로운 착취의 방식들

자본주의는 자신의 잉여가치 착취의 방식에 있어서 색다른 영역을 초과달성하기 위해서 '코드의 잉여가치'(surplus de code)에 대해서 착목하였다. 코드의 잉여가치 현상은 말벌과 난초의 사례를 통해서 처음으로 가타리에게서 등장한다. 들뢰즈와 함께 작업한 『천개의 고원』에서는 서양란이 말벌의 꽃무니를 모방하여 말벌로 하여금 모의성교를 하게끔 만드는 '비평행적 진화'(évolution aparallèle)인 코드의 잉여가치 현상을 다음과 같이 설명한다. "서양란은 말벌의 이미지를 말벌을 본뜨기하면서 탈영토화되지만, 말벌은 이 이미지 위에서 재영토화된다. 한편 말벌은 서양란의 생식 장치의 한 부분이 됨으로써 탈영토화되기도 하지만, 서양란에 꽃가루를 옮김으로써 서양란을 재영토화한다."[91] 겉으로 보기에 말벌과 난초의 이종(異種)간의 결합의 양상은 서로의 목적을 위한 행동으로 보일 수 있다.

91) 들뢰즈 · 가타리 『천개의 고원』(2001), 25쪽

그런데 이 두 이질적인 개체가 서로에게 도움을 주고 서로가 공생하며 이점을 얻는 것 이외에도 아주 색다른 효과를 만들 수 있다는 점이 중요한 지점이다. 코드의 잉여가치 현상은 유전자적 계통을 뛰어넘어 성적 목적과 영양적 목적이라는 두 가지 목적의 합계 이상의 효과를 발휘한다. 자본주의는 기존 방식의 착취가 아니라, 색다른 착취의 노선을 탐색하면서 예상 이상의 효과를 발휘할 수 있는 영역을 추구한다. 아주 특별한 착취의 방식이 여기서 연구되는데, 그것은 집합지성, 공동체의 관계망, 물질· 에너지 · 화폐의 흐름, 중심노동과 주변노동의 분할 등과 관련된 자본주의의 태도를 변화하게끔 만들었다.

이른바 초과적인 잉여가치의 형태는 맑스의 분석에서는 '특별 잉여가치'에 대한 논의에서 잠깐 나타나며, 경쟁에서 비교우위를 차지하는 기업들이 누리게 되는 것으로 간주되어 왔다. 그러나 가타리에게 있어서 자본주의가 자신의 목적을 초과달성하려는 시도는 단순히 경쟁에서의 우위의 수준이 아니라, 색다른 관계망과 흐름, 상호작용 속에서 얻게 되는 시너지 효과로 나타난다. 코드의 잉여가치는 '흐름의 잉여가치'라고도 명칭되는데, 그것은 움직이지 않는 자본의 상황이 아니라, 움직임 속에서 잉여가치를 초과달성하는 시너지 효과를 의미하는 것이다. 이제 모든 물질 · 에너지 · 화폐의 흐름은 코드의 잉여가치의 획득을 위한 수단이 되며, 이 속에서 아주 색다른 욕망이 추출된다. 예를 들어 화폐의 흐름만 보더라도 기존에는 주식이나 은행채권 등은 그저 평면적인 양적 척도에 불과했지만, 지금은 대중의 욕망을 추동하고 동원하여 아주 색다른 영역에서 시너지 효과를 가지려고 한다. 흐름은 움직임이며 변화하는 운동이다. 그렇기 때문에 자본은 정체되어 있으며, 보관되어 은행 속에서 축적되는 것이 아니라 관계망 속에서 흐름을 갖고 움직이기를 원한다. 자본주의는 이러한 움직임을 쉴 새 없이 만들어 기존의 관료화된 관계망을 파괴하기를 원한다. 그런 의미에서 현대의 자본은 매우 혁신적이며, 흐름에 의존하는 잉여가치의 착취 방식을 따르고 있다.

또한 자본주의는 '집합지성'과의 관계 속에서 자본의 특별한 잉여가치의 창출의 가능성을 발견한다. 단순히 연구공간이나 대학의 공간과 매개하는 산학협동의 실험은 초기에 이루어졌지만, 자본은 그것의 효과와 비교할 수 없는 색다른 영역을 개척하기 위해서 집합지성과 매개하려고 한다. 대부분의 인터넷이나 정보지식과 관련된 산업은 자본이 대중의 욕망의 움직임이나 집합지성의 구축과 관련되어 있다는 점에서 가타리의 코드의 잉여가치의 영역을 보여준다. 집합지성과의 매개는 사회적 자본이 대중적인 욕망이 갖고 있는 지성적 산물과 관련되어 있다는 점을 의미한다. 그러므로 집합지성과의 매개는 자본이 자본주의의 사회적 장으로 관계의 범위를 확대했다는 증거일 뿐만 아니라, 기술·정보·지식의 혁신의 잠재가능성을 대중의 관계망 속에서 찾는다. 이것이 바로 자본이 욕망하는 기계가 갖고 있는 비물질적인 지성을 주목하는 이유이다.

또한 공동체 관계망과 매개하여 코드의 잉여가치를 획득하려는 시도는 공동체의 자율적인 관계망 자체를 자본이 획득해내서 착취의 새로운 영토로 삼는 것을 의미한다. 자본은 공동체가 갖고 있는 관계망으로서의 잠재력에 주목하며, 그 관계망을 자신의 색다른 잉여가치의 영토로 삼으려는 경향을 띤다. 그러므로 공동체기업이나 사회적 기업에 대한 논의의 이면에는 코드의 잉여가치의 착취와 관련된 자본의 투입과 긴밀히 관련되어 있다. 자본에게 공동체의 관계망은 기존 관계망과 달리 창발과 생성의 시너지 효과를 가질 수 있으며, 상황변화에 따라 유연하게 대처하면서 잉여가치를 생산해 낼 수 있다는 장점이 있다.

또한 자본주의의 '코드의 잉여가치'의 획득은 중심노동과 주변노동의 분할 속에서 만들어지는 관계망의 효과를 통해서도 나타나는데, 이 이질적인 두 집단을 배치해서 상호적으로 무력화할 뿐만 아니라 이러한 배치가 만들어내는 착취의 효과를 배가할 수 있다.

자본주의의 '코드의 잉여가치'의 영역에 대한 문제는 자본이 무법천지로 탈코드화되는 과정이 오히려 흐름의 잉여가치를 만들어낼 수 있는 토양이 되었으며, 그것이 자본의 코드의 잉여가치일 수 있다는 점을 언급한다. "우리가 자본주의 이전의 체제들을 코드의 잉여가치에 의하여 규정하고, 자본주의를 코드의 잉여가치를 흐름의 잉여가치에로 변화시킨 보편적 탈코드화에 의하여 규정하는 한 우리는 사태를 총괄적으로 제시했으며 또 마치 자본주의의 여명기에는 사태가 대번에 결말이 나서 자본주의가 코드의 모든 가치를 상실한 듯이 논하여 왔다. 그러나 사실은 그렇지 않다. 한편으로는 코드들이 옛것이란 명목으로 존속하고 있지만, 인물이 된 자본 속에서 완전히 실제적이고 상황에 적응하는 기능을 수행하고 있다."[92]

---

92) 들뢰즈 · 가타리 『앙띠 오이디푸스』(1998), 347쪽

자본주의는 자동기계와 컴퓨터, 원격기계, 인터넷 등의 기계장치들의 기계적 흐름 속에서 코드의 잉여가치를 획득한다는 의미에서 기계적 잉여가치의 논의도 가능하다. 그것은 자본주의가 집합지성, 공동체, 흐름과 관계를 하기 때문에 만들어지는 현상이다. 자본이 탈코드화되어 흐름으로서만 존재한다고 해도 자본가라는 인물들이 등장하며 코드화할 수 있으며, 그것은 코드의 흐름을 만들어내는 방식으로(즉 기계작동의 연결망을 만들어내는 방식으로) 착취의 방식이 바뀌게 된다. 이런 의미에서 거대한 네트워크에 기생하는 자본의 형상이 드러난다. 이러한 네트워크는 인간에 의한 것인지, 기계연결에 의한 것인지는 중요하지 않고, 단지 기계적 연결망 사이에서 흐름에 코드를 부과하여 착취를 만든다. 그런 의미에서 가타리의 코드의 잉여가치의 논의는 자본주의의 색다른 잉여가치의 추구가 탈코드화하고 탈영토화하는 자본의 흐름 그 자체를 욕망하는 기계의 기계작동의 방식을 코드화하는 형태에서 가능해지며, 공동체, 집단지성, 사회적 차별, 흐름 등과 관계하는 자본주의의 새로운 단계를 응시한다.

이러한 관계망, 상호작용, 흐름 등의 영역과 관련된 자본주의의 착취의 영토는 언어나 제도로 표현되는 영역이 아니며, 비언어적 관계망으로서 존재한다. 보통 자본주의의 코드화 양식이 대부분 지배명령어를 구사하는 작업반장과 같은 인물에 의해서 나타난달지, 자본가의 언어적 구사 등에서 나타나는 것으로 보는 경향이 있다. 그러나 자본주의의 착취가 흐름, 상호작용, 관계망에서 나타난다는 것은 매우 실재적인 현실의 문제이며, 언어로 표현되지 않는다하더라도 객관적으로 존재하는 현실이라는 점을 의미한다. 물론 이러한 코드의 잉여가치 현상은 '욕망하는 기계'의 내재적인 역능을 어떻게 약탈하고 착취하며 이용할 것인가의 문제이며, 욕망하는 기계작동이 색다른 방향으로 나아가려고 할 때, 그 흐름을 뒤쫓는 형태가 된다. 쫓고 쫓기는 질주, 탈주와 포획의 흐름으로 자본주의를 설명하는 것도 가능하며, 코드의 잉여가치의 형태로 색다른 착취의 방식을 추구한다하더라도 분자적 수준에서의 색다른 욕망의 출현에 의해서 자본주의는 영구적으로 수정될 수밖에 없으며, 자본은 그 뒤를 쫓으며 포획의 방향성으로 나아간다.

가타리는 이 분자적 수준에서의 '욕망하는 생산'이 미분으로서의 자본과 적분으로서의 국가라는 이중분절의 포획장치를 끊임없이 변화시키는 원동력이 되고 있음을 응시한다. 코드의 잉여가치 현상을 통해서 우리가 알 수 있는 지점은 자본도 차이에 대해서 주목하며, 차이와 특이성이 갖고 있는 색다른 효과에 주목한다는 점이다. 그러나 역설적이게도 차이의 수준으로까지 미분화된 자본이라고 할지라도 자본주의가 원하는 기계적 흐름의 코드를 넘어서는 차이와 특이성의 생산에 대해서는 반동적인 태도를 취한다. 그런 점에서 자본주의는 욕망하는 기계와 관계할 때 이율배반적인 태도를 취한다. 대부분의 현대의 경영학은 차이에 대해서 주목하며, 차이가 낳는 시너지 효과에 대해서 찬양하지만, 정작 차이가 생산되어 자본주의가 원하는 경로와 다른 방향으로 움직이는 것에 대해서는 통제하려고 하는 속성을 갖고 있다. 가타리의 코드의 잉여가치는 자본의 색다른 방식 착취양상을 분석하고 있는 이론이며, 자본이 흐름에 주목하여 코드라는 틀을 부과한다할지라도 자신의 한계에 의해서 다른 궤도의 흐름에 대한 통제의 권력을 수반한다는 것을 응시하고 있다. 결국 자본은 권력의 적분(積分, integral)으로서 존재한다. 욕망하는 기계의 연결접속이 갖는 색다른 흐름은 코드의 잉여가치에 의해서 모두 자본의 착취의 대상이 되는 것이 아니라 일부만이 선별되어 자본으로 포획되고 변모된다. 코드의 잉여가치는 양적 착취에 대해서 분석했던 맑스와 달리 질적 착취를 분석함으로써 착취방식의 고도화를 겨냥했다. 물론 맑스와 가타리는 양적 착취든 질적 착취든 착취가 없는 대안적이고 색다른 미래를 꿈꾼 두 인물들이다.

통합된 세계자본주의

맑스는 일국자본주의의 차원에서 자본주의를 분석했지만, 세계적 수준의 자본주의라는 구도에서 그림을 그리지는 못하였다. 맑스가 '세계시장'이라는 카테고리를 사용한 것도 시장이라는 경제영역에서 작동하는 국제적 차원을 고민했지만, 세계적 정치지배질서의 차원에 대한 성찰은 존재하지 않았다. 가타리는 「지구계획」이라는 문건에서 '통합된 세계자본주의'라는 개념을 제출하면서 아주 단상적인 차원에서 전지구적 차원의 정치경제적 지배질서를 그려낸다.[93] 이러한 가타리의 생각은 안토니오 네그리의 '제국'이라는 발상의 기원이라고 할 수 있으나, 네그리의 사고방식과는 다른 궤도를 만들어

93) 가타리, 『가타리가 실천하는 욕망과 혁명』(2004), 323쪽

내고 있다. 기존의 혁명운동은 국가권력을 둘러싼 계급투쟁의 차원에서 다루어졌으며, 국가를 넘어선 투쟁의 전망에 대해서 말하고 있지 못했다. 물론 좌파에게는 국제적인 연대와 인터내셔널의 정신이 있기는 했지만 레닌주의 이래로 '국가와 혁명'이라는 기획 속으로 빨려 들어가 버렸다. 통합된 세계자본주의의 체제 속에서는 국가라는 주권질서는 하나의 매듭과 분절과 같이 작동하며, 지배의 시스템은 선진국이라는 1세계의 상층부에서 3세계의 하층부까지 위계의 선분을 만들어낸다. 이제 위계와 차별의 수준은 일국질서에 한정된 것이 아니라, 세계적 수준의 문제로 여겨질 수밖에 없다. 그렇기 때문에 단순히 일국적 차원의 자본주의의 권력추출을 위한 차별의 수준에 대해서 문제의식을 가질 것이 아니라, 국제적 차원에서 권력추출이 이루어지고 있는 세계적 위계의 차원으로 문제의식을 발전시켜 나아가야 한다.

통합된 세계자본주의는 네트워크 형태의 다국적 지배질서를 등장시켜내는데, 이러한 네트워크는 집합적 노동력의 변화에 유연하게 대응하기 위한 것이다. 가타리에 따르면 통합된 세계 자본주의하에서의 투쟁은 욕망투쟁, 계급투쟁, 소수민족투쟁이라는 삼차원에서 드러난다. 특히 지구계획에 따라 만들어진 네트워크가 주변적이고 소수적인 욕망의 등장이 만들어낼 특이한 차원을 포섭하지 못하며, 끊임없이 특이한 욕망의 등장에 따라 자신의 궤도를 수정할 수밖에 없는 상황에 있기 때문에, 노인, 어린이, 장애인, 광인, 여성, 이주민 등에 의해서 이루어지는 다차원적 욕망투쟁은 통합된 세계자본주의의 사회통제의 대상이 될 수밖에 없다. 이제 투쟁의 수준은 작은 일상의 수준에서 국제적인 수준까지 연결되어 있는 네트워크의 차원에서 벌어질 수밖에 없다. 그렇기 때문에 미시혁명은 통합된 세계자본주의 하에서의 색다른 혁명의 양상이 된다. 이제 일상과 지구적 차원은 일관생산라인과 같이 연결되어 있고, 특이한 욕망의 생산을 통제하기 위한 소형화된 억압과 예속장치 등이 중요해졌다. 소수자들에게 TV, 정신분석가, 상담자, 심리치료사 등이 투입되어 욕망이 야성적으로 움직이지 못하도록 만들 것이며, 소수자에 대한 미시파시즘은 국제적 위계와 차별의 구조 속에서 발흥할 것이다. 그러므로 통합된 세계자본주의 하에서의 투쟁의 공간은 이제 일상을 살아가는 공간의 문제가 되며, 어떠한 특이한 욕망이 일관생산라인을 위협하고, 전지구적 네트워크를 변화시킬 것인가의 문제가 남게 된다.

통합된 세계자본주의는 초거시적 수준에서 바라보아야 하는 질서가 아니라, 아주 분자적인 수준으로까지 내려와 있는 세계수준의 차별과 위계의 차원에서 바라보아야 한다. 전세계적 규모의 미시파시즘은 일상 속에서 꿈틀거리는 소수자들의 욕망투쟁을 무력화하고, 정상인 · 성인 · 백인 · 자국민이라는 1세계 주류질서에 대한 정당성을 작동시키는 기제라고 할 수 있다. 이제 가장 주변적인 곳 속에서의 투쟁이 가장 중심적인 투쟁의 영역이 된다. 광인, 노인, 어린이, 이주민 등의 소수자들이 자신의 욕망의 존엄을 위해서 투쟁하고, 일관생산라인이 된 삶의 형태에 의문을 가지면서 특이한 삶을 살아갈 때, 통합된 세계자본주의의 일관생산라인은 미시파시즘을 작동시키고 가장 소형화되고 부드러운 억압을 수행하는 포획장치로 응답한다. 그러므로 국제연대의 차원이라고 사고되었던 인터내셔널과 같은 투쟁양식이 아니라, 가장 미시적인 영역에서의 투쟁이 가장 국제적인 투쟁이 된다. 그런 의미에서 가장 지엽적인 영역이 가장 국제적인 영역이 된다. 단 특이한 욕망이 생산되는가의 여부가 중요한 기준이 된다. 통합된 세계자본주의는 자신의 변두리에서의 변화와 네트워크 속에서 발생되는 특이한 주체성 생산의 과정에 따라 자신의 사회통제능력을 상실할 수 있는 위협요인에 직면한다. 결국 통합된 세계자본주의의 국가나 다국적 자본, 각종 기계장치들은 모두 특이한 욕망들에 대한 사회통제의 양식으로 배치되며, 자신의 통제시스템이 약화되거나 무력화되지 않기 위해서 아래로부터 분출하는 소수자의 욕망투쟁에 대한 억압을 일상적으로 벌여나간다.

이러한 사회통제와 억압을 담당하는 사람들은 교수, 간호사, 간수, 남편, 어른 등의 모습을 띠며 나타난다. 통합된 세계자본주의는 세계적 규모의 차별과 위계선을 유지하기 위해서 항상 경계선에 있는 사람들을 조심하며 통제의 시선을 늦추지 않으며, 이제 사회적 차별의 수준은 일국적 질서를 넘어서게 된다. 제 3세계의 민중들이 겪게 되는 절대적 빈곤은 국제적인 협력차원에서 극복되어질 수 있는 수준의 문제가 아니라, 차별과 위계를 통해서 권력을 추출하려는 통합된 세계자본주의에서 필수적인 영역이 된다. 또한 욕망의 야성성을 드러낼 위험이 있는 분자들로 지목된 광인들에 대한 통제질서는 단순히 일국적 차원에서의 문제를 뛰어넘어 다국적 제약회사가 무의식을 통제하는 방식으로 나타난다. 이제 사회적 차별의 문제와 미시파시즘의 작동은 통합된 세계자본주의의 사활을 건 작동방식이라고 할 수 있다. 가타리는 새로운 파시즘 유형이 전세계적 규모로 작동하기 시작했다고 보는데, 그것이 단지 국제관계나 거대한 사회운동의 영역뿐만 아니라, 국가기구, 노동조합기구, 학교, 대학 등 집합적 노동력을 모델화하는 데 기여하는 모든 것, 언론, 영화, TV 등 가족적이고 개인적인 주체성을 모델화하는 데 기여하는 모든 것 등으로 망라된다.[94] 결국 정상생활을 가능케 하며, 정상가족을 만들고 자본주의 모델에 따라 움직이도록 만드는 제도나 장치 등 모두가 사실은 통합된 세계자본주의의 원리에 따르고 있는 것이다. 미시파시즘은 단순히 차별의 억압적이고 폭력적인 양상으로 드러나는 것이 아니라, 마치 주술을 거는 것처럼 무의식을 통제하는 TV에도 있고, 상업적 스포츠, 매체, 광고, 서비스, 문화 프로그램, 정신분석 프로그램에서도 작동한다. 이러한 예속체제의 내면에는 특이성에 대한 배제와 소수적이고 주변적인 것에 대한 차별이 있으며, 그러한 수단의 목표는 사회통제를 용이하게 할 수 있도록 주체의 감성·인식·성애·지각형태 등을 마비시키는 것이다. 가타리는 이렇게 언급한다. "새로운 전체주의 질서의 행동수단은 단지 권력의 도구로서만 작동하는 것이 아니라, 오히려 노동력의 양성, 각 개인의 모델화, 특정한 생활양식의 부과에 기여하는 모든 요소를 통해 작동할 것이다."[95]

통합된 세계자본주의가 공고화되고 안정화될 수 있는 것은 집합적 노동력을 관리하고 통제하는 능력 때문이다. 그런데 집합적 노동력으로 결정될 수 있는 통속적인 삶으로 가두어지기를 거부하는

---

94) 같은 책, 332쪽
95) 같은 책, 333쪽

욕망의 탈영토화된 흐름이 존재하게 된다. 이러한 탈영토화의 흐름은 단순히 이주노동의 수준에서 나타나는 것이 아니라, 하나의 의미표상이나 국적으로 고정되지 않는 집단의 출현으로도 나타난다. 그래서 자본주의는 아이와 광인 등에 대한 무의식적 통제가 집합적 노동력을 안정적으로 수급할 수 있는 중요한 도구가 됨을 알게 되며, 이런 방식에서 무의식에 대한 광범위한 통제체계가 설립된다. 그러나 무의식과 현실의 흐름은 이것일 수도 저것일 수도 있는 비표상적인 사유와 실천을 구성하는데, 그것이 바로 욕망의 특이성이 드러내는 미시혁명의 기반이 된다. 하나의 정체성으로 고정된 집단만이 자본주의의 공고화에 유력한 주체라고 할 수 있는 네 반해서, 특이한 욕망을 가진 사람들은 정체성이 모호하고 늘 횡단하며 유연하게 흐름을 형성한다. 그런 의미에서 특이한 욕망의 출현은 무의식적 통제수단을 환멸과 저주로 받아들이고, 자신의 색다른 욕망의 움직임을 통해서 통합된 세계자본주의를 고장내거나 다른 방향으로 움직이게 만든다. 그러므로 가장 미시적인 영역에 있는 특이성 생산이 가장 거시적인 수준에서의 통합된 세계자본주의를 마비시키고 무력화할 수 있는 매개이다. 통합된 세계자본주의가 네트워크 유형으로 자신의 조직을 만들 수밖에 없는 이유는 노동의 이동성과 탈영토화 때문이었다. 그러나 이러한 탈영토화의 수준에 대응하고자 하는 자본의 네트워크는 오히려 욕망의 특이점을 드러내는 색다른 방향성 속에서 자신의 목적과 다른 방향으로 움직이는 효과를 갖는다. 그런 의미에서 대탈주라고 일컬어지는 탈영토화운동의 수준은 노동의 차원이 아니라 욕망의 차원에서 다루어져야 한다.

가타리의 통합된 세계자본주의 논의는 안토니오 네그리의 제국의 논의에 앞서서 그것을 선도했던 측면이 있다. 그러나 네그리의 논의가 다중의 잠재력이나 내재성을 매우 불분명하게 다루는 데 반해서, 가타리의 통합된 세계자본주의의 논의는 욕망의 미시정치와 미시혁명의 수준에서 구체화한다. 그래서 네그리가 충분히 표현해 내지 못했던 "무엇을 어떻게 할 것인가?"의 수준의 논의를 담고 있다. 물론 네그리도 가타리의 '지구계획'에서의 단상을 여러 가지 사상을 결합하여 풍부화했다. 그럼에도 네그리는 가장 근저에서부터 욕망의 미시적인 흐름이 갖게 될 혁명적 효과를 응시하지 못하는 한계를 갖고 있다. 이러한 가타리의 통합된 세계자본주의의 논의는 맑스의 노동이라는 범주의 외부에서 삶을 구성하는 소수자들의 주체성을 드러냄으로써 지구적 목적이 일상의 삶까지 촉수를 드리우는 과정에 대해서 설명한다. 한 명의 아이, 한 명의 미친 사람, 한 명의 탈주자들이 겪게 될 일상의 차원은 사실상 지구계획이라는 전반적 예속의 목적 아래 놓이게 된다. 그러나 예속의 고도화가 낳게 될 실질적 포섭상황을 그려내는 것이 중요한 것이 아니라, 욕망의 예상치도 못한 흐름의 가능성, 미시혁명의 가능성이 중요한 것이 된다. 그러므로 '제국'의 논의에서 미시적인 영역에서의 욕망의 자율성에 대한 논의, 특이성을 생산하는 소수자들의 자율성에 대한 논의가 전제되지 않는 아우토노미아 구상은 자칫 통일전선이나 내재성의 신비화에 그칠 위험이 크다. 가타리는 통합된 세계자본주의라는 개념 속에서 지구적 차원을 변혁하기 위해서 삶의 영역에서 무엇을 해야 하는가에 대해서 구체적으로 발언한다. 맑스주의가 사고하지 못했던 욕망의 미시적인 영역과 욕망투쟁의 중요성은 사회를 변혁하고자 한다면, 변혁하고자 하는 삶의 주체성이 변화하지 않고서는 성립할 수 없다는 목적과 과정의 일치의 문제를 다루는 것이다. 이것은 근대의 합리주의 노선인 도구적 이성이 결코 한낱 도구나 수단으로 삼을 수 없는 살아가는 사람들의 삶의 문제, 욕망의 문제인 것이다.

경직된 억압, 부드러운 억압

맑스가 사고한 억압의 양상은 국가권력에 의한 폭력의 차원에서 다루어지는 경향이 있으며, 그렇기 때문에 국가권력을 '자본가계급의 집행과 운영위원회'로 사고한다. 이러한 억압은 구체적인 국가폭력으로 나타나기 때문에 추상적인 수준과 무의식적 수준에서 벌어지는 기계적 억압과정에 대해서는 침묵하는 경향이 있다. 가타리는 억압이 목표로 하는 것을 단순히 계급저항을 억누르기 위한 것이라기보다는 정상인-성인-백인-남성이라는 다수자의 욕망으로 삶을 틀지우려는 것으로 바라본다. 맑스의 억압의 차원은 소수자가 직면하는 삶의 차원에서 벌어지는 구체적인 억압의 영역을 설명하기보다는 자본주의가 착취를 공고히 하기 위해서 억압을 수반한다는 차원에서 머물러 있다. 그러나 자본주의의 억압은 자본주의의 틀을 대중에게 부여하고 자동기계처럼 움직일 수 있도록 만드는 무의식적 통제의 차원으로 내려와 있다.

가타리는 억압을 설명하기 위해서 '강경한 억압'과 '부드러운 억압'이라는 개념으로 구분한다. 자본주의 체제에 도전하는 혁명적 극좌파에 대해서는 강경한 억압이 수반되어 "추적당하고, 신문에서 고발되고, 살아가는 것이 불가능해지게 되며, 사람들은 그들을 절망적인 행동으로 뛰어들도록 몰아넣어서 결국 경찰에 피살되지 않는 경우에도 기구한 운명 끝에 복종해야 할 형무소 체계가 그들의 인격을 파괴하고 자살로 몰든가 미치게 만드는"96) 경향이 있다. 이것은 자본주의의 실질적 포섭단계에서의 억압의 양상을 의미한다. 자본주의는 스스로 내부에서 교육과 재생산을 통해서 자신의 체계를 만들어내는 경향이 있는데, 그것을 실질적 포섭의 단계라고 한다. 이 단계에서는 자본주의가 외부를 제거하고, 외부로 향하는 움직임에 대해서 강경한 억압을 가하는 경향을 보인다. 그런데 자본주의의 외부가 무엇인가에 대한 문제는 단순히 체제에 반대한다는 차원이라기보다는 자본주의가 요구하는 틀 밖에 있는 존재의 행동방식을 의미한다. 자본주의는 외부를 극도로 소멸시키는 경향이 있음에도 불구하고, 그 외부적 주체성으로서 아이, 동물, 광인 등이 존재한다. 맑스주의와 노동자운동의 진보주의, 발전주의적 노선은 아이, 동물, 광인과 같은 자본주의 외부의 생명이나 소수자적 주체성과의 접속으로 향하지 않는 한 자본주의의 성장주의와 개발주의에 무기력한 반응을 할 수밖에 없다. 네그리도 '제국의 외부가 없다'라는 외부소멸 테제를 언급한 바 있는데, 외부가 무엇인지에 대해서는 구체적으로 말하지 않는다. 그런데 자본주의의 외부는 자본주의의

96) 가타리, 『가타리가 실천하는 욕망과 혁명』(2004), 207쪽

통속적 삶의 바깥에 존재하는 욕망과 생명의 현전이다. 그러므로 강경한 억압이 접속하는 외부는 체제의 바깥을 의미할 뿐만 아니라, 외부를 소멸시키기 위한 경계선을 소멸시키기 위한 자본주의적인 권력의 기획을 의미한다.

자본주의가 자신의 외부를 소멸시키기 위한 방식으로 대중의 무의식을 틀지우는 '부드러운 억압'을 사용하는데, 매우 달콤하고 부드러운 메시지와 행위방식으로 인해 자본주의 이외에 대안을 생각하지 못하게 만드는 조치들로 이루어져 있다. 아이, 동물, 광인의 무의식은 야성성과 비표상성을 특징으로 하는데 자본주의는 이것을 중화시키고 순화시키고 조작시켜 체제 내부로 포획시키려 한다. 부드러운 억압의 방식에 대한 가타리의 언급은 다음과 같다. "부드러운 억압—주민을 대중매체를 사용하여 정신적으로 마비시키고 혹은 지구별 정신의료기술, 가족생활의 심리학화, 학교에서 교육적 통제방법의 개발, 더욱이 여가나 상업스포츠에 관한 일정한 관념 등에 의해서 주민을 통제하고 틀지우는 억압."[97]—이러한 부드러운 억압의 방식은 최대한 자본주의의 통속적 삶을 미화하고 달콤하게 체제 내부의 삶을 만들어서 자신의 체제를 찬양하고 만족하게 만드는 시스템이다. 만약 부드러운 억압의 과정에 만족하지 못하고 통합에 반대하고 체제를 거부하며 탈주한다면 아주 강경한 탄압으로 그 흐름을 절단시키려고 할 것이다. 그런 의미에서 강경한 억압과 부드러운 억압은 서로 대립한다기보다는 상호보완적인 한쌍이다. 하나의 사회모델, 하나의 가족모델, 하나의 소비모델, 하나의 생활모델로 귀착되는 이러한 환원주의는 전체주의의 모형 속에서 강제되는 것이 아니라, 주술을 거는 것

97) 같은 책, 206쪽

처럼 이루어진 TV와 대중매체, 문화생활 등을 통해서 만들어진다.

맑스가 사고하는 것처럼 의식적으로 독립된 노동자계급의 신화는 끝장이 났고, 아주 색다른 노동자계급(성장주의노선의 반대방향인 소수자되기로 향하는 집단)이 출현하여 소수자와 연대하기 시작할 가능성이 높아졌다. 그것은 통속적인 자본주의적 삶을 거부하지 않고서는 자본주의에 대한 대안을 꿈꿀 수도 없는 현실을 의미한다. 이제 자본의 노동에 대한 포섭은 단순히 의식적인 수준에서 이루어지는 것이 아니라, 무의식통제의 수준으로 나아간다. 그렇기 때문에 무의식적 수준에서 자율성을 획득하기 위해서는 통속적인 자본주의 삶과 다른 방식의 특이한 삶의 유형이 생산되어야 한다. 이제 노동자계급은 자본주의의 외부를 응시하는 집단이 아니라, 사회기계의 톱니와 같이 작동하는 경향이 강해졌다. 노동자계급이 자본주의의 외부와 접속하는 것은 단순히 체제를 넘어선 의식적 행동의 차원이 아니라, 야성적이고 비표상적인 방식으로 살아가는 아이, 동물, 광인이라는 자본주의의 외부와의 접속을 의미한다. 물론 노동자계급의 의식성의 신화와 계급의식의 외부성의 신화 속에서는 계몽주의와 도구적 이성의 요소, 정상적 합리성의 영역으로 이루어져 있다. 그러나 노동자계급의 자율성은 이러한 근대자본주의적 요소를 넘어서야 하며, 그랬을 때 자본주의의 외부로의 방향성과 대안사회의 논의도 가능해질 것이다.

'부드러운 억압'의 수단이 된 교육은 '계급재생산의 수단'이라는 맑스의 사고와 별도로 아이에 대한 무의식적인 통제장치로 기능한다. 교육은 자본으로 간주될 수 있는 수준의 것으로 변모하여, 아이들을 통제하는데, 그것은 아이들의 비표상적 질서가 사회와 접속하여 색다른 욕망의 움직임을 갖는 것을 가로막기 위해서이다. 아이에게 의미와 표상은 고정되어 있지 않고, 이것일 수도 있고 저것일 수도 있는 횡단적 사유유형이 대부분인데, 교육기관은 이것을 하나의 의미연관이나 표상체계로 고정시켜 자율적인 사유를 할 수 없도록 만든다. 아이들은 학교라는 성인으로의 진입캠프를 통해서 색다르게 세상을 바라보고 세상을 재창조할 수 있는 능력을 상실하도록 유도된다. 아이들의 욕망의 야성성을 최대한 누그러뜨리고 중화하며 자본주의가 원하는 방식 이외의 삶을 살지 않도록 만드는 것이 교육의 목표다. 교육의 내부에서는 경쟁의 위계와 학습 성과와 독려 등의 교사와 학생의 상호작용이 이루어지는데, 이러한 모든 교육프로그램은 아이들의 독창성과 창의성의 기원이 되는 무의식적 기반을 통제하기 위한 작업들로 이루어져 있다. 아이들은 언어적 관계망과 비언어적 관계망 사이의 경계에 있다는 의미에서 경계적 사유를 전개하는 특이한 주체성이다. 자본주의는 교육을 통해 아이들을 통제하고 관리함으로써, 분자적 수준에서의 특이성 생산을 최대한 억제하려고 한다.

또한 부드러운 억압에서 정신분석이나 심리학의 역할도 강조되는데, 그 이유는 가족생활이나 정신질환의 상황을 하나의 틀로 가두어두기 위해서이다. 가족생활은 정신분석의 모델에 의해서 매우 안전하고 편안한 행위양식으로 재편되며, 가족모델의 외부라고 할 수 있는 공동체유형의 삶의 모델을 실천할 수 없도록 강제한다. 정신분석이나 심리학의 모델은 모든 미디어와 영화산업 등의 매체들에게 반복되어 마치 그러한 관계망 이외에는 불가능한 것처럼 여겨지도록 부드럽게 파고든다. 또한 자본주의는 정신질환의 상황이 특이한 주체성 생산의 계기가 될 수 있다는 점을 파악하고, 지구별 정신의료기술과 같이 지역사회에 책임을 떠안겨서 관리하는 시스템을 구축한다. 일단 정신병과 관련해서 대감금의 시대는 사라졌다하더라도 사회 자체가 작은 병원처럼 운영되는 경향을 나타낸다. 각종 사회장치들, 즉 군대, 감옥, 학교, 학생회, 노동조합 등이 작은 정신병원처럼 작동하면서 심리학화를 하거나 치료적 행위를 한다는 것이 부드러운 억압의 특징이다. 예를 들어 노숙자들의 야성성을 억제하기 위해서 클레멘트 코스와 같은 인문학강좌가 만들어진달지 하는 것은 광기를 억제하기 위해서 사회적 장치를 동원하는 경향을 의미한다.

또한 미디어와 매체기술, 인터넷을 통해서 부드러운 억압은 이루어지는데, 그 방식은 매체들이 무의식을 사로잡을 수 있는 주술사적인 기능을 갖고 있다는 점을 극대화한다. 매체는 자본주의 외부를 볼 수 없도록 만들고 무의식을 틀 짓기 위한 다양한 프로그램들을 통해서 자본주의는 평화롭고 안전하다는 이미지 · 영상 등을 끊임없이 발신한다. '기계적 약물중독 현상'이라고 일컬어지는 무의식을 조작하거나 하나의 방향성을 틀 짓는 방식이 욕망을 동원하는 경향도 나타낸다. 즉 게임, 영상, 영화, TV등에서 주사하는 이미지·영상·코드에 대해서 맹목적으로 따르고 추앙하는 예속을 욕망하게 되는 현상도 나타난다. 부드러운 억압의 방식에서 미디어는 큰 비중을 차지하고 있으며, 이는 현재의 삶의 방식이 갖고 있는 문제점이나 대안에 대한 고민, 색다른 삶에 대한 실험 등을 시도조차 할 수 없도록 만들어, 주체성의 역능을 무력화하는 장치이다. 미디어를 통해서 여가생활은 대부분 자본주의의 의도대로 장악되며, 스포츠, 드라마, 영화, 패션, 문화 등으로 이루어진 프로그램에 의해서 종속된다. 예를 들어 스포츠는 신체의 역능을 경쟁의 룰에 맞추어서 승리주의적 시선에서 바라보게 만들고, 이에 대한 구경 속에서 승리에 대한 쾌락이 전이되도록 만드는 시스템이다.

가타리의 부드러운 억압과 강경한 억압이라는 개념은 자본주의의 억압의 목표가 계급의 행동을 억누르기 위한 것이라기보다는 무의식적 통제를 통해서 자본주의를 자동적으로 받아들이게끔 만드는 것을 목표로 한다는 점을 제시한다. 이것은 맑스가 단상적으로 제출했던 자본주의의 실질적 포섭의 상황이 갖게 될 통제양식에 대해서 설명하는 것으로서, 푸코의 미시권력학에 대한 연구의 맥락과 일치한다. 그러나 실질적 포섭의 상황이 외부를 소멸시켰다는 사고방식에 대해서는 가타리는 동의하지 않으며, 주변인과 가장자리가 끊임없이 생성되고 있으며, 자본주의의 통속적 삶의 방식과 다른 특이한 삶의 유형을 드러내 보인다고 사고한다. 그러므로 자본주의의 통제방식에서 멈추어선 것이 아니라, 주체성 생산의 수준으로 이 논의를 전진배치하는 것이 가타리 논의의 핵심적인 맥락인 것이다.

'프롤레타리아트'와 소수자

맑스는 프롤레타리아트를 자본주의와 투쟁하는 주체성으로서 제시하는데, 이는 생산수단이 없는 자라는 의미를 갖고 있었다. 자본주의 하에서 착취받고 억압받는 주체성으로서 프롤레타리아트는 생산수단을 재전유해서 새로운 세상을 만들 해방의 잠재력을 갖고 있는 주체로 간주되었다. 맑스의 이러한 주체성에 대한 논의와 달리 가타리는 '소수자'라는 색다른 개념을 통해서 오늘날의 프롤레타리아트의 형상을 제시한다. 맑스의 사유에 따르면 프롤레타리아트는 노동자계급이라고 간주될 수 있으며, 노동을 해서 자신의 생존수단을 획득하고 생활할 수 있는 주체로 간주되었다. 그러나 탈근대자본주의 하에서 노동의 역할을 심각하게 축소되었고, 노동 내부에서 내부차별이 존재한다는 점에서 프롤레타리아트가 단일하게 덩어리진 몰(mole)적 집단의 형상이 아니라는 점이 드러난다. 물론 여성운동, 환경운동, 공동체운동, 대안주거운동, 소수자운동, 대안운동을 다측면적 적대의 수준에서 파악할 수도 있지만, 맑스의 논의에서 이러한 주체성은 분명 누락되어 있었다. 오늘날 적대의 수준은 이제 삶의 영역, 욕망의 영역으로 내려와 있다. 그렇기 때문에 노동을 중심으로 한 적대의 수준에서 주체에 대한 논의를 전개할 것이 아니라, 욕망의 논의를 중심으로 주체성에 대한 논의를 전개해야 한다. 여기서 욕망은 살아가는 삶의 수준에서의 논의를 의미하며, 소수자의 욕망들은 노동을 통해서 보장될 수 없고, 욕망 자체로부터 즉각적으로 보장될 필요성이 있다. 예를 들어 자본주의적인 노동을 할 수 없는 노인, 아이, 여성은 그 자체로 욕망노동을 하고 있으며, 삶을 살아가고자 하는 욕망이 보장되어야 한다.

가타리에 의해서 몰적 적대의 수준에서 드러나는 프롤레타리아트보다 더 벌거벗은 주체성이 갖고 있는 욕망의 자율성에 대한 논의가 이루어졌다. 예를 들어 광인, 아이, 노숙자, 여성, 노인 등에 대한 논의는 노동하지는 못하지만 욕망을 갖고 있는 프롤레타리아트보다 더 벌거벗은 채 존재하는 색다른 주체성을 의미한다. 이제 꼬뮤니즘의 논의는 소수자들이 특이성을 생산하여 공통성을 변화시키는 운동이며, 계급적대의 수준에서 드러나지 않는 색다른 영역으로 위치를 이동시킨다. 물론 계급투쟁과 계급적대는 현존하며, 노동자계급도 현존한다. 그러나 계급적 수준에서 논의할 수 없는 삶과 무의식, 욕망의 차원의 자율성에 대해서 논의할 필요성도 제기될 수밖에 없다. 예를 들어 아이는 노동할 수 없으며 착취불가능하고 투쟁불가능한 주체로 간주되어왔다. 그러나 아이는 교육받아서 성인으로의 관문을 통과해야 할 주체가 아니라, 그 자체로 자신의 욕망의 자율성을 주장할 수 있는 주체성으로 간주되어야 한다.

자본주의는 겉으로는 하나의 거대한 구조나 판에 의해서 움직이는 것처럼 보이지만 사실은 아주 작은 기계장치의 연결과 결합으로 이루어져 있다. 그렇기 때문에 작은 기계장치의 작동을 색다른 방향으로 움직이게 해서 자본주의를 고장내거나 다른 방향으로 움직이게 할 수 있다. 특이한 작은 특이한 기계장치의 작동이 바로 소수자운동이며, 그것의 실천적 연합이 꼬뮤니즘이다. 대안사회는 특이한 기계작동이 영구적으로 자본주의 시스템을 바꾸어나가는 영속혁명을 의미하며, 이는 영구적인 개량주의를 의미한다. 가타리의 사고에서는 탈근대 자본주의 하에서 색다른 주체들이 등장해서 자본주의의 궤도를 다른 방향으로 움직이게끔 하는 소수자운동은 가장 중심적인 위치를 차지하고 있다. 그렇기 때문에 가타리는 주체성 생산을 설명하기 위해서 무의식 속에서 어떻게 특이한 생각이 등장하고 전개되는지를 설명하기 위해 분열분석의 연구가 수행한다. 스테레오타입화된 자본주의의 일상에서 벗어나서 색다른 움직임을 갖게 되는 것은 소수자운동의 작동방식이며, 여기서 소수자(minority)는 사회적 약자로서의 소수자나 양적인 소수(minor)를 의미하는 것이 아니라, 특이성을 생산하는 주체로서의 의미를 갖고 있다. 그러므로 소수자는 사회주변부집단만을 의미하는 것이 아니라, 특이한 목소리를 통해서 사회를 변형하고 특이한 삶의 방식을 통해서 자본주의를 뒤바꾸는 주체성을 의미한다. 소수자가 중요한 이유는 이전까지 당연한 것으로 여겨지던 자본주의적 공리계나 사회통념을 뒤바꾸어서 색다른 방향으로 나아가게끔 만들기 때문이다. 그런 의미에서 가타리의 소수자되기라는 전인민적 변용은 사회변혁전략이며, 사랑과 욕망의 역능으로 세상을 바꾸겠다는 구체적인 전략전술이다.

안토니오 네그리의 다중(multitude)이라는 주체성 논의는 몰적인 계급적대와 분자적인 소수자의 욕망투쟁의 과정을 통합된 하나의 구도 속에서 설명하려는 방식이다. 결국 다중의 논의는 통일전선전술의 논의와 크게 다르지 않으며, 소수자운동의 욕망의 미시적인 흐름과 움직임이 갖고 있는 미시정치적 요소에 대해서는 침묵한다. 네그리는 이러한 주체성 생산의 요소를 '내재성'이나 '공통성'이라는 용어로 스피노자주의를 신비화해서 설명하고자 하며, 어떤 방식으로 특이한 주체가 생산되고 자본주의의 기계작동을 변형시키는지에 대한 구체적인 이야기에 대해서는 침묵한다. 가타리의 주체성에 대한 논의에서 소수자나 분열자를 등장시키는 이유는 자본주의의 통속적 삶과 다른 특이성을 생산하며, 미세한 욕망의 작동방식을 바꾸어나가기 때문이다. 이런 점은 몰적 적대의 수준에서의 논의를 놓치고 싶어하지 않는 네그리의 구도와 달리, 분자적 수준에서의 욕망투쟁에 대한 논의로 나아간다. 가타리는 계급투쟁과 욕망투쟁의 연대 역시도 인정하지만, 자본주의의 톱니와 같이 바뀌어버린 노동자계급이 자신의 정체성과 기득권을 포기하고 자신의 삶을 변형하는 운동으로 나아가지 못하고 있는 측면에서 분자적 수준에서의 욕망투쟁의 중요성에 더 강조점을 두었다. 소수자의 욕망투쟁은 끊임없이 자본주의의 기계장치를 변형시키거나 수정할 수밖에 없도록 만드는 내재적인 역능의 원천이다. 그러므로 자본주의의 경제를 변화시키는 수준에서 노동자계급의 계급적대를 바라보는 구좌파나 제국의 내부에서 있는 자율적 주체성으로서의 네그리의 다중 논의도 '욕망의 미시정치'의 영역으로 나타나는 소수자의 아우토노미아 구상으로 나아가지 못했다.

민주주의에 대한 사고방식에서도 네그리는 주권질서를 구성하는 내재적인 공통성의 차원으로 바라보지만, 가타리에게 있어서는 민주주의는 특이한 유한자들의 연결망이며 특이성에 의해서 끊임없이 자신의 좌표를 수정할 수밖에 없는 공통성으로 사고된다. 결국 네그리에게 공통성이라는 삶-정치(biopolitics)의 차원이 중요했다면 가타리에게는 특이성 생산이라는 미시정치(micropolitics) 차원이 중요하게 사고된다. 이제 민주주의와 내재적인 꼬뮤니즘의 논의에서 가장 핵심은 특이한 주체의 행동이 어떤 방식으로 사회를 변형하는가의 문제이다. 욕망의 미시정치는 색다른 욕망의 움직임이 전체시스템을 잠식하고 변형해 나가는 과정에 대한 정치적 논의이다. 이제 정치에 대한 사고는 국가장악이나 국가시스템의 논의가 아니라, 미세한 일상에서 벌어지는 분자적 차원의 문제이다. 분자적 차원은 생산의 돌연변이에 참여하여 네트워크로 연결된 전지구적 자본주의를 변형해낸다. 분자혁명은 "주체성 생산을 바꾸어가는 것, 즉 우리의 개인생활(신체·시간·음악·우주·섹스·환경과의 관계)를 바꾸어나가는 것, 그리고 지배적인 모델에서 벗어나기 위해서 활력을 집단적으로 보존하는 것(되기)이 필요하다. 어린이 되기, 부랑자 되기, 여성 되기, 동성애자 되기, 동물 되기, 소수자 되기 등을 통해서 색다른 분자들을 방출하면서 다른 것으로 변형되어가는 과정을 실천해야 한다."[98] 그런 의미에서 분자혁명은 색다른 욕망이 전체시스템을 미비시키고 변형시킨다는 의미에서 아주 새로운 미시혁명이다.

가타리는 맑스가 언급했던 프롤레타리아트가 형이상학적인 논의로 바뀌어버린 지금 욕망의 주체성인 소수자운동을 통해서 꼬뮤니즘이 색다른 의미에서 달성될 수 있다는 점을 밝힌다. 성장주의·발전주의·개발주의적 시각에서 진보를 바라보았을 때 맑스주의는 자본주의 시스템의 외부에 있는 소수자라는 주체성과 접속하지 못하고 자본주의 대안으로서의 꼬뮤니즘운동이 소수자라는 주체성의 특이성을 생산하는 운동이라는 점에 동의하지 못한다. 그런 의미에서 가타리는 욕망투쟁을 통한 꼬뮤니즘 전략을 통해서 계급투쟁을

98) 윤수종, 『욕망과 혁명』(2010), 159쪽

통한 꼬뮤니즘 전략이 말하지 못한 부분에 대해서 보완하고 수정하는 측면이 강하다. 물론 맑스나 가타리나 자본주의의 대안사회를 꿈꾸었고, 현실의 정치경제적 수준에서 주체성을 발견하려고 노력했다는 점에서 공통점을 갖는다. 그러나 가타리는 맑스의 해방적 요소를 가장 극한적으로 밀어붙여 근대적 문명이 만들어낸 근본적인 억압에 맞서 자신의 욕망을 자율적으로 실현하고자 하는 소수자라는 주체성을 발견한다. 가타리를 통해서 맑스의 해방적 주체성은 가장 벌거벗고 근본적인 차원에서 변화를 만들어낼 수 있는 주체성의 논의로 변모된다.

자본주의의 대안을 응시한 두 인물

가타리는 맑스의 노동자계급운동을 소멸시키는 현실운동으로서 꼬뮤니즘 운동을 제시함으로써, 몰적 계급적대와 연결되어 있는 분자적 운동의 독특한 위상을 전진배치한다. 자본주의를 변혁하고자 하는 운동은 이제 자신의 삶을 변화시키지 않고 운동에 참여하는 방식이 아니라, 자신의 미시적인 욕망의 움직임을 색다르게 만드는 운동의 방향성을 갖는다. 그런 의미에서 분자혁명은 자본주의를 변혁하는 미시혁명이다. 노동자계급운동은 자본주의적 진보의 노선이 아니라, 자본주의 외부에 있는 아이, 동물, 광인 등과 같은 소수자와 생명과의 접속을 통해서 대안을 수립해야 한다. 그런 의미에서 소수자되기는 사랑과 욕망을 통해서 세상을 바꾸려는 새로운 노동자계급운동의 좌표라고 할 수 있다.

맑스는 착취를 통해서 자본주의가 유지되는 것에 대해서 지적했지만, 이 착취의 방식이 갖고 있는 근본적인 기반에 대해서 침묵했다. 가타리는 욕망경제에 대한 분석을 통해서 자본주의가 차별을 통해서도 유지되고 있다는 점을 말한다. 특이한 욕망을 배제하고 선별하면서 자본주의는 자신이 원하는 욕망만을 취사선택한다. 민중은 욕망하는 생산을 하기 때문에 아이, 노인, 여성이라도 모두 생산적이며 노동자계급만이 생산적인 것은 아니다. 이 민중의 욕망에 대해서 차별을 가함으로써 자본주의는 욕망통제의 방식으로 경제를 움직일 수 있으며, 소수자차별은 자본주의의 근원적 메커니즘이라고 할 수 있다. 또한 자본은 색다른 잉여가치를 위해서 공동체 관계망, 집단지성, 물질 · 에너지 · 화폐의 흐름, 중심노동과 부차노동의 분할 등에 주목한다. 이러한 코드의 잉여가치는 색다른 시너지 효과를 가져다주는 색다른 착취방식이다. 그러나 욕망의 움직임과 흐름을 틀지우려 한다는 점에서 권력의 적분으로서의 자본의 모습을 드러낸다. 통합된 세계자본주의는 전지구적 위계와 차별의 일관생산라인을 구축했지만, 분자적 수준에서의 특이한 욕망이 생성되는 것에 취약한 시스템이다. 그래서 부드러운 억압을 통해 최대한 무의식의 영역까지 통제하려고 한다. 이러한 실질적 포섭의 상황은 외부의 소멸처럼 보이지만, 주변과 가장자리에서 끊임없이 소수자의 특이한 욕망이 발생하며 자본주의를 변형하고 위협한다. 그래서 소수자운동은 오늘날의 프롤레타리아트의 위상을 가진다. 맑스를 재해석한 가타리 사상은 맑스주의가 갖고 있는 한계와 경계를 주파하여 색다른 변혁운동으로서 소수자운동과 욕망투쟁을 조명한다는 점에 의의를 갖는다. 물론 이 두 사람은 착취와 억압이 없는 해방된 세상을 꿈꾸었다는 점에서 공명한다.

제4장 욕 망

성경제학에서 욕망경제학으로
(라이히와 가타리)

라이히와 가타리, 욕망의 논의에서 두 인물들

빌헬름 라이히(Wilhelm Reich, 1897~1957)는 프로이트의 정신분석과 맑스주의를 결합한 프로이트 맑스주의의 지평을 연 사람이었다. 라이히는 성정치, 오르가즘이론, 성경제, 오르곤에너지 등을 주장하여, 공산당으로부터도 축출되었고 정신분석학회로부터도 추방당했다. 그러나 당시에는 수용되지 못했던 라이히의 이론은 68년 혁명의 청년세대에게 받아들여졌고, 그 수용자 중에 가타리가 있었다. 라이히가 주장한 성해방운동의 사고방식은 욕망해방운동의 기반이 되었는데, 성은 욕망의 가장 원초적인 영역이기 때문이었다. 프로이트는 해방적 생명에너지인 리비도의 욕동(欲動)에 대해서 발견했으면서도 그것이 초자아(超自我, superego)의 통제에 의해서 제압되어야 한다는 반동적 입장으로 나아갔다. 프로이트가 신경증

(神經症, neurosis)의 원인을 오이디푸스 콤플렉스에서 찾는 반면, 라이히는 오히려 신경증의 기원에는 본능적인 성충동을 억압하고 금기하는 부정적인 사회제도들이 있다는 관점을 수립하고, 리비도라는 성충동의 해방이 신경증 치료의 기제(機制)가 될 수 있다고 주장한다. 그는 왜곡된 성격구조(性格構造, character-structure)의 발생 원인에는 성충동에 대한 억압이 존재한다고 분석하고, 성억압이 체계적이고 기계적인 방식으로 이루어지는 권위주의적 가부장사회의 문제를 파헤치면서 성해방만이 왜곡된 성격구조에서 벗어날 수 있는 길이라고 주장한다. 라이히의 입장은 도덕적으로 금기시되는 성이 해방됨으로써 정신해방에 도달할 수 있다고 보는 것이다. 라이히는 정신분석학에서 성생활과 자녀양육, 낙태, 영양, 피임, 성위생, 결혼, 이혼 등의 노동자들의 생활의 문제로 관심을 확대하여 성정치(性政治, sex-politics)의 구도라는 색다른 정치적 영역을 구축한다.[99] 또한 성과 신경증과 같은 정신질환의 관계라는 문제의식에서 오르가즘(orgasm)과 성기능이 갖고 있는 역할을 생물학적 · 생리학적 문제의식으로 확대해서 설명하려고 한다.[100] 라이히의 매우 실천적인 성정치과 성상담 등의 현장 활동의 풍부한 경험은 임상심리상담사로서 활동했던 가타리에게 귀감이 되었음은 물론이다. 가타리 이론의 기본적인 구도는 라이히를 따른다고 해도 과언이 아닐 정도로 라이히는 가타리 사상을 선도하는 측면이 있다.

프로이트는 리비도(libido)에 대한 억압이 신경증이 원인이 되는 것을 승인하면서도 그것을 성기적 치료를 통해서 성격구조를 변화

99) 라이히, 『성정치』(중원문화, 2011), 16쪽~20쪽
100) 라이히, 『오르가즘의 기능』(2005)

시키는 것에 대해서는 찬성하지 않았다. 그 이유는 프로이트가 문명에 대한 개념을 성-충동에 대한 억압이 필수적이라고 보았기 때문이다. 라이히는 "성억압이 모든 문화형태에서 하나의 특정한 문화, 즉 가부장적 문화의 대중심리학적 기초가 될 뿐이지, 문화와 문화형성의 일반의 기초가 되지는 않는다는 것"[101]으로 응답한다. 이러한 프로이트의 정신분석이론은 자유연상(自由聯想, free association) 기법을 통해 환자가 아무것도 하지 않고 무의식이 의식화되는 순간 치유에 달성된다는 신화를 가지고 있었다. 라이히는 '어떤 행동도 해서는 안된다'는 자유연상기법에 의문을 가지면서 치유가 의식화를 통한 거부와 승화의 모델이 아니라, 정신질환이 갖고 있는 성기적 장애를 극복하는 과정으로 보았다. 라이히의 치유는 성기적으로 만족할 수 있는 능력을 확립하여 치료에 도달하는 모델이었다.[102] 라이히의 임상치료 방식은 성격구조의 결함과 성격무장의 특성을 기계화된 문명사회가 만들어낸 성억압에 의한 것으로 간주하면서, 성기적 만족을 통한 스스로의 조절기제(調節機制)를 통해서 문제를 해결하려는 특징을 갖는다. 가타리 역시도 자유연상기법의 한계를 지적하면서 무의식이 서식하는 배치를 바꾸어야 한다는 입장을 보였다. 이러한 점은 성기적 장애만으로 한정되지 않는 관계망, 흐름, 상호작용 등 현실의 문제를 제기하는 것이다.

이러한 라이히의 임상 방식은 비교적 경증(輕症)이라고 할 수 있는 신경증의 상황에 적합하기 때문에 현대자본주의에서 일반화된 분열증 상황에는 임상적 실효성이 떨어진다. 가타리는 라이히의 성

---

101) 라이히, 『성혁명』(중원문화, 2011), 88쪽
102) 라이히, 『오르가즘의 기능』(그린비, 2005), 127쪽

(욕망의 문제를 보다 더 넓은 범위에서 기호) 욕망으로 위치지울 뿐만 아니라, 분열증에 적합한 임상적 노력으로 전진배치하려 한다. 예를 들어 초자아의 상황이 성억압으로 나타나는 가부장사회에서의 문제는 초자아가 초월적 기표로서 작동하는 후기자본주의의 양상과 차이점을 보인다. 즉 자본주의는 가족, 군대, 병원, 감옥 등의 배치 속에서 작동하는 양상에서 초코드화된 언어적 기표 속에서도 작동하기 시작하였다. 동시에 초자아의 역할이 신경증적 상황에서 벌어지는 억압적 기제로만 작동하는 것이 아니라, 욕망을 분열시키는 이중구속(二重拘束, double bind)의 상황으로 나타나는 것도 신경증의 범위에서 벗어나 분열증의 상황을 일반화시킨다. 그렇기 때문에 라이히의 임상적 시도의 의의에도 불구하고, 보다 고도화된 자본주의에서의 무의식을 설명하고자 할 때 프로이트와 마찬가지로 분석능력이 현저히 떨어지게 되는 단점을 갖고 있다. 물론 라이히 임상의 의미는 왜곡된 성격구조의 배후에 있는 욕망억압에 대한 문제를 제기했다는 점에 있다. 그러나 현대의 욕망의 범위는 성(욕망의 범위를 넘어서 있으며, 또한 영상·이미지 등) 기호적으로 무장된 자본주의의 문화상황에서 욕망의 움직임은 라이히가 사고한 범위를 초과해 있다. 물론 성 만족을 통한 울혈(鬱血)이나 협착(狹窄)을 막는 활동은 비교적 경증인 신경증을 예방하고 치유하는 데 효과적일 수 있다. 그러나 욕망이 생산되면서도 억제되는 분열증적 움직임이 구체적인 작동방식이 되고 있는 탈근대 자본주의의 욕망공학에서는 이러한 임상적 방식이 큰 효과를 가질 수 없다.

라이히의 성격분석은 맑스의 "인간의 관계와 기능은 그것이 언제

어떻게 나타나든 물질적 생산에 영향을 끼치며, 자신에 대해서 어느 정도 결정적인 작용을 한다"는 『독일 이데올로기』에서의 언급[103]에서 출발한다. 사회를 구성하는 심리적 구조는 경제적 구조를 고착시키고 물질화될 것임에 분명하므로 이에 대한 연구로서 성격분석(性格分析, characteranalysis)이 요청된다. 라이히는 성격구조를 분석하면서 이러한 질문을 던진다. "설명되어야 할 것은 배고픈 사람들이 도둑질을 했다거나 착취당한 노동자가 파업을 일으켰다는 사실이 아니라, 배고픈 사람들 중 대다수는 왜 도둑질을 하지 않는가, 또 착취당하고 있는 사람들 대다수는 왜 파업을 하지 않는가라는 사실이다."[104] 이러한 대중심리의 기저에는 기계적이고 체계적인 성-억압이 있다는 것이 라이히의 진단이다. 그의 파시즘이 갖고 있는 무의식 기저(基底)에 대한 분석은 파시즘의 성-억압과 신비화의 측면에 대한 구체적인 현장연구로 나아간다. 라이히의 성격분석을 통한 파시즘 분석이 갖고 있는 혁신적인 의미는 가타리에게 계승되면서도 단순히 성격구조의 상황으로 머물지 않고 욕망의 흐름과 움직임을 설명하는 방식으로 나아간다. 예를 들어 미시파시즘의 문제에 있어서도 그것이 성억압의 왜곡된 성격구조만이 아니라, 분리차별의 방식으로 욕망을 연결하는 것에 기인하며 그 속에서 초자아의 초코드가 기입된다고 본다. 그렇기 때문에 논점과 방점은 다른 방식으로 나타나는데, 라이히가 "나는 ~이다"라는 성격구조가 발생시키는 성격무장과 경색(哽塞)에 대해서 다루었다면, 가타리는 성격구조를 포함하여 욕망의 생산, 코드의 등록, 욕망의 소

103) 라이히, 『파시즘과 대중심리』(2006), 51쪽 재인용
104) 같은 책, 55쪽

비라는 세 가지 구도를 다룬다. 여기에서 성격구조는 욕망의 소비에 해당하지만 근원적으로는 코드가 등록되는 초자아로서의 기호작용인 초코드화의 무의식으로의 침투의 문제가 있다고 본다. 라이히의 파시즘분석으로서의 성격분석과는 달리, 가타리의 미시파시즘분석으로서의 분열증에 대한 연구는 정체성으로서의 성격구조에 한정되지 않는 욕망의 움직임 분석으로 나아간다. 가타리의 관심은 주어져 있는 성욕망의 메커니즘보다는 욕망이 생산되고 창조되는 과정에 있었기 때문에, 성격구조라는 문제의식보다는 색다른 욕망이 출현하고 생산되는 '분열'과정에 대한 문제의식으로 향하게 된다. 그런 점에서 라이히의 욕망에 대한 분석은 한 차원 업그레이드되어 분열분석(分裂分析, schizo-analysis)의 과정을 통한 주체성 생산에 대한 문제의식으로 전진배치된다.

그러므로 라이히의 주체성에 대한 대상은 성만족에 대한 갈망을 가지고 있는 노동대중이었으며, 그들이 사회적 도덕에 의해서 갑옷을 입게 되고 성격무장을 하게 되는 이유는 성억압에서 찾았다. 이러한 억압적 상황은 "생체에너지적으로 보아 경직되고 쾌락불안에 걸리기 쉬운데, 이것은 다시 그 개인들을 오르가즘 불능으로 이끌어간다.……그렇기 때문에 성부정, 성억압, 성격갑옷은 3중으로 확보되고 그와 더불어 생명에 대한 사회적 억압의 이해도 보장된다"[105]라고 언급된다. 라이히의 성정치는 대중의 일상적인 삶의 영역에서 이루어지는 정치였으며, 맑스주의의 당-정치와는 구분된다. 대중정치를 복원하려는 라이히의 노력은 그의 실천적인 활동과

105) 라이히, 『성정치』(중원문화, 2011), 202쪽

분석에서 나타난다. 성정치는 지배질서가 성억압을 자행함으로써 일정한 성격구조를 가진 인민대중을 주조하고, 그들이 혁명적 계급의식으로 나아가는 것이 아니라 오히려 반동적인 무의식적 상황으로 나아가게 되는 이유에 대한 분석을 의미한다. 성정치가 갖고 있는 대중정치의 문제의식은 가타리에게 계승된다. 가타리는 '욕망의 미시정치'라는 개념을 통해서 대중 속에서의 욕망의 움직임이 갖고 있는 미세한 흐름과 움직임을 포착하고 색다른 정치적 구도를 개방하였다. 물론 이것은 라이히의 성정치 개념보다 포괄적인 의미를 갖고 있으며, 성으로 한정되지 않는 욕망의 차원을 다룬다. 특히 '성정치'와 '욕망의 미시정치'가 갖고 있는 가장 중요한 차이점은, 성정치가 성욕망의 억압을 벗어나려는 입장에서 서있지만 주체를 이미 노동대중으로 설정하고 있음에 반해, 욕망의 미시정치는 '주체성 생산'의 시각에서 욕망의 차원을 바라본다는 점이다. 그렇기 때문에 가타리의 미시정치의 기획은 "자본주의적 체계를 벗어나고 넘어서는 욕망이 어떻게 분자적으로 생성되는가?"라는 차원에 집중한다.

1차적 욕망과 2차적 욕망

스피노자는 『에티카』에서 "왜 인간은 자신의 예속을 영예로 생각하는가?"라고 서술하면서 당대 대중이 갖고 있었던 욕망에 대해서 의문점을 던진다. 그로부터 한 세기가 지난후에 라이히는 "왜 대중은 억압을 욕망하는가?"라는 질문을 던진다. 라이히는 이러한 대중의 심리구조를 체계적이고 기계적인 성-억압으로 인한 성격구조의 형성으로 본다. 라이히는 인민대중이 파시즘과 같이 억압을 욕망하는 현상으로부터 자유로워질 수 있는 잠재력을 갖고 있다고 본다. "인민대중들이 자유로워질 수 있는 능력을 선천적으로 가지지 못한 것은 아니다. 또한 사람들이 자유로워질 수 있는 능력을 항상 가지지 못한 것도 아니다. 따라서 원칙적으로 그들은 자유로워질 수 있다."[106] 즉, 라이히는 성적 만족을 통한 성격구조 개조를 통해서 혁명이 가까워질 수 있다고 보는 것이다. 가타리 역시도 라이히의 문제의식과 동일선상에서 문제의식을 가지며, '예속에 대한 욕망'의 이유를 탐색한다. 그러나 성억압이 제거되는 것을 통해서 권위주의적 질서가 붕괴되면 사회변혁이 이루어진다는 것보다 문제의식을 확장시킨다. 욕망억압의 메커니즘은 가부장과 같은 구체적인 인물과 체계와 질서로 등장하기도 하지만, 기호작용으로 변모하여 사법적인 언표를 통해서 욕망을 조종하려는 초월적 코드에 의해서도 이루어진다. 또한 영상-이미지를 통한 욕망조작이 일상적으로 무의식에 침투해 들어와 있는 것도 지적된다. 이제 "예속되기 위한 욕망"은 무의식의 질서까지 들어와 있으며, 이러한 작동방식 때문에 욕망투쟁의 방향성은 무의식 해방과 주체성 해방의 차원으로 나아가야 한다는 것이 가타리의 문제의식이었다. 그렇기 때문에 스피노자, 라이히, 가타리의 일관된 노선은 '마조히즘'이라는 근원적인 차원에 대한 질문들에 풍부하게 대답하기 위하여 각각 자신이 살았던 당대의 상황에 대한 분석을 진행했던 측면이 있다.

---

106) 라이히, 『파시즘의 대중심리』(2006), 314쪽

라이히는 히틀러의 파시즘을 분석하는데, 여기서 파시즘의 반동적 역할은 중간계층의 소시민적 성격구조라고 할 수 있는 권위주의적인 가장의 역할을 지도자가 수행한다는 정치적 입장을 드러내었다는 점이라고 지적한다. “권위에 대한 이중적인 태도, 즉 권위에 대한 반항과 수용·복종이 동시에 얽혀 있는 태도는 사춘기에서 성인으로 이행하는 중산계층이 가진 성격구조의 기본양상으로 특히 물질적으로 속박된 삶의 태도에서 잘 나타난다.”107) 파시즘의 정치적 속임수에 대중들이 넘어갔던 이유는, 파시즘이 대중들의 평균적인 성격구조를 잘 알고 있었으며 이에 대해 현실적인 대안을 제시했기 때문이었다. 이러한 라이히의 파시즘 분석은 대중정치의 입장에서 성의 억압된 사회구조가 만들어낼 욕망의 왜곡에 대한 분석이었다. 이에 대해서 가타리는 ‘파시즘이 분자(分子, moléculare)화’되어 사회구조 내부로 침투해 들어오고 있다고 진단한다. “파시즘은 다시는 없을 것이다 따위의 너그러운 정식은 단호히 거부해야 한다. 파시즘은 이미 발생했고, 또 여전히 발생하고 있다.”108) 라이히는 파시즘과 같이 예속을 욕망하는 상황이 일시적인 정치적 상황에서 발생하였다고 진단했지만, 파시즘이 자본주의의 분자적인 수준으로 침투해서 자본주의를 작동시키는 아주 중요한 기제가 되고 있다는 점으로까지는 나아가지 못했다. 가타리의 미시파시즘(micro-fascism)의 논의는 차별과 배제의 메커니즘이 사실상 자본주의 내부에 소수자들을 게토로 몰아넣고, 자본주의적 문명을 유지

107) 같은 책, 76쪽
108) 가타리, 『분자혁명』(1998), 81쪽

시키는 중요한 작동원리라는 것을 의미한다.

그러나 원래부터 예속을 욕망했고, 욕망에 미시파시즘적 요소가 있다는 와전된 생각도 가능하지 않는가라는 질문은 라이히-가타리의 일관된 노선을 잘못 파악한 것이다. 이러한 맥락은 프로이트의 죽음충동에 대한 논의에서 시작된다. 프로이트는 1차 세계대전과 공황의 상황을 목도하면서 인간의 욕망에 원래부터 파괴적인 충동이 있을 것이라고 사고했다. 삶충동인 에로스(eros)와 죽음충동인 타나토스(thanatos)로 이분화시켜서 사고하는 배후에는 자연스러운 욕망과 함께 반사회적이고 파괴적인 충동도 있을 것이라고 사고방식이 있다. 이러한 2차적 충동의 논의에서 프로이트는 당연히 이드를 초자아가 통제해야 하며, 그것을 통해서 문명이 성립되고 죽음충동을 도덕적으로 제거할 수 있다고 본다. 라이히는 이런 관점을 정치적 반동의 입장이 사고하는 강제적 도덕의 논의라고 보면서 도덕을 없애버리면 동물적인 충동이 모든 곳에 흘러 넘쳐 혼란을 가져다주는 것이 아니라, 인간의 자연스런 생물학적 요구에 대한 도덕적 규제는 억압, 불만족 등을 통해서 오히려 이차적이고 병들고 비사회적인 충동을 만들어낸다고 본다.109) 이 파괴적인 에너지의 억압을 욕망하는 2차적인 욕망을 의미하며, 그 자체로 반사회적인 특징을 갖는다. 라이히는 1차적 욕망에 대한 성정치의 도입과 2차적 욕망의 도덕적 규제의 초기 입장에서 파괴적 충동도 '오르가즘의 기능'(function of orgasm)에 의해서 삶-충동으로 바뀔 수 있다는 입장으로 바뀐다. "그러므로 성기적 에너지가 좌절되면 파괴적

109) 라이히, 『성혁명』(2011), 105쪽

인 에너지로 바뀌듯이 파괴적인 에너지는 승인되고 충족되면 성기적인 에너지로 다시 바뀔 수 있다.……대부분의 경우 파괴적 에너지는 부지불식간에 억압으로 변한다. 따라서 기법작업은 에너지를 해방시키기 위해 증오반응의 금지 메커니즘을 찾아내야 했다."110) 즉 라이히는 2차적 충동이라는 파괴적인 에너지를 만들어내고 있는 억압의 기제를 찾아서 그것으로부터 해방시키면 파괴적 에너지도 곧 생명에너지로 바뀔 수 있다고 본다. 그런 의미에서 라이히의 2차적 충동에 대한 성정치적 해결방안은 더 권위주의적이고 강제적인 제압을 통해서 문제를 해결하려는 프로이트의 방식과 궤도를 달리한다. 이러한 라이히의 논점은 가타리의 구도에 내재해 있으며, 특히 욕망에는 미시파시즘과 자본주의적 도착의 왜곡과 굴절로부터 자유로운 1차적 욕망의 움직임이 있다는 생각으로 나타난다.

가타리에게 초자아에 의한 오이디푸스 콤플렉스가 사실상 2차적 욕망을 발생시키는 문명의 기원이 된다는 점을 응시하고 욕망해방을 위해서 초자아를 넘어선 욕망의 생산과 움직임이 필요하다는 생각은 라이히의 1차적 욕망과 2차적 욕망의 구도를 그대로 가져다 쓴다. 결국 권위와 억압은 문명의 기원이 된다는 프로이트의 사고방식은 오히려 파시즘과 같은 현실의 토양이 되었다는 점에서 민주주의에 역행할 수 있다는 점이 중요하다. 결국 라이히에 따르면 1차적 욕망은 긴장-이완-방출의 과정에서 에너지가 순환하는 성경제적 구도에 의해서 자기 조절되어야 하며, 2차적 욕망은 억압의 뿌리를 찾아 에너지를 해방시켜 1차적 욕망으로 변화시키고 사회

---

110) 라이히, 『오르가즘의 기능』(2006), 192쪽

적으로 관리되어야 하는 것이었다. 프로이트가 파괴충동이라고 불렀던 죽음충동과 2차적 충동의 영역은 라이히에 의해서 유물론적 리비도 이론의 입장에서 설명된다. "인간의 증오와 죄의식은 적어도 그 강도에 관한 한 자신의 리비도 경제의 상태에 좌우되며, 성적인 불만은 공격성을 증가시키고 만족은 공격성을 줄인다는 임상적인 관찰들에 근거하고 있다. 이러한 파악에 따르면 파괴충동은 심리적으로는 충동이 만족되지 못한 것에 대한 반응이고 그 신체적 근거는 리비도적 흥분을 근육체계로 옮기는 것이다."111) 그러므로 문명사회의 체계적이고 기계적인 성억압에 의해 형성된 성격구조가 2차적 충동발생의 기원이라는 점을 라이히는 말하고 있다.

그러한 점에 대해서 가타리는 초자아로서 존재하는 국가, 신, 아버지가 갖고 있는 반동적인 의미와 그러한 욕망억압의 과정에 미시파시즘적인 분리차별적 관계가 작동하고 있다는 점을 부가하면서, 그로부터 욕망이 해방되기 위해서 어떤 전략을 가져야 하는가를 연구하였다. 결국 가타리는 1차적 욕망과 2차적 욕망의 도식으로부터 벗어나는데, '욕망하는 생산'이라는 사고방식을 통해서 욕망이 생성되고 창조됨으로써 늘 색다르고 특이한 주체성을 생산하고 있다는 사고로 나아갔다. 이제 1차적 욕망과 2차적 욕망의 구도는 기호적으로 욕망이 포획되는 것의 문제, 즉 욕망이 생산되면서 초월적 코드에 의해서 자본주의적 욕망으로 틀지워지는 것의 문제로 바뀌게 된다. 초기 가타리의 문제의식에서는 1차적 욕망과 2차적 욕망이라는 라이히의 구도와 유사하게 '주체집단'(主體集團, groupe sujet)

111) 라이히, 『성정치』(2011), 54쪽

과 '예속집단'(隷屬集團, groupe assujette)이라는 구도가 존재한다. 여기서 주체집단은 문제, 긴장감, 내부 투쟁, 분열의 위험에 처하는데, 그 이유는 다른 집단에 개방되어 있으며 자신의 유한성을 응시하기 때문이다. 그에 반해서 예속집단은 지도력, 동일시, 암시 효과, 거부, 희생양 등 터부와 의례에 의해서 초자아의 수용좌표 내에 존재한다.[112] 가타리는 1차적 욕망과 2차적 욕망을 집단분석의 기제로 사용하는데, 그것은 정신분석이 설정하고 있는 가족 내 개인 혹은 구조 내 개인이라는 설정과 궤를 달리 하는 것이다. 이러한 초기 가타리의 구도에서 라이히의 문제의식이 잔존함에도 불구하고 가타리와 라이히의 차이점은 들뢰즈에 의해서 다음과 같이 규정된다. "라이히와의 차이는 다음과 같다.……리비도로서의 욕망은 이미 어디에나 존재하며, 성애는 사회적 장 전체를 관통하고 결합하며, 한 집단이 자신의 모습이나 구성까지 의존하는 대상, 인물 그리고 상징을 관통하는 흐름과 일치한다. 욕망의 성애가 지닌 잠재적 성격은 이러한 것이며 그것은 성적 대상 및 그 상징의 선택에 따라서만 드러난다. 따라서 바로 흐름의 경제로서의 정치경제는 무의식적으로 리비도적이다."[113] 즉, 욕망의 논의가 집단의 논의로 바뀔 수 있었던 것은 바로 현실정치경제가 바로 리비도 정치경제와 크게 다르지 않기 때문이라는 점, 즉 성욕망의 흐름이 기호, 상품, 화폐 등 흐름을 생산한다는 점에 있다. 결국 라이히의 1차적 욕망과 2차적 욕망의 구도를 가타리는 집단분석으로 만들어냈으며, 그 근저에는

112) 가타리, 『정신분석과 횡단성』(2004), 103쪽
113) 같은 책, 13쪽

집단의 욕망의 흐름이 성-욕망의 흐름의 범위를 넘어서 현실정치 경제로 존재한다는 점이 작동하고 있었다. 그렇기 때문에 가타리에 와서 비로소 성경제와 자본주의 정치경제는 통합된다. 이러한 라이히와 가타리의 차이점에도 불구하고, 가타리가 욕망을 창조적이고, 생산적이며, 자기조절적인 생명에너지로 보는 것은 라이히의 노선을 계승한 것이었다. 그러므로 가타리는 라이히의 욕망에 대한 논의를 현대화하고 급진화하고 확장한 것이었다.

성격무장과 되기

라이히는 아동기부터 체계적으로 성적 억압이 강제됨으로써 성격구조가 형성된다고 본다. 이 성격갑옷으로 무장된 사회구성원들의 등장은 성범죄의 처벌불안으로 인해 자아의 인성을 견고하게 만들어 성충동을 억제할 수 있도록 만듦으로써 가능하다. "전에는 쾌락을 긍정하던 자아가 스스로 성을 부정하는 도덕주의적인 자아가 되었다. 사회적 도덕은 개인 속에서 재생산되었다. 이후 모든 개인들은 갑옷을 입게 된다."[114] 성격갑옷은 성충동의 억제와 억압의 결과로 무의식적 차원에서 이루어진 자아의 형태라고 할 수 있다. 매우 견고하고 단단해 보이는 이 자아의 성격무장(性格武裝, charakterliche Panzerung)은 사실 건강한 유기체적 신체의 요소를 갖는 것이 아니라 성격신경증과 같은 병리적 상황에 노출된 신체를 의미한다.

114) 라이히, 『성정치』(2011), 201쪽~202쪽

그런 의미에서 라이히는 "성격 전체의 장애 없이는 신경증 증상은 없다"고 주장한다.115) 라이히의 성격무장의 상황은 성적 만족이 극도로 억제된 상황에서 나타나는 정상인들의 삶을 의미하며, 그러한 삶이 매우 불합리한 욕망(예를 들어 예속을 욕망하는 2차적 욕망)의 원인이 될 수 있다. 그렇기 때문에 문명사회는 사실상 정상적인 삶을 통해서 유지되는 것이 아니라, 성충동의 억제와 성만족의 배제를 통해서 병들어가고 있는 것이다. 이러한 성격구조는 성경제라는 이완과 긴장, 방출 등의 메커니즘을 통해서 이루어지는 성에너지의 순환이 협착(狹窄)되거나 결절(決折)되어 무의식적으로 왜곡된 사회구조를 만드는 원인이 될 수 있다. 이러한 갑옷과 같이 무장된 정체성의 형성은 성빈곤, 성억압이라는 극도로 통제된 사회에서 욕망을 굴절시켜 도착이나 반사회적 충동, 예속을 욕망하는 것 등으로 나아가게 하는 원인이 된다는 것이 라이히의 설명이다. 성격무장에 대한 사고는 가타리에게는 연접적 종합(連接的 綜合, synthése conjontive)이라는 개념을 통해서 되기(becoming)가 이루어지지 않는 이기(being)의 차원으로 다루어진다.

이러한 성격구조가 파시즘의 토양이 되고, 신경증과 같은 정신병리의 원천이 된다는 라이히의 사고는 곧 성격구조를 변화시키는 행동에 대한 관심으로 이어진다. 그가 사고한 성정치는 성적 만족을 통해서 무의식의 차원에서 자리잡고 있는 억압으로부터 벗어날 수 있는 색다른 대중정치를 의미한다. 그가 착목하고 있는 오르가즘의 능력이란 사정능력과 발기능력으로 한정된 것이 아니라, "어떤 억

115) 라이히, 『오르가즘의 기능』(206), 55쪽

제도 없이 생물학적 에너지 흐름에 몰입할 수 있는 능력, 즉 본능적인 쾌락적 신체경련을 통해 막혀 있던 성흥분을 완전히 방출할 수 있는 능력이다."116) 이 오르가즘 능력을 통해서 어떤 불안감이나 억압 없이 자신이 가진 성적 흥분을 방출하고 완전한 평화와 고요의 상태를 얻게 된다. 그런데 가타리는 오르가즘의 능력에 대한 라이히의 모델과 다른 새로운 오르가즘의 영역에 대해서 언급한다. 바로 '고원'(高原, plateau)이라는 개념인데 오르가즘의 영역이 극점에 이르러 방출되는 형태가 아니라, 강렬도(强烈度, intensities)의 지속으로 나타나는 형태를 의미한다. 이것은 원주민들의 성적 기예 중에 하나로 강렬함이 지속되는 고원과 같은 상태로 만들어 운우의 정을 느끼는 것을 의미한다. 결국 섹스에 대한 두 사람의 차이점은 사실상 두 사람이 다른 구도로 그림을 그리고 있다는 점을 단적으로 보여주는 것이다. 사실 라이히의 성경제적 차원은 단지 성에너지의 흐름이 침대에서 사회구조까지 이르는 과정을 설명했지만, 어떻게 사회 속에서 욕망에너지가 흐름을 형성하는지에 대해서는 침묵했다. 가타리의 시선은 성경제뿐만 아니라 더 강렬함이 존재하는 욕망의 흐름에 주목하였으며, 이 욕망의 흐름 속에서 성에너지만큼이나 강렬한 변용의 힘과 흐름이 존재하고 있었던 것이다.

라이히에게 왜곡된 성격구조를 변화시킬 수 있는 힘은 오르가즘 능력에 있었다. 그는 환자들을 만나면서 "쾌유의 어려움이 환자의 총체적 존재 혹은 성격에서 형성되며 성격무장은 치료 시에 성격저항으로 표현된다"117)고 언급한다. 이는 도덕적 자아의 무의식적

116) 라이히, 『오르가즘의 기능』(2006), 133쪽

충동들의 심리적 방어기제에 기인하는 것으로써, 공손함이 증오를 방어하는 것과 같은 형태라고 기술된다. 이 갑옷에 결합되어 있는 에너지는 구속되어 있는 파괴성을 드러내며, 파괴적이고 증오로 가득차 있다. 가장 핵심적인 성적 억압에서 비롯된 성격층위는 체계적으로 층화되어 성격경화로 나타나고, 그 핵심에는 성충동의 좌절에서 오는 분노와 생리적 울혈로 결정되어 있다. 그러므로 정상적인 애정생활을 할 수 있는지의 여부가 정신위생의 문제와 직결되는 문제인 것이다.118) 결국 울혈신경증을 치유할 수 있는 기제는 오르가즘에서 찾아진다. 자신의 성격갑옷의 방어기제와 무장기제를 깨뜨릴 수 있는 것이 오르가즘의 긴장-이완-방출이 수행하며, 갑옷과 성격무장 층위는 오르가즘의 핵심부에서 무장해제된다. 라이히의 이러한 성해방을 통한 치유방법론은 욕망과 사랑의 흐름을 성에너지의 흐름으로 한정해서 보았기 때문에, 변용(=되기)이 성격갑옷을 무장해제시킬 수 있는 능력이 있음으로 문제의식을 확대시키지는 못했다.

가타리는 변용(=사랑)이 발생시키는 무의식과 욕망의 흐름이 사회지층을 해체하고 그 속에 흐름을 형성하는 것에 주목한다. 결국 사회구조의 심리기저에 깔려 있는 성격구조를 바라보는 라이히의 분석틀은 사회적 기계장치들의 색다른 연결을 만들어낼 수 있는 변용과 욕망의 흐름에 대한 가타리의 분석틀로 나아간다. 여기서 욕망이라는 생명에너지의 흐름은 성에너지로 환원되지 않으며, 사랑이라는 형태도 섹스로 한정되지 않는다. 욕망은 기호적 작동원인에

---

117) 같은 책, 171쪽

118) 같은 책, 269쪽

의해서 움직일 수도 있기 때문에 성생활이라는 구체적인 생활양식에만 있는 것이 아니라, 아이되기, 여성되기, 동물되기, 식물되기, 투명인간되기, 노인되기 등의 형태로 나타날 수 있게 된다. 이제 성격갑옷으로서 존재하는 정체성을 눈 녹듯이 풀어 헤치고 색다른 방향으로 삶을 나아갈 수 있도록 욕망을 생산하는 것이 변용(變容, affection)의 힘에 의해서 가능하다. 되기는 욕망하는 기계가 접속하여 색다른 욕망을 생산하는 과정에서 나타나는 기계적 이질발생(機械的異質發生, machinic heterogenesis)의 다른 이름이다. 자신의 존재가 자리잡고 있는 가족, 학교, 감옥, 군대, 병원 등에서의 정체성을 벗어던지고 이질적인 소수자와 마주쳐서 색다른 존재를 생성해내는 것의 문제이다. 라이히의 구도처럼 자신의 성격갑옷에서 벗어나기 위해서 오르가즘에 이르는 것은 성격구조를 완전히 파괴하였다고 말할 수 없는 한계를 갖고 있는 데 반해서, 전인민적 변용(=소수자되기)은 자신의 존재적 기반을 이동시키고 변화시켜서 기존 정체성과 다른 존재가 되는 것을 의미한다는 점에서 지속적이다.

가타리가 라이히를 받아들이면서도 성에너지의 흐름의 문제에서 욕망에너지의 흐름의 문제로 이행했을 때, 이제 그림의 구도에서 새로운 변화가 일어났다. 성에너지는 끊임없이 생산될 수 있는 생장·생체 에너지이라는 점에서 발생적 논거를 갖는다. 반면 성에너지와 달리 욕망에너지가 어떻게 생성되는지에 대해서 설명해야 한다는 과제가 생긴다. 특이한 욕망은 이질적인 것들 간의 접속으로부터 생산되지만 어떻게 기존의 정체성과 의미연관으로부터 벗어날 수 있느냐가 관건이다. 이 점에 대해서 가타리는 '분열'(分裂, schizo)이라는 섬광과 같은 순간을 예시로 든다. 즉, 분열은 기존의 영토로부터 급격히 탈영토화시켜 이질적인 공간으로 튕겨내 버리는 효과를 갖고 있음과 동시에 기존의 의미연관을 해체하고 비표상적인 사유체제를 개방한다. 이러한 분열은 욕망의 생산적 차원을 설명할 수 있는 가장 핵심적인 개념이다. 그것은 오르가즘의 긴장-이완-방출의 과정에서 자신의 존재를 한 순간 놓치고 내려놓은 효과보다 강력한 존재 변용의 차원이다. 결국 건강한 성생활을 통해서 생체에너지를 활성화하고 새로운 관계로 자신의 배치(配置, agencement)를 수정하려는 라이히의 성해방의 구도는, 변용을 통한 생명에너지의 활성화와 색다른 관계망으로 나아가는 배치를 생산하려는 가타리의 욕망해방의 구도로 이행한다. 결국 라이히의 성격분석이 갖고 있는 성 에너지의 구도는 가타리의 분열분석이 갖고 있는 욕망에너지와 욕망생산의 구도로 바뀐다. 이러한 구도의 변경에는 지배질서가 기표와 비기표적 기호작용을 통해서 부드럽게 무의식을 통제하고 포섭하려는 경향에 대해서 어떻게 맞설 것인가라는 가타리의 문제의식이 있다. 현대자본주의에서 성의 담론의 대부분이 자본주의적 메커니즘에 포섭되는 경향을 보이고 있으며, TV나 인터넷과 같이 욕망이 기호작용에 의해서 움직이고 작동되는 경향을 보이고 있다. 특히 주목해야 할 점은 집합적 노동력을 유연하게 포섭하기 위한 네트워크(network)적 형태를 띠고 있는 '통합된 세계자본주의' 하에서의 관계망의 수립과 더불어 어떤 특이한 욕망이 생산되는가가 자본주의의 기계작동을 변화시킬 수 있는 강력한 원리가 되었다는 점이다. 그렇기 때문에 이제 지배질서는 욕망억압적 기제를 갖고 있으면서도 특이한 욕망에 따라 변화할 수밖에 없는 양면적 상황에 놓여 있는 것이다. 그런 상황에서 가타리의 분열분석은 라이히의 성격분석의 테제를 세련된 자본주의의 상황에 맞추어서 새롭게 계승한 것이라고 볼 수 있다.

성경제학과 현실정치경제학의 분리와 통합

성경제학에 대한 라이히의 간략한 설명은 "사회가 모든 구성원의 식욕을 만족시켜 주는 방식을 '음식의 경제'라고 말할 수 있듯이, 한 사회가 성욕구의 만족을 조절하고 촉진시키거나 방해하는 방식을 '성의 경제'라고 말할 수 있다"에서도 잘 요약되어 있다.119) 성경제의 단상은 프로이트의 리비도의 응축-방출의 메커니즘에서 비롯된다. 성의 메커니즘이 어떤 동역학(動力學, dynamics)적인 측면을 갖고 있고 기계작동의 형태를 띠면서 한번 생산된 에너지가 사라지지 않고 흐름을 형성하는 것이 프로이트의 관찰에서 나타난다. 이른바 리비도경제라는 영역은 성욕구가 어떤 방식으로 사회에서 생산되고 소비되는지, 그 흐름에 대한 연구영역이다. 라이히는 사회적 질서가 심리적 장치의 긴장과 조정을 보이는 성기적 만족과 승화의 과정으로 나타나는 것을 관찰한 후에 쾌락불안과 신경증, 노동장애 등이 발생되지 않도록 성경제(性經濟, sex-economy)를 작동시킬 필요성에 대해서 언급한다. 성경제 영역의 발견은 자본주의

---

119) 라히이, 『성정치』(2011), 192쪽

의 작동방식의 내부에서 욕망의 작동이 존재한다는 점을 인식했다는 데 의미가 있다. 그러나 성경제는 성-욕망에 한정된 경제작동이라는 점에서 한계를 가지며 가타리의 '욕망의 정치경제학'의 구도에 큰 영향을 준다.

라이히는 프로이트의 성경제의 발견이 갖고 있는 의미와 한계를 『파시즘과 대중심리』에서 언급하는데, 첫째 의식은 무의식의 심리적 과정의 일부이며 무의식을 통제할 수 없는 위상을 갖는다는 점, 둘째 성은 번식이나 생식기적인 요소로 머무는 것이 아니며 리비도는 정신생활의 주된 원동력이라는 점, 셋째 어린이의 성은 처벌의 공포 속에서 방해를 받아 병리적 원천이 될 수 있으며 동시에 문명의 기원이 된다는 점, 넷째 어린이의 욕망과 부모의 금지 사이에는 개인의 내부에서 본능과 도덕 사이의 갈등으로 확장된다는 점의 네 가지 의미로 요약된다.[120] 그러면서도 라이히는 프로이트의 리비도의 억압가설에 대해서 의문을 표현하면서 "성이 사회적으로 억제되고, 개인에 의해 억압당하는 것이 과연 문명에서 기원을 찾을 수 있는가?"라고 질문을 던진다. 라이히에 따르면 성에 대한 억압은 자본주의를 유지시키는 권위주의적 가부장제도와 계급제도 등과 관련되어 있지, 전체 문명과 관련되어 있는 것이 아니다. 그렇기 때문에 일부일처제나 가부장제에 의해서 유지되고 있는 성경제가 아니라, 대안적인 성경제의 모델이 수립되고 실험될 필요가 있는 것이다. 오히려 권위주의적 모델에 입각한 성경제 모델은 억압을 고착화하고, 어떤 쾌락불안(快樂不安, Lustangst) 없이 응축-방출할 수

120) 라이히, 『파시즘의 대중심리』(2006), 62쪽~63쪽 참고

있는 오르가즘의 능력을 빼앗아 가고, 결국 성억압을 내면화시킨 나머지 신경증에 시달리게 된다는 것이 라이히의 진단이다. 그러므로 성경제에 대한 분석은 자본주의 정치경제의 분석만큼이나 중요하다는 것이다.

그런데 라이히가 성경제를 작동시키는 성-욕망에 한정해서 욕망 분석을 수행했던 이유는 무엇이었는지 기원을 따져볼 필요가 있다. 라이히는 맑스의 사회학적 기반과 프로이트의 심리학적 기반 통합하려는 프로이트-맑스주의의 구도 속에서 욕망을 분석하였다. 라이히는 맑스의 범주에서 벗어나지 않는 '사회적 토대' 내에서 욕구를 설정한다. "나는 여기서 맑스가 근본적인 욕구들을 토대로 여겼다는 것을 상기시켜야겠다. 정말 욕구들은 생산의 진보를 통해 끊임없이 변하며 새로이 창조된다. 그러나 창조된 욕구들과 마찬가지로 처음부터 존재한 근본적 욕구들도 역사의 주체적 요인들로서 이차적인 토대요소라는 핵심적인 사실은 변하지 않는다."121) 라이히의 이러한 생각은 맑스의 욕구개념을 도입함으로써, 토대(土臺, Base)와 상부구조(上部構造, Superstructure)라는 구조물을 사실상 벗어나지 못한다. 물론 성경제 영역은 마치 토대처럼 경제라는 용어를 가지고 있지만, 이데올로기적 과정과 연결된 사회적 성격구조라는 발상에서 멈추어 서 있다. 그러다보니 토대도 상부구조도 아닌 욕망이라는 가타리의 사고의 지평과 달리 라이히는 암묵적으로 2차적 토대로서의 성경제 혹은 상부구조와 연결된 성격구조라는 생각으로 현실 정치경제와 성경제를 분리시킨다. 가타리에게는 욕망과

121) 라히이, 『성정치』(2011), 193쪽

생산은 분리되지 않으며, '욕망하는 생산'으로 통합되어 있다. 그렇기 때문에 자본주의적 정치경제의 흐름은 욕망의 흐름과 다르지 않게 된다. 라이히가 프로이트와 맑스를 기계적으로 통합하려고 했던 측면은 성경제와 정치경제의 분리에서 나타난다. 물론 그럼에도 불구하고 성욕망으로 한정되어 있을지라도 욕망경제를 설명하려는 최초의 시도자로서 라이히는 그 의미가 크다.

성경제에 대한 언급이 중요한 이유는 자본주의적 정치경제로부터 벗어난 소련의 상황에서 인민대중들의 성도덕의 급진화를 제도가 따라가지 못하는 모습을 보였기 때문이다. 새로운 대안적 성경제의 수립이라는 임무를 코뮨이 갖고 있었다는 라이히의 진단은 다음과 같다. "코뮨은 '미래 가족형식'으로 인간사회의 미래단위로 긍정한다면 그리고 그것을 보존하고 촉진하기를 원한다면 그러한 코뮨이 왜 실패했는지를 연구하는 것이 특히 중요하다. 인간의 본성 및 욕구와 대립하는 모든 왜곡, 모든 종류의 권위주의적 도덕주의적 또는 윤리주의적 생활규제는 코뮨을 파괴함에 틀림없다."[122] 소련의 코뮨에서의 새로운 생활방식은 낡은 생활방식과 충돌을 일으켰으며, 가족과 코뮨은 화해할 수 없다는 점을 드러내 보였다. 이러한 대안적인 사회구성에서 자본주의적 정치경제에서 벗어났음에도 불구하고, 자본주의적 성경제로부터는 벗어나지 못한 모습을 보인다. 그렇기 때문에 라이히는 낙태, 성위생, 혼외정사, 주거형태, 영양 등 구체적인 연구조사를 통해서 대안사회에서의 성의 문제를 탐색하였다. 소련사회주의 상황과 마찬가지로 성경제의 문제는 파시즘

122) 라이히, 『성혁명』(2011), 396쪽

분석에서 성이 사회적으로 어떤 동역학을 보여주는지에 대한 중요한 기제였다고 할 수 있다. 라이히의 성경제라는 개념이 갖고 있는 의미에도 불구하고, 욕망의 범위는 성에 한정될 수 없다는 점과 성경제와 현실정치경제의 통합적 설명의 필요성은 가타리에게 중요한 실천적인 임무였다.

가타리는 들뢰즈와 함께 『앙티 외디푸스』에서 성경제와 현실정치경제를 통합하는 욕망의 정치경제학의 그림의 구도를 그렸다. 가타리에게 있어 욕망은 결여(缺如)와 부재(不在)의 욕구라는 영역에서 생산과 창조의 영역으로 바뀌어 설명된다. 또한 욕망은 토대도 상부구조도 아니며 두 영역을 통합하는 작동원인으로 설명된다. 주저함 없이 가타리는 욕망해방을 위해서 자본주의에서 작동하는 욕망의 정치경제학의 심층적인 분석으로 나아간다. 그 결과 자본주의는 욕망을 생산하는 분열증적 과정과 욕망을 억제하는 편집증적 과정을 함께 갖고 있는 체계이며, 전자본주의적 영토에서 비롯되는 낡아빠진 오이디푸스의 영역을 가지고 욕망통제양식을 수립하려는 시스템으로 밝혀진다. 여기서 욕망해방은 분열증적 과정의 노선을 따라 탈주(脫走)하거나 배치를 바꾸는 등의 과정에서 가능하다고 진단된다. 욕망의 정치경제학은 욕망하는 생산이 차별적 코드에 의해서 덧씌워지거나 분리·선별되어 자본주의적 욕망의 소비방식으로 이르는 과정에 대한 설명이다. 가타리가 라이히처럼 성에 한정되지 않고 기호·물질·에너지가 된 욕망을 포괄적으로 다룬다는 점에서 보다 근원적인 자본주의 작동방식을 설명할 수 있게 되었다.

자본주의가 통속화된 욕망을 증대하면서도 동시에 억제하는 행동을 보이는 것은 모두 다 '욕망하는 생산'을 하고 있는 '욕망하는 기계'(machine désirant)라는 주체성에 대한 통제양식이지만, 자본주의와 욕망이 따로 존재하는 것이 아니라 색다른 욕망이 작동하는 순간 자본주의도 다른 방향으로 움직일 수밖에 없도록 제어될 수 있다. 그렇기 때문에 욕망의 정치경제학은 욕망해방을 위해서 자본주의적 통제방식의 하나로 고착되어 있는 전자본주의적 영토를 벗어나는 분열적 흐름이 가속화하는 방향성을 분석하며, 분열분석으로 향한다. 결국 자본주의는 욕망의 생산적 역능을 통제하기 위해서 낡아빠진 각종 기계장치들을 이용하며, 자본주의를 넘어서려는 탈영토화의 흐름이 낡은 의고주의(擬古主義)를 격파하고 결국 통제불능의 욕망해방으로 이르게 할 수 있는 것이다. 물론 자본도 자본주의를 넘어서 혁신적 모습을 갖추려고 하지만 그것은 자신의 권력을 강화하려는 적분(積分)적 성격을 벗어나지 못한다는 점에서 민중의 욕망혁명의 방향성과 다르다. 가타리의 욕망의 정치경제학에서 보여준 욕망의 흐름과 움직임의 구도는 욕망하는 생산에 기생하면서도 통제하려는 이중적 전략을 사용하는 자본주의를 넘어서 욕망이 해방될 수 있는 색다른 경로를 드러낸다. 이러한 점은 라이히의 이분법을 통합하고, 욕망의 범위를 확장시키면서도 라이히 사상의 본질을 간직하고 있는 가타리의 혁명성을 의미한다.

성-욕망에서 기호-욕망으로

라이히는 성-욕망을 통해서 세상을 설명하고 사회를 바꾸겠다는 야심찬 계획을 가지고 있었다. 그리고 성경제, 성정치, 성혁명의 영역을 차례로 제기함으로써, 하나의 모델에 고착되어 있는 사회적 배치를 바꾸려는 시도를 한다. 라이히의 성-욕망에 대한 제기는 수면위로 욕망문제를 끌어올려 사회적 관계에서 욕망이 갖고 있는 위상(位相)을 다루었다는 데 의미가 있다. 그러나 프로이트는 성-욕망이 존재하며 그것이 인성구조의 형성에 큰 영향을 주며, 문명의 발전에 있어서 큰 역할을 하고 있는 영역이라는 것을 발견했다. 그러나 프로이트는 이 성-욕망이 억제되어야 할 것으로 보았지 해방되어야 할 것으로 보지 않았다. 라이히는 왜곡된 성격구조를 갖게 되며 파괴적이고 반사회적인 충동으로 욕망이 변질되는 것에는 성-욕망에 대한 억압구조가 있다고 보면서 성에너지를 해방시켜 이러한 사회문제를 해결하도록 미시적인 영역에서 정치가 필요하다는 점을 주장하였다. 이렇게 미시정치적인 영역을 주목하는 라이히의 실천과 연구방식은 가타리의 기본적인 방향성을 의미한다. 그러나 라이히와 가타리의 차이점은 성으로 욕망의 범위를 지나치게 한정하는 것이 아니라, 욕망의 범위를 넓혔다는 점에 있다.

가타리에 따르면 성을 비롯한 욕망이 생산되는 것은 신체적이고 물리적인 방식에서만 기인하는 것이 아니라, 기호작용을 통해서 이루어진다고 본다. 기호를 통한 욕망의 생산과 소비는 현대 자본주의가 보여주는 영상·이미지·광고·정보코드 등을 통한 기호-욕망으로 나타난다. 욕망 생산의 과정은 이제 물리적이고 신체적인 영역을 넘어서 기호론적 과정을 통해서 나타난다. 기호생산은 언표적 기호에 한정되는 것이 아니라, 비언표적(非言表的, a-signifiante) 기호작용으로도 존재한다. 그렇기 때문에 말의 효능보다는 영상·이미지 등의 효능이 더 강조되는 상황이다. 그러한 상황에서 가타리는 지배적인 기호계가 부드러운 예속을 통해서 무의식과 욕망을 통제하는 것을 분석하면서, 동시에 욕망생산의 과정에서 기호의 작용에 대해서 주목하였다. 색다른 욕망이 출현하는 것은 색다른 기호작용을 수반한다. 아주 다른 말과 아주 다른 모습은 그 자체로 기호를 생산하며, 지배적인 기호작용에 작용을 가한다.

가타리의 기호-욕망에 대한 주목은 기호작용으로 고도화된 자본주의 상황에 대한 분석의 의미를 가질 뿐만 아니라, 신체적 욕망으로 한정시키지 않고 욕망의 범위를 확장하려는 시도였다. 이제 색다른 욕망이 생산되는 분열과정에 대한 분석(분열분석)은 기호론적 분석과 다르지 않게 된다. 일단 자본주의는 언표로 존재하는 지배명령어로 인민대중을 얼어붙게 만들고 조종하려는 시도에서 더 나아가 영상·이미지 등을 통해서 TV처럼 무의식에 부드럽게 다가가 자동인형처럼 움직이게 만드는 포섭단계에 도달했다고 본다. 그러나 민중의 욕망은 언표로서의 기호작용에서 머무는 것이 아니라, 관계망·흐름·상호작용과 같은 비기표적 기호작용을 하여 자율성을 획득한다. 비기표적 기호작용은 기표(=언표)와 같은 말로서 작동되는 것이 아니라 현실의 기호작용으로 존재하는 것을 의미하는 것으로 수학의 공식이나 음악의 기보처럼 언어와 다른 독특한 작동방식을 갖고 있는 기호작용이다. 민중의 욕망이 갖고 있는 자율성이 기표적 자율성에 머물지 않고 비기표적 자율성으로 나아갔다는 가타리의 판단은 기호-욕망에 대해서 설명할 때 기호에 포섭된 욕망만을 다루는 것이 아니라, 기호를 생산하는 욕망을 설명하는 것을 의미한다.

가타리의 욕망에 대한 분석은 성욕망의 억제와 억압 속에서 나타나는 문제의 차원에서 벗어나 기호적 포섭(包攝)을 통해서 욕망을 조종하려는 지배질서에 맞서 기호생산을 통해서 욕망의 자율성을 획득하려는 민중의 차원으로 나아간다. 가타리의 기호론을 통한 욕망분석은 기호적 수단을 통해서 통제를 달성하려는 부드러운 억압 단계의 후기자본주의 분석에 적합한 분석의 도구를 제공한다. 동시에 욕망의 기호생산적 의미를 밝힘으로써 자율성의 시각을 유지한다. 가타리의 장광설(長廣舌)처럼 느껴지는 기호작용에 대한 설명은 난해한 개념과 도식으로 가득하지만 일관되게 기호-욕망의 구도에서 욕망을 설명하려는 시도에 입각해 있다. 예를 들어 가타리의 영화에 대한 분석은 이러한 매체가 기호적 포섭으로 사용될 수도 있지만, 민중적 기호생산의 의미를 가질 수 있다는 점을 잘 보여준다. "영화가 어떤 정상적 인물, 남자, 여자, 어린이에게 발언권을 주는 것 같을 때에도 실제로 항상 중요한 것은 무의식을 지배하기 위해 무의식과 씨름할 준비가 되어 있는 재구성, 자동인형, 좀비모델 침략자이다." 이러한 영화의 포섭적 성격에도 불구하고, 영화는 "잠시 동안 우리를 고아로, 독신자로, 기억살실자로 무의식적이고 영원하게 만든다"는 점에서 실존적 전복의 해방자 역할을 할 수 있다고 본다.[123] 그렇기 때문에 가타리의 기호론에서의 미시정치 개념은 어린

123) 가타리, 『분자혁명』(1998), 268쪽

이, 분열증환자, 동성애자, 죄수 등이 갖고 있는 소수자·주변인 ·부적응자의 기호작동을 지배적인 기호작용에 침투시켜 초코드화 독재를 무력화시키고 비기표적 기호작용이라는 측면에서 아주 색다른 기호-성좌를 생산하고 표현과 실험을 해방하려는 것이다.124)

가타리는 기호가 물질적 흐름에 작용을 가하는 지점에 착목하면서, 기호-욕망이라는 상을 구체화한다. 기호-욕망으로 현실세계를 설명할 수 있다고 생각한 이유는 그가 사고한 기호작용이 기표적 차원을 넘어서 비기표적 수준까지 포괄한 의미를 갖기 때문이다. 물론 비기표적 기호작용은 실재적인 물질적 흐름과 동일하지 않다. 예를 들어 주식 시세표나 교향곡이나 미술작품을 언어로 모두 다 표현해 낼 수 없듯이 시·공간적 구도 속에서의 흐름·상호작용·관계망은 언어는 아닌 기호계지만 실재 현실과는 구분된다. 이러한 언어로 표현될 수 없는 기호작용은 욕망이 생산되는 과정에서 나타나며 실재적인 힘을 갖는다. 언어가 실재적인 힘을 갖는다는 '화용론'의 차원은 비언어적 기호론까지 포괄하면서 '무의식의 화용론'(pragmatique de inconscient)의 차원으로 확대된다. 라이히의 성-욕망의 기본 구도는 기호-욕망으로 확장되어 사회적 기호작동방식에 의해서 움직이는 욕망과 기호를 생산하는 욕망을 설명하는 영역으로 확장되었다. 가타리의 이러한 기호-욕망의 구도는 가타리의 분열분석의 구도에서 한 축을 차지하는 것으로서, 그것은 단순히 학문적 기호학의 차원에서 논의되는 것이 아니라 매우 실천적인 함의를 갖고 있다. 색다른 욕망이 등장할 때 기호론적 차원에서의 변화

124) 같은 책, 275쪽 참고

가 설명되어야 하며, 욕망이 갖고 있는 기호생산의 역능도 설명되어야 했다. 그래서 가타리의 분열분석은 라이히의 성격분석의 차원에서 이루어지는 무의식분석의 차원에 언표적 · 비언표적 기호작용을 추가하게 된다. 이제 욕망은 성-욕망으로 한정되지 않으며, 모든 사회적·무의식적·행동역학적 차원을 설명하기 위한 방식으로서 기호-욕망으로 확장된다.

노동민주주의와 욕망의 미시정치

라이히는 사회가 존재하는 한 노동민주주의가 존재하고 있었으며, "인간의 경제와 사회 · 문화적 생활을 지배해 왔으며, 앞으로도 계속 지배하게 될 사랑, 노동, 그리고 지식의 자연스러운 과정"이라고 본다. 여기서 노동은 강제적이고 즐겁지 못한 작업이 아니라 자연스럽고 즐거운 작업이다. "노동민주주의는 자연스럽게 성장하고 발전하면서 유기적으로 합리적 인간관계를 지배하는 모든 삶-기능의 총합이다."[125] 이렇듯 라이히는 노동자의 삶 속에서 내재한 민주주의의 요소를 발견하였으며, 대안적인 사회는 이로부터 가능할 것이라고 사고하였다. 라이히의 노동민주주의에 대한 언급은 노동하는 인민대중에게 자유와 평화를 수호하고 만들어나갈 수 있는 능력이 있음을 신뢰하는 것을 의미한다. 다소 평의회적인 발상을 가진 이러한 생각은 노동이라는 영역이 갖고 있는 긍정적인 잠재력

125) 라이히, 『파시즘의 대중심리』(2006), 428쪽

속에서 새로운 대안을 사고하는 것이라고 할 수 있다. 대부분의 권력이 복종을 요구하고 억압되고 굴절된 성격구조에 기반하고 있다면 노동민주주의는 권력보다 진실을 통해서 스스로가 사회적 책임을 갖게 되는 시스템을 의미한다. 라이히는 이러한 노동민주주의가 기계적인 체계와 동물로서의 존재라는 나락으로 떨어지지 않게 만들 것이라고 사고한다. 물론 이러한 사고는 가타리가 생각한 기계와 동물에 대한 생각과 궤도를 달리하는 지극히 합리주의적 사고방식에 기반하고 있다. 라이히는 "노동과정의 자연스러운 기능은 모든 종류의 인간-기계적이고 권위적인 자의성에서 분리되어 있다. 노동과정은 기능하고 있는 것이며, 엄밀한 의미에서 자유롭다. 노동과정만이 합리적이며 따라서 노동과정만이 사회적 존재를 결정할 수 있다."[126]라고 말하면서 노동이 모든 병리적 상황으로부터 합리성으로 인도할 것이라고 말한다. 이러한 라이히의 노동민주주의에 대한 생각은 맑스주의가 갖고 있는 노동이라는 영역의 잠재력을 높이 평가하는 평의회 맑스주의적 전통을 보여주며, 꼬뮨, 소비에트, 평의회 등 노동민주주의의 제도가 모든 건강하지 못하고 비합리주의적인 영역을 극복할 것이라는 생각을 의미한다. 이러한 노동의 영역은 긍정적이고 창조적인 노동의 영역이 있는 맑스의 노동이라는 핵심적인 관념에 기반하는 것이다.

가타리는 노동에 대해서 다음과 같이 언급하면서, 색다른 노동개념이 있다는 것을 제시한다. "욕망노동, 꿈노동. 예를 들어 똥을 처바르고 있는 어린이의 노동, 그럼에도 불구하고 그것은 가치를 가

126) 같은 책, 481쪽

진 것 노동이라는 것이다. 왜냐하면 특정한 특면에서 어린이는 어머니의 처방과 청결교육규칙을 따르거나 따르지 않는다는 사실 때문이다. 모든 다른 노동처럼 노동이다."[127] 이러한 가타리의 노동개념은 노동중심성이라는 맑스주의의 테마에 벗어나 있는 것으로 라이히의 노동민주주의와도 궤도를 달리하게 된다. 맑스주의적 사고에서는 노동의 긍정적인 잠재력에 입각한 패러다임이 존재하는데 그것을 노동 중심성의 패러다임이라고도 지칭할 수도 있다. 그러나 노동 중심성을 벗어나 있는 소수자들의 욕망의 문제를 설명하고자 할 때 '노동'개념은 취약함을 보인다. 가타리는 '노동가치'에서 '욕망가치'로 급진적으로 이행하여 소수자들의 욕망을 설명해야 할 필요성과 그것의 가치에 대해서 언급할 필요성을 역설한다. 라이히의 노동하는 인민대중이 갖고 있는 노동민주주의의 잠재력은 '노동자'라는 주체성의 형상에서 벗어나지 못하고 그 외의 욕망하는 주체성에 대해서 침묵한다. 그렇기 때문에 지극히 합리적인 시선에서 노동은 정상성을 만들어낼 수 있는 수단이 된다. 그러나 소수자의 욕망이 갖고 있는 비주류적 성격은 그것을 비합리적인 광기로 사회가 판단할 수 있는 여지가 많으며, 그렇기 때문에 노동하는 정상인들에 의해서 사회적 지배가 정당화된다.

라이히의 노동민주주의는 다수자 정상인으로서 존재하는 노동자라는 주체성의 잠재력과 긍정적인 힘에 대해서 착목하였지만, 노동하지 못하는 소수자들의 욕망이 갖고 있는 미시적인 움직임과 역능에 대해서는 침묵한다는 한계를 갖고 있다. 가타리의 욕망의 미시

---

127) 가타리, 『가타리가 실천하는 욕망과 혁명』(2004), 55쪽

정치는 라이히의 노동민주주의가 갖고 있지 못한 욕망의 문제를 전면에 내건다. 이것은 자신이 욕망하고 있다는 사실 자체만으로 존재하는 모든 소수자적 주체성에 대한 태도와 관계가 사실상 사회질서에서 변화의 기초가 된다는 점을 지적하는 것이다. 그러므로 억압받는 노동자의 편에 서서 노동민주주의의 미래와 잠재력을 응시하는 라이히의 문제의식은 사회질서에서 배제된 소수자라는 존재의 욕망의 미시정치를 응시하는 가타리의 문제의식으로 이행한다. 물론 이 둘 간의 차이점은 단순한 시대적 상황이나 시대구분으로 치부할 수도 있지만 근본적인 패러다임의 변화를 의미한다. 가타리는 맑스주의의 노동이라는 패러다임에서 벗어나 소수자라는 주체성을 호출함으로써 정치적인 영역에서도 완전히 다른 이야기를 전개하기 시작한다. 이제 가타리의 미시정치는 욕망이 미시적으로 작동하고 생산되는 과정에 대한 이야기가 되며, 라이히의 노동과정이 갖고 있는 합리적인 성격에서 벗어나게 된다. 기존에 비합리적이라고 여겨지며 배제되었던 모든 영역이 개방되며, 미시정치의 색다른 테마가 된다.

가타리는 욕망에 대한 정의를 묻는 질문에 "욕망은 주체와 대상 간의 대립 이전에, 표상과 생산 이전에 존재하는 모든 것입니다. 욕망은 세계 및 정서들이 저절로 우리 자신의 바깥에서 우리를 구성하는 모든 것입니다. 욕망은 우리로부터 흘러넘치는 모든 것입니다. 이것이 우리가 욕망을 흐름으로 규정하는 이유입니다."[128]라고 대답한다. 욕망은 이제 흐름 속에서 배치되고 연결되는 문제로서 드

128) 같은 책, 241쪽

러난다. 그렇기 때문에 욕망하는 기계들이 어떤 방식으로 연결되느냐가 욕망의 미시정치의 핵심적인 테마가 된다. 다소 이질적인 영역에 있던 주체성들이 연결접속되어 색다른 존재로 생성되는 과정이, 특이성이 생산되는 욕망의 미시정치가 갖고 있는 정치적 요소이다. 그러므로 노동하는 사람들이 노동을 통해서 정상적이고 합리적인 생활방식을 재생산하는가의 여부가 중요한 것이 아니라, 사회에 존재하고 있던 특이한 욕망들이 조립되고 연결되어 아주 색다른 목소리를 내기 시작하는 것에 주목해야 한다. 이를테면 소수자되기를 통해서, 교육이 계몽이 아니라 '아이되기'의 과정으로 규정될 때 사회는 다른 방식으로 움직이기 시작한다. 또한 노동자가장이 갑자기 '여성되기'를 통해서 여성의 삶으로 접근하고 변용했을 때 사회는 변화를 시작한다. 이러한 방식으로 색다른 욕망이 생성되는 과정을 통하지 않고서는 사회는 변화할 수 없으며, 자본주의에 대한 변혁은 존재할 수 없게 된다.

노동민주주의와 욕망의 미시정치의 차이점은 노동민주주의가 합리적이고 정상적인 수준에서 삶세계를 통합하는 노동의 잠재력을 통해서 세상을 바꾸어나갈 수 있는 내재적이며 이미 작동중인 민주주의라고 할 수 있다면, 욕망의 미시정치는 내재적으로 작동하는 욕망의 작동방식을 달리함으로써 자본주의를 변화시키는 내재적인 정치양식이라는 점이다. 이 두 정치양식의 공통점은 대중정치를 지향한다는 점이며, 내재적인 역능에 호소한다는 점이다. 그렇기 때문에 라이히나 가타리는 거시정치의 권력변화에 의해서 세상을 바꾸겠다는 기획으로부터는 둘 다 자유롭다. 라이히의 노동민주주의 역시도 기존 맑스주의의 거시정치의 궤도로부터는 벗어나 있으며, 노동이라는 패러다임으로부터 벗어나 있지 못하지만 욕망의 문제에 주목하는 개념이다. 가타리의 욕망의 미시정치는 라이히가 갖고 있었던 지평으로부터 벗어나 보다 더 혁신적인 미시정치개념을 도입하고 욕망을 전면에 내건다. 물론 가타리가 이렇게 욕망의 미시정치로 전진할 수 있었던 것은 라이히의 선도적인 연구와 임상 등에 영향이 크다는 점에서 이 두 사람의 상호관련성을 살펴볼 수 있다.

욕망을 응시한 두 인물

라이히는 프로이트의 이드에 대한 초자아의 억압의 문명을 성립시킨다는 생각에 반대해서, 도덕적 규제가 오히려 왜곡된 성격구조의 원인이 된다고 보았다. 이를 극복하기 위한 방법으로 성정치와 오르가즘의 기능에 대해서 주목하였다. 오르가즘은 갖고 있는 자신을 놓치면서 생체에너지를 한꺼번에 방출할 수 있는 능력으로서, 가타리는 고원이라는 강렬도가 지속되는 오르가즘의 모델을 제시하면서 차이를 보인다. 라이히는 반사회적 충동의 배경은 원억압에 있다고 보면서 비교적 치유가 용이한 경증인 신경증의 치유가능성을 오르가즘에서 찾는다. 이러한 건강한 성생활은 신경증의 예방과 치유에 도움이 될 수도 있지만 초자아의 억압이 분열적인 상황으로 나아가 있는 분열증에 대해서는 설명할 수 없다는 한계를 갖는다. 이 점이 라이히와 가타리의 분기점이며, 가타리의 분열분석은 라이희의 성격분석과 달리 어떤 하나의 성격갑옷으로 무장되는 인간이 오르가즘을 통해서 무장해제될 수 있다는 설명방식이 아니라, 굳이 오르가즘이 아니더라도 변용이라는 과정을 통해서 욕망의 움직임과 흐름에 의해서 벗어날 수 있다는 점을 언급한다. 라이히는 성경제학과 현실정치경제학을 분리시켜서 사고하는데, 이것은 맑스주의가 갖고 있는 토대와 상부구조의 이분법의 잔재라고 할 수 있다. 이에 반해 가타리는 욕망이 토대도 상부구조도 아니라고 언급하면서 욕망의 정치경제학으로 나아간다. 라이히의 성-욕망은 신체적 수준에서 사회적 수준으로 나아가지만, 기호작동에 의해서 욕망이 생산되는 과정을 보이는 현대 자본주의에서 설명력이 떨어진다. 가타리는 기호-욕망을 통해서 욕망의 생성과정에서 나타나는 분열을 분석하기 위해서 기호론에 착목한다. 라이히의 노동민주주의는 노동이 갖고 있는 잠재력이 합리적이고 정상적인 사회를 만들 것이라고 보았지만, 소수자의 욕망과 같이 비합리적이고 비정상적인 것으로 인식되는 영역을 설명하지는 못한다. 가타리의 욕망의 미시정치는 라이히의 노동민주주의가 갖고 있는 내재성의 정치라는 전통에 있으며, 노동패러다임에서 욕망패러다임으로 이행한다.

제5장 기 호

기표독재체제에서 도표의 생산으로 (소쉬르와 가타리)

소쉬르와 가타리, 기호논의에 있어서 두 인물

페르디낭 드 소쉬르(Saussure, Ferdinand De, 1857~1913)는 『일반언어학 강의』라는 책을 통해서 현대의 언어학의 기본적인 구도를 그렸다. 그는 이 책에서 언어활동인 랑가쥬(langage)를 이론의 대상으로 본다면 전혀 연관 없는 잡다한 사항들의 더미로 보이게 될 것이며, 해결책은 "언어(langue)란 영역에 위치해서, 언어가 언어활동(langage)의 다른 모든 현상의 규범이라고 생각하는 것"[129]이 이론의 대상이라고 보았다. 이러한 규범과 관습으로서의 언어는 랑그(langue)라고 불리며, 개인적 언어활동으로 존재하는 빠롤(parole)에 대해서 규제적인 역할을 수행하며, 랑그와 빠롤 모두를 포괄한 개념이 랑가쥬이다. 언어활동인 랑가쥬의 잡다함과 다채로움보다는

129) 소쉬르, 『일반언어학 강의』(1990), 15쪽

이론적 대상으로서 설명 가능한 규범으로서의 언어인 랑그를 대상으로 한다고 소쉬르의 이론은 한계범위를 명확히 한다. 이에 반해 가타리는 랑그로 한정되지 않고 랑가쥬로 문제의식을 확장한다.

소쉬르는 언어가 자의성을 갖는다고 언급하면서도 규범적 언어습관인 랑그를 다루면서 이중적인 태도를 취하게 된다. 이후 언어구조주의자들은 언어구조를 불변항으로 취급하면서 언어의 자의성이라는 명제를 위반하는데 이것은 가타리가 구조주의에 대해서 반격하고자 하는 맥락이다. 소쉬르에 따르면 개인적 언어활동인 '빠롤'은 관습적인 언어인 '랑그'에 종속되게 되는데, 규제적인 사회적 언어관습이 존재하면서도 그것이 자의적이라는 역설을 갖고 있으며 암암리에 언어규칙에 종속된 언어활동이라는 구도를 갖고 있다. 가타리는 빠롤이 랑그에 종속되는 현상을 방언(方言), 은어(隱語), 비어(鄙語), 속어(俗語) 등의 소수언어가 다수 표준언어와 맺는 관계를 해석하는 것으로 나아간다. "랑그를 연구대상으로 하는 과학적 모델은 랑그를 등질화하고 중앙집중화하고 표준화하는 다수적이거나 지배적인 권력의 언어가 되게 하는 정치적 모델 바로 그것이다."[130] 가타리는 소수언어로의 변주가 언어적 자율이라는 생각을 발전시키면서, 언어구조주의자들이 생각했던 기표가 자율성을 갖는다는 사고에 맞선다. 가타리는 규범화된 랑그처럼 과학으로서의 언어학이 사실은 지배명령어를 정당화하는 학문적 체계라는 점을 지적하면서 언어활동의 자유의 영역인 소수언어의 생성과 변주 가능성에 주목한다.

130) 들뢰즈 · 가타리, 『천개의 고원』(2003), 195쪽

소쉬르가 랑그에 착목하면서 놓칠 수밖에 없는 요소는 언어활동인 랑가쥬 속에서 끊임없이 비언어적 관계망이 침투해 들어오는 현상이다. 언어는 중립적인 영역이 아니라, 권력관계, 화폐관계, 집단의 역학관계 등 현실적 관계망에 영향을 받는 영역이다. 그렇기 때문에 언어적 관계망뿐만 아니라, 흐름·상호작용·관계망의 영역으로 존재하는 비언어적 요소를 집결시켜 사고할 필요성이 부각된다. 이는 언표를 결정하는 기표적·비기표적 요소와 집합적·기계적 요소 등의 총합적 성격을 갖는 '집합적 언표행위의 배치'(agencement collectif d'enonciation)라는 개념으로 나타난다. 그 이유는 하나의 언표로 고정되어 있는 의미전달 방식은 집단의 움직임 속에서 발생하는 기호-흐름과 기호-생산 등의 과정을 종합적으로 설명할 수 없기 때문이다. 어떤 집단에서 발화되는 모든 언어는 단순히 하나의 의미연관으로 고정되는 방식으로 파악될 수 없다. 이를테면 '촛불'이라는 것이 '정전되었을 때 켜는 비상불' 혹은 '밀납을 녹여서 만든 불'이라는 하나의 의미연관에서 고정되어 있는 것이 아니라, '하나의 저항의 상징'일 수 있고, 혹은 '색다른 욕망에 대한 의미'일 수 있다. 그러므로 언어수행에 있어서 의미는 고정되어 있는 것이 아니며, 기호는 끊임없이 색다른 의미와 표상을 생산하고 있는 기호-흐름, 기호-생산의 과정이라고 할 수 있는 것이다.

또한 영상·데이타·이미지의 기호-흐름이 대량적으로 생산되고 소비되는 현재 자본주의의 상황에도 주목해 볼 필요가 있다. 물론 하나의 언표로 고정된 의미연관 속에서 파악될 수도 있지만 물질·에너지·화폐 등의 흐름 등은 다채로운 의미연관을 갖고 있다. 이를테면 주식시세표를 보면서 그 화폐의 흐름이 갖고 있는 의미연관은 하나가 아니며, 상승과 하락의 곡선 속에서도 사람들이 그것을 반드시 하나의 의미로서 느끼지는 않는다는 것을 알 수 있다. 언어가 갖고 있는 규범을 지킨다고 하더라도 아무리 보편적이고 일반적인 규칙 안에서 의사소통 한다할지라도, 이러한 기호-흐름의 맥락을 분석하고 집합적 언표행위의 배치 속에서 파악하지 않는다면 하나의 언표가 무엇을 의미하는지에 대한 분석조차도 달성할 수 없게 된다. 이러한 언어가 소쉬르의 규정대로 비록 자의적일지라도 언어관습과 규범에 의해서 고정되어 있을 경우에는 더더군다나 언어생산의 흐름을 설명할 수 없게 될 것이다. 그러므로 가타리의 문제의식은 랑그에서 랑가쥬로, 더 나아가 언어적 관계망에서 비언어적 관계망으로 나아간다.

소쉬르는 대화를 수행할 때 나타나는 '청각영상'과 '개념'을 구분하고 전자를 '기표'(記標, signifiant)라고 정의하면서 후자를 '기의'(記意, signifie)라고 정의하였다. "A, B 두 사람이 대화하고 있다고 하자, 순환의 기점은 이 중 한 사람의 두뇌, 즉 A라는 사람의 두뇌 속에 있는데, 거기서는 우리가 '개념'이라고 부르게 될 의식 현상들이 언어기호의 표상 혹은 이를 표현하는 수단인 '청각영상'에 결합되어 있다."131) 가타리는 기의가 기표로 고정되게 된 시점에 주목하며, 그것이 근대자본주의 사회에서 비롯된 기표권력에 의해서 의미를 고정시키는 기호양식이라고 본다. 근대자본주의는 리비도나 화폐, 물질, 에너지 등의 흐름의 경제를 구축하면서도 기표를 통한

131) 소쉬르, 『일반 언어학 강의』(1990), 18쪽

기의의 고정의 방식으로 나타나는 통사법(通詞法, syntax)을 통해서 이것을 붙잡아 두려는 이중적인 전략을 구성하였다. “자본주의적 추상화는 기표적 실체의 두 얼굴을 체현한다. 즉 자본주의적 추상화는 강렬도를 쏙 내밀고 채집한 나비처럼 강렬도를 핀으로 고정시켜 고정된 지표상태로 만들지만, 동시에 강렬도가 영토화된 낡은 리좀의 선형화, 평탄화 과정 속에 들어가게 함으로써 작동하기 시작한다.”132) 즉, 자본주의는 기표체계와 같이 의미를 고정시키는 질서를 작동시켜 흐름을 통제하는 질서를 의미한다. 그런 의미에서 자본주의는 기호-흐름이 있다는 것을 인정하면서도, 기표를 통해서 기의라는 고정된 의미로 흐름을 붙잡지 않으면 통제 불가능하다는 것을 인식하는 언어활동의 통제양식이다.

2살 이하의 아이의 경우 비표상적 사유를 전개하기 때문에 의미가 고정되어 있지 않고 이것일 수도 있고 저것일 수도 있는 상태를 갖는다. 이를테면 아이들은 우산을 가리키면서 어른들에게 “이것이 무엇이야?”라고 묻는데, 비 내릴 때 쓰는 거라고 대답하면 아이들은 뜬금없이 고깔모자와 눈사람과 연관시키는 경우가 있다. 아이들은 그런 의미에서 표상체계를 가진 철학자보다 더 철학자다운 모습으로 등장한다. 아이, 동물, 광인은 자본주의적 표상체계로부터 벗어난 비표상적 사유의 주체성이며, 자본주의의 외부라고 할 수 있다. 전자본주의 사회에서는 이러한 아이의 ‘기호적 표현의 다성성’(polyvocité de l'expression sémiotique)과 같이 기호가 하나의 의미연관으로 고정되지 않고 다의미적인 상황에 있었다고 할 수 있

132) 가타리, 『기계적 무의식』(2003), 88쪽

다. 이를테면 "한 마리 암소가 죽으면 제1단계에서는 흙점에 의뢰하고, 만약 이 방식으로 좋은 결과가 얻어지지 않는 경우 제2단계로 희생의식이 행해지고, 그리고 최종단계에서는 있을 수 있는 초자연적인 힘의 작용을 무찌르기 위해서 마법절차 등이 행해진다."[133) 원시사회에서는 기표적 종합이라는 것이 없었으며, 의미연관이 고정점을 형성하지 못하였다.

기표에 기의가 고정되는 것은 기호-흐름에 대한 국가권력의 통제가 교육 및 표준어적용, 매체 등으로 자리잡기 시작했다는 것을 의미한다. 이 상황 속에서 기호-흐름이 강렬함을 갖고 다채로운 모습으로 드러나지 않도록 색다른 의미연관의 가능성을 봉쇄하고, 국가에 의한 문법제도의 강화를 통해서 특이한 방향성을 갖는 기호-흐름이 꽉 붙잡아진다. 그런 의미에서 기표를 구조로 보는 언어구조주의적 사유방식은 색다른 기호-흐름의 생산을 간과하거나 그것을 규제하려는 반동적인 사유를 전개하는 것이다. 사회 속에서 특이한 모든 사람들이 각기 기호-흐름을 다성적으로 생산할 수 있는 능력을 갖고 있음에도 불구하고, 이러한 기호-흐름의 특이한 생산이 자본주의사회를 떠받치고 있는 가치체계, 의미연관, 표상질서를 파괴할 것이기 때문에 봉쇄되는 것이다.

기표독재체제에 맞서서

133) 같은 책, 81쪽~82쪽

소쉬르의 기표와 기의의 구도는 사실상 가타리에게는 '기표독재체제로서의 자본주의 사회'라고 독해된다. '기표'체제는 욕망하는 생산이 만들어내는 색다른 기호-흐름이 기존 규범이나 제도로부터 벗어나 탈코드화 과정을 다시 초월적 코드의 힘을 빌어 제도나 규범 속으로 집어넣는 초코드화의 가장 강력한 수단이 된다. 기표가 기의를 고정시키고 규제하기 위해서는 사법적이고 권력적 힘에 의존할 수밖에 없으며, 그것은 신·국가·아버지라는 초자아가 갖고 있는 권력구성체의 실존을 의미한다. 가타리는 들뢰즈와 함께 이렇게 말한다. "언어학의 터전은 어디까지나 하나의 초월적인 것에 의하여 규정되어 있다. 설사 이 초월적인 것을 부재 혹은 빈자리라 생각해도 그렇다. 이 초월적인 것은 접는 일, 포개는 일, 종속시키는 일 같은 필요한 일들을 조작하며, 이 초월적인 것으로부터 분절되지 않는 질료의 흐름이 체계 전체 속으로 흘러들어 가는데, 이 흐름 속에서 이 초월적인 것은 재단하고 대립시키고 선택하고 결합시킨다. 이 초월적인 것이 바로 시니피앙(기표)이다."[134)]

구조주의의 기표의 강력한 위상은 욕망의 기호-생산을 가로막는 언어구조를 불변항으로 사고하며, 이러한 사고방식은 결국 욕망이 갖고 있는 기호-생산과 기호-흐름의 자율성을 바라보지 못하게 되는 결과를 낳는 것이다. 라캉(Jaques Lacan, 1901~1981)에서 출발하는 구조주의적 시각은 기표의 자율성을 사고하면서도 기표가 갖고 있는 위상에 막대한 권한을 주며 사실상 기표가 무의식의 심연을 규정하며 주체를 호명하는 대타자의 불변항으로서 작동한다는

134) 들뢰즈 · 가타리, 『앙띠 오이디푸스』(1998), 311쪽

점을 말하고 있다. "모든 실제적인 능기(기표)는 그 자체로서는 아무것도 의미화하지 않는 능기이다. 능기가 아무것도 의미하지 않으면 않을수록 능기는 더욱 더 파괴할 수 없는 것이 된다. 이러한 불멸적이며 무의미한 능기들이 바로 주체를 결정한다."135) 라캉의 시각에서는 기표는 대타자의 영역이며 불변하고 자율적이고 주체를 호명하는 등 무의식이 언어화되어 있는 생각의 구도로 이루어져 있다. 그러나 이런 시각은 소쉬르의 규범으로서의 언어라는 랑그의 생각을 더 확장시켜 언어구조가 고정되고 불변되어 있다는 시각으로 나아가는 것이다. 라캉의 고정된 기표가 주체를 호명하는 대타자의 역할을 수행한다는 생각은 가타리의 기표독재체제에 대한 사고와 동일선상에 있는 것이 결코 아니다. 가타리의 초월적 코드로서의 작동하는 기표독재체제에 대한 지적은 욕망의 기호-생산이 늘 그것으로부터 벗어나 탈코드화하고 있다는 점을 말하기 위한 것으로써, 엄밀히 말해서 라캉과 완전히 반대의 입장에 있다.

라캉과 같은 기표를 고정시키는 사고방식은 언어가 생성되고 변형되는 과정에 대한 분석을 할 수 없다는 한계를 갖는다. 촘스키(Avram Noam Chomsky, 1928~현재)의 생성언어문법과 변형언어문법조차도 규제적인 기능을 가진 통사법적 권력으로부터 자유롭지 못한 모습을 보인다. "촘스키의 출발점으로 되돌아가는 것이 좋을 것이지만, 추상기계에 대한 그의 초기의 모델이 언어활동의 기표적 분절에 너무 의존한다는 것을 감안한 위에서여야 한다. 그가 포착하려고 하는 문법성은 하나의 의미론적 논리에 양도되기는커녕 반

---

135) 딜런 에반스, 『라강의 정신분석 사전』(1998), 95쪽

대로 가장 탈코드화된 자본주의적 흐름(비의미론적이고 비기표적인 도표적 흐름)에 따라 작동되는 추상권력의 양태 가운데 하나로 이해될 수 있다."136) 욕망이 갖고 있는 기호-생산적 의미는 단순히 언어의 탄생과 소멸이라는 관점에서 조망될 수 있는 것이 아니라, 언어 외부에 있는 비기표적 기호를 생산하는 강력한 기호-흐름을 의미한다. 이것이 언어 내부로 섭동(攝動)적 작용을 가하여 끊임없이 변이와 굴절, 생성을 만드는 원동력이 된다. 이런 입장에서라면 자본주의는 기호-흐름을 내부에 갖고 있으면서도 그것을 통제하려는 문법적인 장치를 갖고 있어 이중적인 모습을 띤다. 가타리의 관심은 기호-흐름이 통사법적인 문법체계로부터 자유롭게 기호를 생산하고 틀지워지는 것을 돌파하는 것(분열)이다. 그렇기 때문에 기표로 고정된 기의라는 구조주의적 사유에 대해서 정면으로 맞서는 기호-생산의 시각에 서 있었다.

기호-흐름은 하나 혹은 몇 가지 의미로 고정점을 형성할 수 없는, 이것일 수도 있고 저것일 수도 있는 흐름의 시각을 개방한다. 흐름에 착목한다는 것은 불변하고 고정되어 있는 질서가 아니라, 변화와 역동성에 주목하며 간주곡이자 사이존재로서의 흐름과 과정에 착목하는 사유를 의미한다. 단순히 하나의 의미연관을 가진 기호가 이미 주어진 사회적 기능에 주목하는 것이 아니라, 다채로운 의미연관을 갖고 있는 기호가 생산되고 창조되며 변형되는 과정에 대해서 주목할 때 기호-흐름이라는 시각이 가능하다. 가타리는 정태적 언어학으로서의 소쉬르의 구도를 비판하는 입장에 서 있으며,

---

136) 가타리, 『기계적 무의식』(2004), 49쪽

매우 동태적인 언어학의 구도에 서 있다. 언어가 한번 습관화되고 규칙화되며 사회적 약속으로 잘 변하지 않는다는 것이 상식이다. 그렇기 때문에 의사소통을 위해서라도 그 약속과 규범을 잘 따라야 된다는 방식이 보편 화용론의 기본전제가 되고 있다. "언어의 보편성은 존재하지 않으며, 언어활동 행위의 보편성 또한 존재하지 않는다. 언어적 표현의 각 장면에는 (지각, 몸짓, 제스처, 이미지에 의한 사고 등) 모든 종류의 기호적 연쇄의 네트워크가 결합되어 있다. 각 기표적 언표는 사회적 신체와 개체화된 신체 위에서 동시에 추는 강렬도의 무언의 춤을 결정화한다."[137] 그러나 언어가 생산되고 변이되는 과정은 규칙을 따르지 않기 때문이 아니라, 욕망의 작동 방식이 끊임없이 변화하고 있고, 특이한 기호가 출현하는 과정에서 기표적·비기표적 기호가 생산되기 때문이다. 그러므로 사회적 약속으로서의 언어나 어떤 자율성을 가진 언어구조가 영구적으로 불변할 것이라는 생각만큼이나 반동적인 생각이 없다. 오히려 언어 자체를 변화시키는 색다른 관계망의 출현과 그에 따른 기호-생산에 대해서 주목해야 하며, 이러한 지점에 가타리의 사유가 있다. 언어를 하나의 의미로 고정시키는 것은 사고를 마비시켜 창조적이고 생산적인 욕망의 역능을 망각케 하는 자본주의의 통제양식에 불과하다. 그런 입장에 서 있는 가타리의 시각은 어떤 통사법으로도 통제될 수 없는 흐름으로서 다의미적, 다극적, 다실체적인 기호작용에 주목한다. 그것이 비기표적 기호계로서의 도표이며 가타리의 기호분석의 핵심적인 개념이다.

---

137) 같은 책, 51쪽

가타리의 분열분석은 기호론(記號論, émiotiques)과 기계론(機械論, machinique)으로 이루어져 있는데, 색다른 욕망이 출현하고 생산되는 과정을 '분열'로 보고, 그것이 어떤 기호적인 흐름으로 작동되는가와 기호를 끊임없이 자기생산하는 기계작동이 존재하는가 등의 분석내용을 갖는다. 여기서 기호론이 중요한 이유는 욕망이 생산될 때 반드시 기호를 생산해 내기 때문이다. 물론 자본주의에서 기호를 통해서 부드럽게 욕망을 통제하는 기법도 발전되고 있지만, 민중이 수행하는 기호-생산의 시각에서 욕망이 생산되며 움직이는 과정 역시도 존재한다. 여기서 이러한 기호는 기표로 한정되는 것이 아니라 언어로 표현될 수 없는 비기표적 기호계(非記表的記號界, sémiotique asignifiant)에 더 주안점을 두게 된다. 음악과 회화와 같은 욕망의 기호-생산과 기호-흐름은 기존 기호작동을 뒤흔들 수 있는 색다른 기호를 생산해 내고 그것이 갖고 있는 다의미적 위상 덕분에 하나의 의미로 고정되지 않고 여러 가지로 해석될 가능성을 갖게 된다. 마치 예술활동에서 보여주는 색다른 기호생산과 같이 욕망은 끊임없이 기호생산을 통해서 지배질서의 좌표를 변형하고 수정할 수 있다. 그렇기 때문에 불변항(不變項, Invariance)으로서의 언어구조 속에서 기표적 자율성에 대한 언급을 하고 있는 구조주의와 완전히 다른 의미에서의 자율성에 대한 논의가 가능하다. 그것은 기호-생산, 기호-흐름의 자율성이며, 욕망의 생산적이고 창조적인 지평 속에서의 완전히 다른 의미연관(意味聯關, context)과 실존좌표를 생산해 낼 수 있는 혁명적인 시각을 가능케 한다.

가타리는 소쉬르의 기표와 기의를 구조주의적 방식이 아니라 일종의 권력구성체로 보면서 기호적 자율성을 가진 욕망에 대한 구도로 변형하였다. 특히 욕망이 갖고 있는 비기표적 기호작용이 갖고 있는 자율성에 착목하는데, 비기표적 기호작용은 춤, 몸짓, 표정, 손짓, 색채, 음향, 냄새, 이미지 등의 다채로운 기호작용의 영역을 의미한다. 그것은 하나의 의미연관에 의해서 획일적 구도 속에서 해석될 수 없는 다의미적 기호-흐름을 보여준다. 비기표적 기호작용에서의 자율성에 대한 주목은 어떻게 욕망이 지배언어질서를 변형할 수 있는 능력을 비언어적 기호작용이 갖고 있느냐의 여부를 의미하는 것이다. 언어구조는 매우 획일화된 통사법(문법)을 교육시키고 재생산함으로써 '세계를 다른 방식으로 재창조할 수 있는 잠재력'을 망각케 하는 지배질서의 도구이다. 이것은 권력구성체로서 사물이나 상황에 대해 대응적으로 의미연관을 구축하고 그곳으로부터 벗어나는 다양성과 다성성의 기호-생산과 창조적인 사고를 억압한다. 그렇기 때문에 기호의 다성적인 생산, 즉 특이성 생산은 기표독재체제에 의해서 끊임없이 봉쇄되고 억제되어왔던 영역이었다. 그러나 특이성 생산은 기표적 영역이 아니라, 비기표적 영역을 통해서 기표영역으로 침윤해 들어오고 변주시키고 생성시켜 마침내 기표질서를 변형시킨다. 그러므로 색다른 욕망의 생산이라고 할 수 있는 차이 생산이 갖고 있는 완전히 다른 세상을 창조할 수 있는 역능은 비기표적 기호작용을 통해서 기표가 갖고 있는 기존의 의미연관을 파괴하는 것에서부터 시작된다. 그것이 가타리가 비기표적 기호계에 착목하는 이유이며, 그러한 자율성은 단순한 언어적 자율성의 수준에서 가능한 것이 아니라, 비언어적 관계망과 언어적 관계망 둘 다의 수준에서 욕망의 창의성으로 인해 가능한 것이기 때문이다. 소쉬르의 언어이론은 가타리에 의해서 더 강력한 기호적 분열생성의 방법론이 된다. 그것은 지배질서에 착목하는 구조주의적인 보수적인 생각을 정면으로 맞서는 것이며, 완전히 전도된 욕망의 기호적 자율성에 대한 논의를 가능케 한다.

랑그와 랑가쥬

가타리는 소쉬르의 랑그이론이 구조주의 사상으로 연결되어 언어를 규범적 시각에서 보고 있다는 점에서 엘름슬레우(L. Hjelmslev, 1899~1965)의 랑가쥬이론으로 관심의 방향을 돌린다. 랑가쥬이론은 규격화된 랑그와 달리 언어활동이라는 측면에서 파악하고, 파롤의 요소를 도입하여 언어활동에서 주변적인 것으로 간주되었던 것들이 오히려 자율적이라는 시각을 갖고 있다. 엘름슬레우는 "랑가쥬(인간의 파롤)는 무궁무진한 가치를 지닌 보고이다. 랑가쥬는 인간과 떨어질 수 없고 인간이 활동할 때 항상 인간과 공존한다. 랑가쥬라는 도구를 통하여 인간은 사고와 감정·감동·노력·의지·행위를 엮어 나간다"[138]라고 말하면서 보다 확장된 언어활동이 살아있는 인간의 활동에 가깝다는 점을 밝힌다. 소쉬르에 있어서는 파롤은 규범과 규칙에 종속되어야 할 상수(常數)에 불과했지만, 엘름슬레우에게는 핵심적인 변수(變數)라고 간주된다. 그렇기 때문에 소쉬

138) 엘름슬레우, 『랑가쥬이론 서설』(2000), 9쪽

르의 언어관이 어떤 일정한 규칙이 존재하고 있다는 연역(演繹, deduction)적인 방법론에 따른다면, 엘름슬레우는 현존하는 언어활동에 입각해서 규칙을 도출하는 귀납(歸納, induction)적인 방법론에 따른다. 언어의 자의성에 대한 판단도, 소쉬르에게는 결국 규범화된 언어인 랑그에 종속되어야 하는 것에 불과했지만, 엘름슬레우에 와서 실질적인 자의성의 의미를 획득하게 된다. 가타리는 엘름슬레우가 갖고 있는 언어관에 영향을 받았으며, 곧장 랑가쥬라는 입장에서 언어를 분석하는 입장으로 나아갔다. 가타리의 기호론과 욕망론의 기본구도는 엘름슬레우의 구도에 빚지고 있다.

이러한 랑가쥬로의 언어의 인식지평의 확대는 간섭요인으로만 간주되던 파롤이 갖고 있는 자율성과 변이를 언어체계 내에 도입한다는 것을 의미한다. 소쉬르에게 있어서 소음, 잉여, 간섭, 잡음으로 간주되던 살아 있는 개인의 언어활동은 이제 직접적으로 규명되어야 할 이론적 과제가 된다. 언어활동은 문법의 규격에 맞든 맞지 않든 그것이 중요한 것이 아니라, 관계망을 성립시키고 의미전달을 해낼 수 있는가의 여부에 더 방점이 찍히게 된다. 그렇기 때문에 언어활동의 시각은 비언어적인 요인들이 외부로부터 영향을 주는 것에 대해서도 관심을 갖게 된다. 가타리의 문제의식은 비언어적 요소가 언어활동에 영향을 주고 어떻게 배치(配置, agencement)로서 결집되는가에 있었다. 가타리의 관심은 언어수행이 갖고 있는 효능좌표 뿐만 아니라, 비언어적 요소가 언어적 요소에 영향을 주고 이 두 요인이 결집되는가에 있었다.

먼저 언어수행에 있어서 오스틴의 화용론(話用論, pragmatics)

차원에서의 문제를 들 수 있다. 화용론은 언어수행이 행위에 상응하는 힘을 갖고 있음을 밝히고 있는데, 이 화용론에서 '수행적 발화'(修行的發話, performative utterance)와 '발화수반행위'(發話隨伴行爲, perlocutionary act)라는 두 차원이 존재하게 된다. 수행적 발화는 약속, 평결, 선언 등 언어가 행위에 상당한다는 점을 의미한다. 이를테면 "당신의 결혼을 선언합니다"라고 했을 때 그 언어수행은 행위에 상당한다. 그런데 수행적 발화 중에서 '발화수반행위'의 경우에는 행위를 수반시키는 지배명령어로서 존재한다. "차렷" 하는 상사의 목소리는 몸을 빳빳하게 굳게 만드는 '비물체적 변용'을 수반한다. 가타리는 언어의 기능을 명령어의 전달이라고 보면서, 수평적 의사소통의 역할을 하는 것이 아니라고 말한다. "언어-기능은 정보전달적인 것도 아니고, 의사소통적인 것도 아니다……. 주체화 과정과 의미생성 운동이 기대고 있는 것은 바로 기호 체계나 집단적 배치이니까, 언어-기능은 명령어들의 전달이다."139) 즉 언어는 현실적인 권력이 작동하는 기호체계라고 본다. 가타리는 하버마스의 보편화용론이 아니라 그 내부에서 작동하는 언표행위배치에 주목하여야 한다고 본다. 그 언표행위배치는 집단 속에서의 위치, 발화할 수 있는 직분, 권력과 서열관계에 따른 발화의 효능 등을 결정할 수 있는 가장 중요한 요소들을 결집한 것이다. "언어학자들에게 중요한 것은 언어행동의 화용론적 차원의 분석에서 심리언어학적이고 사회언어학적인 문제설정을 고려할 뿐만 아니라, 동시에 욕망의 미시-정치 그리고 모든 종류의 거시-정치의 문제설정을 강

---

139) 들뢰즈 · 가타리, 『천개의 고원』(2003), 167쪽

력하게 도입할 것을 전면적으로 받아들이는 것이다."[140] 결국 언어학에서의 화용론의 차원은 욕망이 어떻게 움직임을 형성하는가에 대한 논의로 바뀌어야 하며, 그런 의미에서 기표에 한정되는 것이 아니라 비기표적 기호작용을 개방하여야 한다.

비기표적 기호작용은 명령어로서 작동하는 언어활동이 아니라 지배적 좌표를 전복하는 광기와 창조성을 포괄하는 것을 의미하며, 그것이 단적으로 나타나는 것이 유년기의 기호작동방식에서이다. 아이들이 갖고 있는 음향, 색채, 우주, 세계와의 색다른 관계는 지배명령어로서의 언어교육과 마주쳐서 훈육되지만, 사실상 훈육 이전에 이미 비기표적 기호작용이 갖고 있는 다채로운 능력을 갖고 있음을 의미하는 것이다. 현실의 관계는 언어적/비언어적 관계망으로 이루어져 있으며, 언어로 고정되어 의미연관을 갖는 부분은 매우 극소한 영역이다. 대부분의 현실은 흐름·상호작용·관계망으로서 구성되어 있다. 그러므로 현실을 기표로는 표현될 수 없는 영역에서의 감정·정서·느낌·감응이라고 사람들은 이야기하는데, 그것과의 관계는 색채, 몸짓, 음향, 리듬, 냄새 등의 비기표적 기호작용을 통해서 가능하다. 그렇기 때문에 욕망의 수준에서의 기호작용의 문제는 비기표적 기호작용의 문제이며, 지배좌표에서 벗어나 색다른 욕망을 생성할 때 기표적 차원에서 변화가 일어나는 것 이전에 비기표적 기호작용의 변화가 분명해진다.

가타리는 다수어와 소수어의 상관관계를 조망함으로써 언어의 변이를 언급한다. "다수와 소수는 두 개의 언어가 아니라 언어의 두

140) 가타리, 『기계적 무의식』(2004), 54쪽

가지 사용 또는 두 가지 기능을 규정하는 방식이다. ……변주의 연속체를 만듦으로써 그리고 상수들을 조이고 변주들은 풀어주도록 변수들을 조작함으로써 언어가 말을 더듬도록 하라, 또는 언어가 '삐약삐약 울게'하라."141) 방언, 은어, 속어, 사투리 등으로 나타나는 소수어는 다수어의 굴절과 변이에 의해서 늘 가장자리에서 생성되는 언어이다. 여기서 랑그가 상수였다면 빠롤은 변수로 존재한다. 이러한 소수어의 변이와 생성의 과정이 일어나는 것은 언어활동 외부에 비언어적 관계망이 실제로 존재한다는 것을 반증하는 것이다. 즉, 세계와 언어 이외에도 색다른 방식으로 관계를 맺을 수 있으며, 그 관계가 언어 내부에서 변이를 일으키는 원인이 될 수 있다는 점이다. 랑가쥬라는 차원에서 빠롤의 자율성은 비언어적 요소가 개입하고 섭동작용을 일으키면서 가능하다. 이를테면 피진(pidgin)어나 크레올(creole)언어의 경우에 교역, 식민지점령, 교류 등의 영향으로 혼성어의 형태로 나타난다. 피진어의 경우에는 거래를 성공시키기 위한 방편으로 일시적으로 손짓발짓과 더불어 혼성어가 생산되며, 서로 사이가 가까워지면 상위어를 배우게 되고 멀어지면 피진어가 필요 없는 매우 경계에 선 언어활동을 수행한다. 이 경우 굴절되고 변이되어서 문법체계와는 거리가 먼 피진어는 언어활동 이전에 현실의 화폐관계, 현실의 권력관계, 현실의 인간관계가 존재한다는 점을 전제로 한다. 그러므로 이러한 비언어적 관계망은 언어적 관계망으로 삼투해 들어오고 영향을 미친다. 이러한 비언어적 관계망은 색채, 음향, 냄새, 몸짓, 표정 등으로 이루어진 비기표적

---

141) 들뢰즈·가타리, 『천개의 고원』(2003), 201쪽

기호작용으로 구성되어 있다. 그러므로 이것은 문법체계를 갖춘 기표체제 이전에 비기표적 기호작용이 선행한다는 점을 의미한다.

결국 언어활동은 기표적/비기표적 기호작용의 둘 다의 요소에 의해서 이루어지며, 기호생산을 하는 다양한 기계장치들에 의해서 작동되는 집합적 구도에서 그림을 그려야 파악될 수 있다. 어떤 진술이 있다고 할 때 그것에 영향을 미치며 그것을 생산하는 모든 요인들이 고려되어야 할 것이다. 이를테면 아이가 노인에게 "착하게 살아야 한다"고 말하기 어려우며, 죄수가 간수에게 "차렷!"이라고 말하기 어렵지만, 그렇다고 그것이 불가능한 것은 아니다. 개인적 발화는 집합적 언표행위의 배치 속에서 파악되어야 한다. 여기서 배치는 구조와 달리 위치를 바꿈으로써 수정될 수 있는 주체적인 영역과 대상적인 영역이 동시에 있다. 여기서 사장과 노동자라는 배치를 예로 들면, 공동체기업이나 자주관리 기업에서 사장이라는 자리에 한 노동자를 배치할 경우, 마치 이전에도 사장인 것처럼 행동하지만 기존 사장과는 다르게 행동하는 것을 볼 수 있다. 그러므로 배치는 구조와 달리 주체성의 영역과 연결되어 있는 개념이다. 집합적 언표행위의 배치는 언어적 관계망이 아니라, 화폐·물질·에너지의 흐름, 기술적인 요인, 주체적인 무형의 대상, 예술활동, 수학적 아이디어 등도 관여한다. "집합적 언표행위 배치는 사물의 상태, 사실의 상태, 주체적 상태 '자체에 대해' 말한다. 한편으로 '공백' 속에서 말하는 주체도 존재하지 않고, 다른 한편으로 '충만' 속에서 말하는 객체[대상]도 존재하지 않는다. 공백과 충만은 동일한 탈영토화 효과에 의해 기계화된다[작동된다]."[142] 언어활동은 배치라는 개념을 통해서 불변항으로서의 구조도 아니고, 의식화된 주체의 영역도 아닌 언어적 관계망과 비언어적 관계망 둘 다가 총합된 형태로 드러난다. 가타리의 랑가쥬에 대한 주목은 집합적 언표행위의 배치 개념을 통해서 특이한 욕망의 생성이 만들어낼 탈영토화 과정이 끊임없이 지배좌표를 바꾸어나가는 과정으로 드러내 보였다. 집합적 언표행위의 배치는 특이한 욕망의 기호생산인 탈영토화운동이 끊임없이 작동되고 있는 역동적인 상태를 의미하는 개념이다.

랑가쥬로의 인식의 확장은 '기표'가 '기의'를 고정시키는 기호의 연결방식이 아니라 수많은 기호의 색다른 연결접속의 방식이 있음을 의미하는 것이다. 소쉬르의 방식대로 일대일 대응적 연결방식이 아닌 다른 연결방식에 대한 제안은 엘름슬레우에 의해서 이루어졌다. "언어학에서는 계열체의 구성사 사이에 존재하는 기능을 일반적으로 상관(corrélation)이라고 부른다. 그러므로 '혹은…… 혹은' 기능을 위하여 이 용어를 사용하는 편이 적합할 것 같다. '와…… 와' 기능에 가능한 명칭들 중에서 우리는 논리학에서 보다 더 좁은 의미로 관계(relation)이라는 단어를 사용할 것이다."143) 엘름슬레우에 의하면 배타택일의 '이접'과 '그리고…… 그리고'의 연접이 기능소를 연결하는 방식이다. 이것은 가타리에 의해서 기호-욕망의 연결방식으로 계승되는데, 그것이 엘름슬레우의 방식을 그대로 따르는 것이 아니라, '그리고…… 그리고'의 접속(接續, connection), '또는…… 또는'의 이접(離接, disjuction), '그러므로 나는 ~이다'의 연접(連接, conjunction)으로 분류된다. 랑가쥬라는 언어활동에서

142) 가타리, 『기계적 무의식』(2004), 31쪽
143) 엘름슬레우, 『랑가쥬 이론 서설』(2000), 55쪽

기호의 연결은 기표-기의의 일대일 대응의 방식이 아니라 보다 더 논리적인 방식으로 다채롭게 연결되고 결합될 수 있는 가능성이 생겼다. 이에 따라 랑가쥬에서의 기호의 연결방식은 욕망이 움직이고 결합되는 방식으로 해석된다. 가타리의 랑그에서 랑가쥬로의 이행은 언어를 언어활동이라는 살아 있는 과정으로 볼 수 있는 가능성을 열어주었으며, 언어가 고정되어 있는 것이 아니라 탈영토화하면서 끊임없이 변이되고 이행하는 것으로 이해되었다. 동시에 랑가쥬 이론에서의 기호-기능연관은 기호-욕망의 연결과정에 대한 분석으로 바뀌게 된다.

기표 · 기의에서 내용 · 표현으로

기표는 기의로 고정되며 의미전달에 있어서 하나의 기표가 하나의 기의에 할당되는 방식을 따른다. 예를 들어 '볼펜'이라는 말이 발화되면 '끝이 뾰족하고 글을 쓰는 데 사용하는 도구'의 청각영상과 이미지와 결합된다. 기표는 하나의 표상체계로 흐름 속에서 변화하는 사물이나 상황, 인물들을 사로잡는다. 사건이나 상황을 기호로 표현하는 것이 무엇이 문제이겠냐는 생각도 가능하겠지만, 사건이나 상황이 다차원적이고 하나의 의미로 고정될 수 없으며, 흐름의 전개에 따라서 시시각각 변화하고 있다면 차원이 달라진다. 가타리는 소쉬르의 기표와 기의의 관계를 좀 더 유연하고 기호-흐름에 입각해서 구도를 바꾸어 보려고 노력한다. 그 과정에서 옐름슬레우의 내용(內容, contents)과 표현(表現, expression)이라는 색다른 구도를 도입하였다. "기호 기능은 그 자체로 하나의 연대성이다. 다시 말해 표현과 내용은 연대적이며, 반드시 서로를 전제한다. 표현은 그것이 어떤 내용의 표현일 때만 표현이고, 내용은 그것이 어떤 표현의 내용일 때만 내용이다. 그것들을 인위적으로 떼어놓지 않는 한 표현이 없는 내용과 내용이 없는 표현이 존재한다는 것은 불가능하다"144)

엘름슬레우는 기표-기의라는 구도를 보다 연대성(連帶性, solidarité)을 갖고 유연한 내용-표현이라는 구도로 바꾸는데 이것은 기표가 기의를 고정시키는 방식이 아니라, 고정점이 흐름이 되고, 다시 흐름이 고정점이 될 수 있는 체계를 의미한다. 예를 들어 '쌀'이라는 단어가 '씨알'이라는 내용을 갖고 있고, 다시 표현으로 경상도 말투로 '살'이라고 표현될 수 있는 식이다. 이러한 표현과 내용의 연쇄는 기표-기의의 대당과는 달리 표현이 내용이 되고, 내용이 표현이 될 수 있는 상호연대적인 체계를 의미한다. 기표-기의의 방식은 절대성은 아닐지라도 고정점을 형성하는 데 반해, 내용-표현은 실재적이지만 상대적인 구도이다. 예를 들어 장님이 코끼리를 만지면서 부드러운 고무호스라고 얘기했을 때 기표-기의의 방식에서는 그의 말은 틀린 것이 되지만, 내용-표현의 구도에서는 표현이 부드러운 고무호스이되 내용적으로는 살아 있는 동물의 신체 일부를 표현하는 하나의 방식이라고 유연하게 볼 수 있다. 표현은 기호-흐름을 상대적으로 바라보는 양식일 뿐이지 그것이 절대적인 기준이거나

144) 엘름슬레우, 『랑가쥬이론 서설』(2000), 66쪽

고정된 의미를 전달할 수 있는 것은 아니다. 이를테면 부모들에게 아이들이 개념으로 도달하지 못하고 여러 가지로 주변 이야기를 설명할 때 왜 그 개념을 모르냐고 할 것이 아니라, 표현하고자 하는 것과 내용의 측면에서 접근하여 이해하는 방식이 그것이다.

들뢰즈와 가타리는 내용과 표현의 구도를 좀 더 사회화학적인 구도에서 설명하고 있다. "범죄는 감옥이라는 내용의 형식을 상호 전제하는 표현의 형식이다. 범죄는 결코 감옥을 기의로 갖는 기표가 아니며, 하물며 사법적 기표도 아니다.……왜냐하면 내용의 형식인 감옥 그 자체는 자신과 상관된 표현을 즉 감옥에 고유하고 범죄의 언표들과 반드시 일치하지 않는 모든 종류의 언표를 갖고 있기 때문이다."145) 여기서 내용은 언표들의 총합이며, 표현도 언표들의 총합이다. 표현과 내용의 지층이 사용된 이유는 언표가 복합적으로 이루어진 상태에서 바라보았을 때 흐름의 과정에 있는 사건이나 상황의 다의미성에 접근할 수 있기 때문이다. 그렇기 때문에 기의로 고정된 기표의 상으로는 다양성의 복합체인 사회적·집단적 배치로서 현실을 설명할 수 없게 된다. 이를테면 감옥은 죄의 표현이지만 어떤 고정된 죄를 내용으로 갖는 것이 아니다. 동시에 죄는 감옥의 내용이지만, 그렇다고 반드시 죄인이 감옥에 가는 경우가 있는 것도 아니며, 양심수나 정치범들도 있다. 내용과 표현의 구도에서 보면 현실의 흐름·관계망·상호작용의 실재적인 움직임이 상대적이고 유연하고 연대적인 구도 속으로 들어오게 된다.

들뢰즈와 가타리는 내용과 표현의 구도가 다시 형식(形式, form),

---

145) 들뢰즈 · 가타리 『천개의 고원』(2003), 132쪽~133쪽

실체(實體, substance), 질료(質料, matter)의 삼분할로 구분되는 구도를 밝혔다. 이를테면 형식, 실체, 질료는 다음과 같이 정의된다. "형식은 코드 및 코드화 양식과 탈코드화 양식을 내포한다. 형식을 부여받은 질료인 실체는 영토성 및 영토화의 정도와 탈영토화의 정도에 관련된다. 그러나 정확하게 말해서 각각의 분절마다 코드와 영토성이 둘 다 있으며, 그 각각의 분절 나름대로 형식과 실체를 갖고 있다."146) 들뢰즈와 함께 작업했던 가타리는 코드의 척도로서의 형식과 영토의 척도로서의 실체를 다루는 것에 집중되어 있으며, 그러한 관점에서 영토와 코드를 설명하면서 내용과 표현의 구도를 풍부하게 설명할 수 있다고 보았다. 그러나 가타리는 독자적인 작업을 하는 시기에 질료의 문제에 집중한다. "의미작용의 기호학은 표현과 내용의 실체와 형식의 교차에 의해 네가지 영역에서 작동하는 반면, 우리가 제도적 상황에서 직면하고 있는 기호계는 기호적으로 형성되지 않은 소재의 두 가지 차원, 즉 표현 소재로서 의미와 내용 소재로서 물질적 흐름의 연속체를 작동시킨다."147) 즉 질료로서 기호-흐름을 설명해야 한다는 점으로 문제의식을 변화시킨다.

이 과정에서 들뢰즈·가타리를 통합적으로 사고하는 사람들과 가타리 사상의 분리가 존재하는데, 그것은 내용과 표현의 가장 기초적인 소재가 되는 기호-흐름, 물질·화폐·에너지의 흐름 등이 가타리의 시각에서 가장 핵심적인 차원이 되었기 때문이다. 내용과 표

146) 같은 책, 88쪽
147) 가타리, 『분자혁명』(1998), 311쪽

현이 기호작용을 통해서 각각 영토성과 코드성을 갖는 것을 설명하려고 할 때 그것이 어떤 흐름을 설명하느냐는 실재적인 소재의 차원으로 나아갈 수밖에 없다. 대부분의 사람들이 소재(질료)적 차원의 문제를 단순히 언어화하기 위한 재료로서만 사고하지 그것이 현

도표. [가타리(1998), 312쪽]

실의 관계망에서 핵심적인 역할을 한다는 점으로 나아가지 못하는 경향이 있다. 가타리의 제도요법은 무의식의 차원을 심리학화하는 것이 아니라, 현실에서 존재하는 실재적인 관계라고 사고함으로써, 관계망을 변화시키고 우주·기호·음향·색채의 차원에서 색다른 관계를 형성하는 것을 치유의 방법론으로 제시했다. 즉 차별받는 소수자들의 무의식의 병리적 차원은 단순히 심리적 태도나 생리학적

변종의 문제가 아니라, 사회적 관계망의 문제이라는 점에서 소재라고 간주되었던 실재적인 관계를 변화시켜야 치유에 도달했다고 할 수 있다. 그러한 제도요법에서 상징계가 아닌 실재계의 차원의 문제를 다루던 가타리는 내용-표현의 분절이 형식, 실체와 관여할 때 실재현실의 관계망이 어떤 방식으로 기호-흐름을 형성하는지에 대해서 주목한다.

여기서 질료로 간주되었던 것이 바로 비기표적 기호계이며, 기호-흐름으로서 존재하는 실재적인 탈영토화하는 욕망의 움직임이다. 가타리는 내용과 표현의 지층이 사실상 상대적 탈영토화로 머물고 있다는 점을 지적한다. "지층들 사이에는 강렬한 탈영토화의 흐름이 흐른다. 표현-내용 잉여성의 이중분절 체계에 의해 절대적 차단의 시도가 자리한다. 그러나 여기서 획득된 유일한 결과는 상대적 탈영토화이다."148) 그런데 가타리는 상대적 탈영토화를 넘어선 절대적 탈영토화의 과정을 언급하면서 내용과 표현의 지층이 파열될 수도 있다는 점을 지적한다. 그것은 기호-흐름을 생산하는 기계장치들이 의미를 파악할 수 있도록 고정시켰던 기표체계로부터 벗어남으로써 내용과 표현으로부터도 벗어나는 것을 의미한다. 즉 의도를 알 수 없는 교향곡, 전혀 듣도 보도 못한 표상체계로 이루어진 그림, 아주 색다른 공간으로 튕겨져 나가는 것 같이 만드는 연극이나 영화 같은 것이 그것의 예라고 할 수 있다. 그것은 기존의 지배적인 의미좌표를 파괴하는 기호를 생산하는 기계장치들이 작동하는 것을 의미하며, "그것의 의미가 무엇일까?"를 생각하기 이전에 "이

---

148) 같은 책, 370쪽

미 자신이 아주 색다른 기호-흐름과 접속해 있다"는 점으로 나아가게 만든다.

가타리는 "그것의 의미가 무엇일까?"라고 묻는 기존의 기표-기의의 체계가 의미를 고정시키기 위해서 반드시 권력을 수반한다고 지적한다. 자신에게 '의미있다'라고 간주되어 온 것 중에 대부분은 사회적 권력구성체의 시선에 자신을 투사하는 것이라는 점을 지적한다. 예를 들어 사람들이 지나가는 거리에서는 의미가 발생하지 않는다. 그러나 갑자기 옷이 찢어져서 볼품없어진 사람이 지나가면 그때 의미가 작동된다. 그러므로 절대적 탈영토화로 나아가는 것은 기존의 의미좌표를 구성하는 권력구성체를 파괴하여 색다른 흐름으로 나아가는 것을 의미한다. 이를테면 고대 그리스의 에피쿠로스의 정원에서는 창녀나 부랑아, 광인은 철학자들로 간주되었다. 그러한 에피쿠로스의 정원이라는 기계장치는 아주 색다른 기호-흐름을 발생시키며 기존 의미좌표를 파괴한다. 이러한 절대적 탈영토화의 과정이 의미를 고정시켜서 권력의 선입관 속에서 파악하도록 하는 체계를 무력화시키며, 그것이 어떤 것을 내용으로 갖고 어떻게 표현하느냐의 여부도 상관없는 것으로 만들어 버린다. 이를테면 광인이 공동체 앞에서 더듬더듬 이야기하면서 자신의 내용형식과 표현형식을 충분히 갖추지 않고도 광기의 강렬도에 맞추어서 추는 무언의 춤사위 모양의 말을 하고 이를 받아들인다면 공동체의 절대적 탈영토화의 가능성은 높아진다. 가타리는 소쉬르의 기표-기의에서 옐름슬레우의 내용-표현으로 구도를 변화시키면서 동시에 그것의 실재적인 기호-흐름의 변화를 설명하고자 비기표적 기호작용을 제시한다. 또한 이 기호-흐름이 절대적 탈영토화로 나아갈 가능성을 응시한다.

기표적 기호계와 비기표적 기호계

기표로 표현된 기호만이 모든 세상을 설명할 수 있다는 것만큼 오만이 없다. 예를 들어 생명의 네트워크가 갖는 기호작동이나 우주적 기호작용에 대해서 말한다면 말로 표현되고 문자로 표현된 것은 아주 협소한 영역의 기호영역이라는 것을 알 수 있다. 이를테면 동물의 생태계를 관찰해 보면 "생물학적 리듬, 반사신경, 조건화, 즉흥행동, 기능불능, 집단의 집합적 배열장치, 의례, 생태학적 조절, 학습양식, 통과의례, 종의 돌연변이, 유전자적 변환, 범위한정기술, 공생적 접촉"149)과 같은 다채로운 기호작용의 영역이 존재함을 알 수 있다. 인간중심주의적 시각에서 볼 때 생명, 우주, 자연의 기호작용은 매우 협소한 것으로 보이며, 인간의 기표는 광대한 것으로 비추어질지도 모른다. 그러나 사실은 생명, 우주, 자연의 기호작용은 인간이 생각할 수 있는 것 이상으로 풍부하며 다채로우며 광대하다. 기표라는 영역으로 생명현상을 모두 설명할 수는 없으며, 동물이나 생명체에게도 다채로운 기호작동방식이 존재한다. 이러한 비기표적 기호계의 영역을 설명하기 위해서 가타리는 수컷 새가 암컷 새에게 풀잎을 봉납하는 '풀잎의 리토르넬르'(la ritournalle du

149) 가타리, 『기계적 무의식』(2003), 154쪽

brin d'herbe)를 통해서 그 풍부함을 전달하고자 했다. "풀잎의 기호론은 어떤 정화작용이라든가 어떤 탈영토화, 둥지만들기라는 어떤 영토화된 행동에서 생긴다. 나는 이 국지적인 탈영토화가 결과적으로 해당 종에서 영토의 기호화 양식과 성애의 기호화 양식을 확실히 보다 광범한 수준에서 접합하는 추상적 공식에 어떤 변화를 가져왔음을 증명할 수 있다고 생각한다."150) 앞서 내용과 표현의 소재라고 할 수 있는 비기표적 기호계는 사실상 우주, 자연, 생명이 갖고 있는 기호작용을 의미한다. 인간의 말과 같은 기표로 이루어진 기호작동으로는 꽃과 나비의 상호작용과 나무와 새의 상호작용, 동물무리의 상호작용, 별과 우주, 은하의 상호작용을 설명할 수 없다. 그것이 그저 물리적 법칙에 의해서 움직이는 기계들이 아니고, 풍부한 기호작동을 갖고 있다는 점을 긍정하지 않으면, 생명과 생태의 창조적 진화의 능력을 간과하게 된다. 가타리의 비기표적 기호계에 대한 주목은 바로 기표적 기호계로서 표현될 수 없는 욕망이라는 생명에너지의 흐름과 생산을 설명하려는 의도에서 이루어졌다.

가타리는 비기표적 기호계를 설명하기 위해서 기표와 다른 기호작용의 메커니즘을 밝히려고 하였다. 그 과정에서 찰스 샌더스 퍼스(Charles Sanders Peirce, 1839~1914)의 개념적 구도에서 그 개념을 빌려온다. 퍼스는 기호를 대상체(對像體, object), 해석체(解析體, interpretant), 표상체(表象體, representamen)로 구분하며, 다시 도상(圖象, Icon), 상징(象徵, symbol), 지표(指標, chart)로 나눈다. "기호의 현존적 성격이 대상체와 유사하다면, 그것은 그 수단

150) 같은 책, 161쪽

을 통해서 그 대상체와의 상관관계를 설정한다. 그 기호는 도상이라고 불린다. 만약 다른 한편 기호의 현존적 성격이 그 대상체와 근접한 것이며, 그런 방식으로 대상체와 상관관계를 맺는다면 그 기호는 지표라고 불린다. 끝으로 만약 그 기호가 주로 기호의 계약적인 성격을 통해서 대상체와 상관관계를 맺는다면 그 기호는 상징이 된다."[151] 도상의 경우에는 대상과 유사성의 관계를 맺는 한자 단어를 생각해 볼 수 있다. 대상의 형상과 유사하게 꼴을 형성하고 있는 것은 도상이다. 지표는 대상과 근접성을 통해서 파악할 수 있는 것을 의미한다. 예를 들어 뜯겨진 바지나 상처 난 자국 같은 경우에는 날카로운 대상과의 근접성이 있기 때문에 지표라고 할 수 있다. 상징의 경우에는 사회적 약속에 의해서 형성된 기호를 생각해 볼 수 있는데, 예를 들어 애플사의 반쯤 먹다 남은 사과 모양을 생각해 보면 좋을 것 같다. 사과의 상징이 뉴튼의 중력을 의미하는 것도 한번 생각해 볼 만하다.

이러한 퍼스의 삼원구도의 도입은 비기표적 기호계를 설명하기 위한 것인데, 가타리는 여기서 하나의 개념적 구도의 변형을 만들어낸다. "이 표에서 한 구분들로 퍼스가 사용하는 도상개념의 애매함을 제거할 수 있을 것이다. 여기서 이미지는 의미론적이고 지표적인 내용에 속하고, 도상은 도표적 내용 혹은 도표적 의미의 관계에 속한다."[152] 가타리는 도상개념에 착목하면서, 도상이 사실상 기호-입자의 움직임과 흐름을 유사성이라는 다소 애매한 규정으로

---

151) 찰스 센더스 퍼스, 『퍼스의 기호사상』(2006), 45쪽
152) 가타리, 『기계적 무의식』(2003), 79쪽

표현하고 있다고 본다. 그렇기 때문에 도상으로는 비기표적인 기호-입자를 표현해 내는 것이 어느 수준까지는 가능하게 보이지만 어떤 수준을 넘어가면 사실 불가능해진다. 예를 들어 음악에서 쓰이는 악보를 생각해 보자. 일단 선율과 리듬, 화음과 같은 부분이 도상적 수준에서 기록된 것이라기보다는 비기표적인 음향의 흐름을 독자적인 기호로 표현하는 것이다. 도상은 유사하게 보이는 수준에서 기악법(젓가락 행진곡 정도)을 구성해 낼 수 있는 상황까지는 설명이 가능하다. 그러나 보다 복잡한 교향곡의 악보에 따라 흘러나오는 음악 기호 흐름을 설명해내는 데는 한계를 갖는다. 마찬가지로 수학에 있어서 기본적인 숫자의 셈법은 도상을 따르지만 미분·적분으로 나아갔을 때 도상으로서 설명할 수 있는 데는 한계를 갖는다. 그렇기 때문에 대상과의 유사성이라는 구도의 도상이 아니라 대상과 상관관계를 갖고 있으면서도 기호-흐름을 표현할 수 있는 초도상기호를 사고해야 했다. 그 초도상기호가 바로 '도표'(圖表, diagramme)이다. 도표는 도상적 수준을 뛰어넘어 추상적 대상을 재생산할 수 있는 기호작동이다. 디지털기술에서 사용되는 기호작용은 대상과의 유사성과 무관하게 추상적 대상을 재생산하면서도 독자적인 기호체계를 갖고 있다. 수학의 공식, 악보의 기악법, 로봇의 통사법 등이 사실상 이러한 기호작동을 보인다는 점에서 도표라고 할 수 있다. 비기표적 기호작용은 기표와 다른 방식으로 독자적인 기호작동을 갖고 있다는 점에서 도표로 설명된다.

도표는 현실에서 존재하는 색채, 음향, 냄새, 몸짓, 표정, 화음, 디지털코드 등으로 하나의 기호작동의 메커니즘이 있다는 것을 의미한다. 도표는 의미작용으로 나타나는 주체화 과정과 매개 없이 직접적으로 작동하고 있는 기호작용이다. 쉽게 애기해서 기표라는 형태로 의미를 고정시키거나 의미를 생산하는 주체를 통해서만 작동하는 것이 아니라는 점이다. 현실의 물질·에너지·화폐의 흐름은 주체와 무관하게 움직이며 의미화되지 않더라도 작동된다. 마치 사람들의 조작으로부터 벗어난 로봇의 작동을 생각해 보면 좋겠다. 사람들이 무엇이라고 생각하고 의미를 부여하지 않더라도 현실은 작동하며 그 현실은 비기표적 기호작용에 의해서 움직인다. 그렇기 때문에 기표적 차원에서 사람들이 현실을 변화시키는 것이 중요한 것이 아니라, 비기표적 차원에 있는 현실적인 기호작동을 바꾸었을 때 변화는 시작된다. 가타리는 도표화 작용이 생산되고 다소 추상적인 이미지 · 영상 · 코드 등을 재생산하는 것이 사실상 행위를 바꿀 수 있는 가장 직접적인 방식이라고 본다. 길을 가다가 긴 머리의 한 남자를 보았다고 하자. "그게 무엇일까?"라고 의문을 갖고 의미를 부여하려고 하는 과정이 있을 수 있다. 그러나 그러기 이전에 비기표적 수준에서 이미 '여성=긴 머리'의 도식은 사라졌고, '남성=긴 머리'라는 도식이 생긴다. 특이성 생산이 비기표적 수준에서 변화를 만든 것이다. 이 도식을 도표라고 한다면 쉽게 이해할 수 있다. 도표는 기표 이전에 존재하는 현실 기호의 작동방식을 의미한다. 그러므로 현실의 작동원리인 도표를 생산하는 것이 바로 특이성을 생산하는 것이라고 할 수 있다.

자본주의는 기표적 수준에서 움직이는 것이 아니라 도표적 차원에서 움직인다. 이를테면 TV의 영상·이미지 등을 통해서 똑같은 형태로 주조된 욕망을 보여주고 그에 따르도록 무의식적으로 통제한다. 똑같은 여가생활, 문화생활, 소비생활의 틀이 영상·이미지의 도표라는 구도 속에서 작동하고 무의식은 그에 따라 틀지워진다. 그러나 인민대중이 색다른 삶을 살려고 할 때 그것은 의지나 의미, 표상의 차원이 아니라 도표 생산적 차원에서 이루어진다. 세상이 갖고 있는 삶의 도식과 다른 삶의 유형을 살아가는 것은 현실 속에서 작동하는 비기표적 기호작동을 변화시키는 것이다. 어떤 직장에서 회식을 채식으로만 하겠다고 할 때, '회식=육식'이라는 도표가 사라지고 '회식=채식'이라는 도표가 생산된다. 출퇴근을 자전거로만 하는 사람들이 생길 때 '출퇴근=자동차'라는 도표 대신 '출퇴근=자전거'라는 도표가 생산된다. 이렇듯 도표생산의 의미는 바로 특이성 생산의 의미를 담고 있다. 그런 의미에서 분자혁명과 같은 특이성 생산의 폭발적 양상은 바로 기표적 수준의 화용론 차원에서 판독될 수 있는 것이 아니라, 도표 생산의 차원에서 있는 무의식의 화용론의 차원에서 분석될 수 있다. 그러므로 가타리의 미시정치는 현실에서 직접적으로 작동하는 기호작용을 변형함으로써 비기표적 수준에서 색다른 기호가 생산되는 것에 주목하는 것이었다.

기표를 넘어선 도표에 대한 논의

소쉬르가 사유한 기표는 의미를 고정시키고 주체화와 매개하여 작동하는 기호작용이다. 그렇기 때문에 주체가 갖고 있는 의지·생각·의미에 종속되어 있는 상황과 사건을 지각하며 의미화한다. 그러나 사회집단이 작동하는 방식은 주체의 의미화과정을 통과하지 않고 마치 기계장치와 같이 움직이는 경향이 있다. 교육제도라는 기계장치는 개개인의 의미작용이나 의미연관과는 무관하게 기계장치처럼 설립되어 작동한다. 마찬가지로 부부, 가족, 감옥, 군대, 병원 등도 마찬가지라고 할 수 있다. 도표는 그것의 내부적인 기호적 작동원리를 의미하며, 기표와 달리 자신에게 어떤 의미를 갖는가와 무관하게 작동하는 기호를 의미한다. 가타리는 이전에는 기표에서 무의미라고 간주되었던 영역에서 각각의 기계장치가 작동하는 미시적인 원리가 존재한다는 점에 주목하며 그것을 분석하기 위해서 도표라고 개념을 끌어왔다. 이를테면 병원에서 의사가 아주 어렵게 쓴 진찰기록표는 환자가 어떤 의미작용을 하느냐와 무관하게 작동하는 기호작용이었다. 그 속에는 약물의 흐름, 기계장치간의 움직임, 신체와 병의 상관관계에 대한 도표가 있다. 그렇기 때문에 그러한 도표의 움직임을 결정하는 것은 고압적 의사와 순응적 환자라는 기계적인 설정이다. 그런데 '의료생협'의 실험과 같이 환자가 의사를 고용한다는 형태로 기계장치의 변화가 있었을 때 다른 도표가 생산되기 시작한다. 과도한 약물의 흐름은 정지되고, 어려운 진료기록은 쉽게 바뀌며, 신체와 병의 상관관계를 생활습관의 변화로 보는 등의 변화가 이루어진다. 그렇기 때문에 자본주의를 바꾼다는 것은 기표를 생산하는 것이 아니라, 도표를 생산하는 차원의 문제인 것이다.

도표 생산은 특이한 욕망이 생산될 때 비기표적 기호작용이 변화하면서 이루어진다. 민중적 관계망의 창발성은 기표생산을 하는 지식인에 달려 있는 것이 아니라 도표 생산을 하는 욕망의 움직임에 달려 있다. 가타리는 레닌주의적 당의 문제가 기표생산의 문제라고 할 때, 기표생산에 머문 것이 아니라 민중적 관계망 속에서의 도표 생산에 주목하는 레닌의 무의식 지도의 변형을 다룬다.[153] 자본주의만 기계장치와 도표를 작동시키는 것이 아니라, 민중도 기계와 도표를 작동시킬 수 있다. 현실이 변화하는 순간은 색다른 기호작용의 출현을 의미하며 그것은 말과 언어를 생산하는 기표적 수준에서의 문제가 아니라, 현실의 관계망을 바꾸고 배치를 바꾸며 내부에서 기호작동을 바꾸는 도표적 수준의 문제이다. 자본주의는 도표를 생산하면서도 기표로 그것을 하나의 의미로 꽉 잡아매는 시스템이다. 화폐·물질·에너지의 흐름은 기호-흐름으로 현실을 작동시켜 내면서도 그 흐름을 변화시켜야 하는 것이 아니라, 주체의 의미작용을 변화시켜야 한다고 교육을 받으며, 주체와 흐름을 분리시켜 설립한다. 기호-입자가 방출되는 시점은 색다른 흐름이 형성되어 생각지도 못한 관계망과 도식을 만들 때이다. 이때 도표가 생산되고 기표의 의미작용은 뒤따라온다. 민중의 창안능력은 흐름, 관계망, 상호작용이라는 비기표적 기호작용의 수준에서 끊임없이 색다른 움직임을 형성하기 때문이다. 가타리는 도표 생산의 효과에 대해서, "도표적 기호-입자는 절대적 탈영토화의 양자의 담지자로, 이 양자는 자신이 연접되어 있는 물질적 흐름의 강렬한 탈영토화 과정을 항상 넘어서 있습니다. 도표적 기호의 배치는 현실적인 탈

153) 가타리, 『기계적 무의식』(2003), 213쪽

영토화를 가속하며 시간, 공간 또는 표현 실체 속에서 모든 기계적 표면에서 벗어나 일관성의 구도위에서 자신의 조용한 움직이지 않는 춤을 춥니다."[154]라고 기술한다. 가타리는 도표가 특이성을 생산하는 절대적 탈영토화 효과의 담지자라는 면을 강조하면서, 도표 생산이 갖는 돌이킬 수 없는 차원의 개방을 다룬다. 도표 생산은 기표 생산과 달리 한번 바뀌었던 배치를 돌이킬 수 없도록 만드는 현실의 움직임이라는 특징을 갖는다. 기표는 의미를 그렇게 두든 말든 현실은 무관할 수 있지만, 도표는 그 차원이 현실 자체의 기호작동을 의미한다.

도표가 관계망 차원에서 언급될 때, 다지시적, 다의미적, 다실체적, 다극적 체계로서 드러난다. 쉽게 말해서 네트워크가 갖고 있는 다차원의 개방을 사고하면 좋을 것이다. 네트워크는 하나의 의미좌표에 사로잡히지 않고 기호-흐름에 의해서 관계망을 구축하기 때문에 다의미적이다. 또한 다차원적인 지시대상을 갖기 때문에 다지시적이며, 복수적 욕망으로 구성되기 때문에 다실체적이다. 이렇게 도표의 속성으로 네트워크를 파악하면 기표의 응고점으로 결정되지 않는 흐름의 관계망이 드러난다. 예를 들어 '촛불'의 의미는 고정되어 있고 하나의 의미로 규정내릴 수 있는 것이지만, 촛불시위하는 군중의 의미는 다의미적이며, 다지시적, 다실체적, 다극적이다. 그것은 기호-흐름, 기호-관계망, 기호-상호작용으로 존재하기 때문이다. 그렇기 때문에 의미좌표로 꽉 붙잡힐 수 없는 현실이 존재하며, 의미상으로는 이것일 수도 있고 저것일 수도 있으며, 복수적 실체

154) 가타리, 『분자혁명』(1998), 379쪽

를 갖고, 지시대상도 다른 존재의 연결망을 사고할 수 있게 된다. 가타리는 네트워크 운동의 초기단계에서부터 그 운동에 참여하면서 도표 생산적인 관계망이 무엇인지에 대해서 고민했다. 그가 사고한 집합적 언표행위의 배치와 같은 개념은 사실상 네트워크를 설명하는 당대의 개념이라고 할 수 있다. 도표는 네트워크 내에서의 지식 · 정보 · 물질 · 에너지 · 화폐의 흐름이라고 할 수 있는 기호입자의 방출을 의미하는 것으로 그것은 늘 탈영토화운동으로 나타난다. 즉 도표는 특이성 생산의 과정에서 나타나는 현실적인 기호생산이라는 것이다.

가타리는 도표가 특이한 욕망의 움직임이 만들어내는 비기표적 기호라는 의미에 주목하면서 분열분석적 차원에서 욕망의 지도그리기를 시도한다. 그는 욕망이 하나의 모델로 집중되는 편집증적 과정과 여러 차원으로 퍼져 나가는 분열증적 과정으로 두 가지 방향성을 수평좌표화하고 기표적 차원에서 도표적 차원으로 나아가는 방향을 수직좌표화하여 그림의 구도를 구체화한다.[155] 물론 이 지도그리기의 방법론은 실재 현실에서의 욕망이 어떻게 움직이며, 특이성 생산이라는 탈영토화의 움직임으로 분열되는지를 밝히기 위한 것이었다. 분열분석에서 기호론이 중요한 이유는 기호 생산적 욕망의 차원으로 욕망이 나타나기 때문이었다. 그런데 기호작용은 의미의 공명상자에서 맴도는 수준(공명의 잉여성)에서 기표적 기호로서 의미와 표상이 고정된 기호만이 존재하는 것이 아니라 직접적으로 상호작용을 이루는 수준(상호작용의 잉여성)에서 도표적 기호와 같이

---

155) 가타리, 『기계적 무의식』(2003), 212쪽 도표 참고

다의미적이고, 다지시적이며, 다실체적이고, 다극적인 기호도 존재하였다. 현실은 기표라는 주체의 의미와 무관하게 도표라는 기호-입자의 생산과정으로 나타나기 때문에 도표를 생산하는 민중적 관계망과 민중적 기계장치(혁명집단)에 대해서 주목하였다. 소쉬르에 대한 가타리의 분석은 기표를 넘어 도표라는 개념을 생산함으로써 현실의 관계망·흐름·상호작용을 설명하는 방향으로 나아갔다. 소쉬르의 논의는 욕망의 지도그리기의 한 구획을 차지할 뿐이지, 그것이 현실의 욕망이 생산하는 기호작용을 모두 다 그려낼 수는 없다. 그렇기 때문에 가타리는 기표와 도표작용 둘 다를 분열로 생성되는 욕망의 지도 내에 기입하는 방식으로 표현한다.

기표와 도표, 기호 논의의 두 축

가타리는 랑그에 착목하는 소쉬르이론을 넘어서 랑가쥬에 주목하면서 자유로운 언어활동의 가능성을 탐색한다. 그 과정에서 소수언어의 생성과 변주에 주목한다. 언어활동에서의 자유는 사실상 비언어적 관계망이 언어적 관계망으로 들어오기 때문이라고 본다. 그 때문에 집합적 언표행위의 배치라는 개념구도를 통해서 언어적 관계망인 주체도 비언어적 관계망인 대상도 함께 작동하고 있고, 집합적/기계적인 의미도 동시에 갖고 있는 언어적 구도를 수립한다. 이에 따라 언어구조의 불변항에 사로잡히지 않는 방식으로 언표행위의 차원을 구상해 볼 수 있었다. 가타리는 기표가 기의로 고정되는 방식이 자본주의가 통사법을 작동시키기 때문이라고 보면서 주체화양식에 의해서 의미화되지 않는 기호-흐름에 대해서 착목한다. 여기서 기호-흐름을 해방하는 것이 가타리의 전략적인 구도이다. 가타리는 소쉬르의 기표/기의의 구도가 의미를 지나치게 고정시킨다고 보면서 옐름슬레우의 내용과 표현의 구도로 바꾸어서 설명하고자 한다. 내용과 표현은 기표처럼 의미를 고정시키는 방식이 아니라, 연대성을 가지면서 사유할 수 있는 방식이며 종합적이면서도 유연하게 사물과 상황을 인식하고 개념을 사용할 수 있는 구도를 의미한다. 가타리는 내용과 표현을 다시 형식, 실체, 질료로 다시 분류화될 수 있는 옐름슬레우의 체계에서 소재와 질료적 차원에 대해서 주목하면서, 이 소재의 언표화하기 전에 이미 존재하는 비언표적 기호작동이라고 본다. 비기표적 기호작용은 표정, 춤, 몸짓, 색채, 음향, 냄새 등으로 이루어진 기호작용으로서 기표로서의 의미가 고정되지 않는 이것일 수도 있고 저것일 수도 있는 비표상적 사유형태에서 주로 드러난다. 이렇게 소재로서 등장하는 비기표적 기호작용은 욕망의 강렬도와 흐름을 의미하는 것이며, 언어의 소재로만 작동하는 것이 아니라 현실을 의미한다. 가타리는 비기표적 기호작용 중에서 '도표'에 착목하면서 기표적 작동방식과 다르게 움직이는 기호작용의 메커니즘에 주목한다. 도표는 퍼스의 도상, 지표, 상징의 구도 속에서 초도상기호로서의 위상을 갖는다. 도표는 현실 속에서 작동하는 기호작용이며, 음악의 기보법, 수학의 공식, 로봇의 통사법으로 표현되기도 한다. 도표는 마치 네트워크를 설명할 때 쓰이는 방식처럼 다극적, 다의미적, 다실체적, 다지시적인 기호작동의 방향성을 보인다. 기표가 고정점이라면, 도표는 흐름이다.

가타리는 기표를 공명의 잉여성으로 도표를 상호작용의 잉여성으로 규정하며, 욕망의 움직임을 설명하는 지도그리기의 두 축으로 사고한다. 가타리는 소쉬르가 밝힌 기표와 기의의 체계가 하나의 고정점을 형성하는 것이라고 보면서 이 고정점이 통사법적 구도를 통해 기호-흐름을 통제하는 자본주의 체계에 기인한다고 사고한다. 그래서 기호-흐름을 고정점을 통한 통제로부터 해방시킬 수 있는 방법을 구상하였던 것이다. 그것은 특이성이 생산되어 새로운 삶의 도식으로써의 도표를 생산하는 방식으로 나타난다. 지식인은 기표를 생산함으로써 말 속에서 무엇인가의 변화를 추구하지만, 인민대중은 도표를 생산함으로써 행위양식 속에서 변화를 추구한다. 그런 의미에서 소쉬르의 기표는 가타리의 도표와 엄밀한 의미에서 차이를 갖는다. 소쉬르의 언어론 속에서 색다른 구도를 추구하던 가타리는 개념 생산을 통해서 그 구도를 완전히 다른 방향으로 바꾸어낼 수 있었고, 기호론의 의미를 특이성 생산의 영역을 조명할 수 있는 구도로 바꾸어놓았다. 그런 의미에서 가타리는 기호론에서의 혁명을 추구했던 사람이라고 할 수 있다.

제6장 기 계

자기생산하는 기계들의 세계
(가따리와 바렐라)

바렐라와 가타리, 기계논의에 있어서 두 인물

움베르또 마뚜라나(Humberto R. Maturana, 1928~현재)와 프란시스코 바렐라(Francisco J. Varela, 1946~2001)는 오토포이에시스(autopoiesis) 개념을 통해서 생명현상을 설명하였는데, 오토포이에시스란 자기직조·자기생산·자기생성의 의미를 갖는 개념이다. 생명은 많은 에너지와 물질을 바로 자기 자신을 생산하는 데 소비한다. 예를 들어 우리가 먹는 많은 음식들은 바로 우리의 몸을 이루는 뼈, 간, 피부, 세포 등을 만드는 데 사용된다. 특히 마뚜라나와 바렐라는 자기생산 개념인 오토포이에시스 현상을 생물학 개념뿐만 아니라, 앎의 차원까지도 밝힐 수 있는 개념 구도로 제시한다. 이에 따르면 앎의 현상은 인간의 의식에서만 나타나는 독특한 현상이 아니라, 복잡한 생명현상이 갖고 있는 구성주의적인 행동방식이라고도 볼 수 있다. 이에 따라 나무나 곤충, 동물도 내부의 복잡한 생명의 구성으로 인해 앎이라는 인식형태를 갖고 있다고 볼 수 있게 된다.

마뚜라나와 바렐라는 오토포이에시스 개념을 도입하게 된 이유에 대해서 "자기생성 개념은 기존 지식들과 모순되지 않는다. 오히려 그것들에 바탕을 두고 있다. 다만 생명이 자율적 개체란 점에 무게를 두는 관점에서 이런 지식들을 해석하자는 제안인 것이다."[156]라고 설명한다. 즉 생명을 자율의 관점에서 해석하기 위해서 오토포이에시스 개념이 도입되었고, 그것은 가타리에게 계승되어 집단·사회·기술·무의식의 자율을 밝힐 수 있는 개념으로 확장된다. 가타리는 마뚜라나와 바렐라가 생명의 자율현상을 설명하는 데 사용한 오토포이에시스 개념을 발전시켜 기계라는 개념을 착안한다.

가타리의 기계는 자기생산하는 체계를 의미하는 것이며, 마치 생명현상과 같이 자기보존과 자율을 위해서 물질과 에너지의 흐름을 갖는 상태를 의미한다. 가타리는 프로이트에 대한 재해석을 통해서 부분충동 현상을 설명하기 위해서 기계 개념을 도입하였다. 입이라는 것도 사실 먹는 기계, 말하는 기계, 하품하는 기계, 뱉는 기계 등 기계의 상태에서 바라보아야지, 통합적인 구도에서 입이라고 말해서는 이해할 수 있는 내용이 전혀 없다. 그렇기 때문에 부분충동 현상을 설명할 때 강렬도가 일정한 변용양태를 가지면서 드러나는 것을 기계라고 지칭했다. 그것을 설명할 때 강렬도는 위도(緯度), 기계는 경도(傾度)를 차지한다고 말하면서, 강렬도의 문턱이 넘어서

156) 마뚜라나·바렐라, 『앎의 나무』(2007), 59쪽

는 순간 다른 기계들이 장착된다고 말하였다. 예를 들어 일정한 부드러움을 갖는 악수는 환영기계를 작동시키지만, 강렬도의 문턱을 넘어서서 꽉 쥐는 악수는 증오기계를 작동시킨다. 이러한 부분충동 현상에 대한 기계 개념의 대입은 개념의 적용범위는 설명할 수 있지만, 기계가 갖고 있는 본성에 대해서는 말하지 않고 있었다. 그래서 가타리는 바렐라의 오토포이에시스 개념을 적극적으로 도입하여, 그것을 기계 개념의 본성으로 사고한다.

기계 개념에 오토포이에시스 개념을 도입하면, 사실상 기계의 목적과 방향성 자체가 드러난다고 할 수 있다. 사회기계인 대안학교를 예로 들어보자면, 대안학교가 작동하는 방식을 알기 위해서 학교의 설립목적이나 이념을 알아야 할 필요가 없으며 학교의 내재적인 작동원리로서 자기생산 방식을 알면 된다. 대안학교의 작동원리는 학교를 구성하는 대안적인 학생과 교사의 관계와 대안적인 교육내용 등을 자기생산한다는 점에서 볼 때, 대안학교는 생명체와 같이 사회 속에서 끊임없이 자신의 몸체와 두뇌를 만드는 활동을 하고 있다는 점을 알 수 있다. 또한 학생회를 예로 들어보자면 학생회가 어떤 생산물을 위해서인 것이 아니라 사회 속에서 학생회기계 자체를 자기생산하는 데 대부분의 정열·에너지·물질·화폐를 사용하고 있다는 점을 알 수 있다. 그러한 자기생산은 사회를 재생산하는 것과 달리 자기를 생산한다. 재생산(再生産, reproduction)과 자기생산은 엄밀한 의미에서 다르다. 재생산은 외부로 자신의 결과물을 만들어내는 것이지만, 자기생산은 내적 원인에 의해서 바로 자신을 생산하는 것이다. 예를 들자면 인터넷에서 오랜 시간동안 대화를 하는 이유가 무엇인지에 대해서 생각해 본다면, 인터넷에서 대화를 하는 이유는 글을 생산하거나 콘텐츠를 목적으로 이루어지는 것이 아니라 대화하고 있는 바로 자신을 생산하기 위해서라고 할 수 있다. 이처럼 커뮤니케이션이 자기생산을 위한 것이라는 점을 주장한 사람은 마뚜라나와 바렐라의 오토포이에시스 원리를 받아들인 니클라스 루만(Luhmann, Niklas, 1927~현재)이었다.

가타리가 기계 개념의 본성을 자기생산으로 사고함으로써, 기계 개념의 원리와 구도에서 큰 변화가 있게 된다. 일단 기계라고 하면 사람들은 어떤 일정한 틀과 체계 속에서 작동되는 부품과 같은 상태로 생각하게 된다. 그러나 기계의 원리를 자기생산의 구도에서 바라보면 기계는 끊임없이 자기 자신을 생산하기 위해서 변화하고 열려 있는 체계로 변모하게 된다. 자본주의기계는 작은 부품과 같은 기계들의 기능연관(機能聯關)과 작동에 의해서 움직인다. 이때 작은 기계부품들이 자본주의기계를 재생산하기 위해서 어떤 일정한 틀 내에서 작동하는 것이 아니라, 자기생산을 위해서 작동한다면 기계작동이 다른 방향으로 나아가서 색다른 자기생산을 하는 것도 가능하게 된다. 예를 들어 학교기계에서 탈주했던 청소년들이 단순히 자기생산을 할 수 없는 일탈자가 아니라 대안학교라는 색다른 기계작동을 만들어낼 수 있는 가능성이 존재한다. 그러한 시선에서 자본주의 내부에 있는 갖가지 사회기계와 기술기계, 생명기계 등이 색다른 방향으로 기계작동을 일으켜서 자본주의를 변모시키고 색다른 방향으로 나아가게 만들거나 고장나게 만들 수 있는 것이다. 그런 의미에서 자본주의는 하나의 구조(構造, structure)라는 틀에 의해서 주체나 사회집단들이 움직여나가는 것이 아니라 기계들과의 기능연관에 의해서 움직여나가는 것이다. 그러므로 구조가 아닌 기계로의 인식 전환은 분자적 수준에서의 혁명적인 행동이 가능하다는 것을 밝히는 귀중한 전거가 될 수 있다. "혁명조직의 문제는 상이한 사회 구조들(무엇보다도 더 이상 생산수단에 조응하지 않는다 할지라도 지배적 생산관계의 핵심인 것처럼 나타나는 국가 구조)에 의존할 필요가 없음을 보증하는 이론과 실천을 자신의 판별적 특징으로 하는 제도적인 기계를 설립하는 문제다."[157] 그러므로 혁명조직은 구조를 바꾸는 것을 목표로 하는 것이 아니라 색다른 기계를 설립하여 다른 흐름과 움직임을 자기생산하여 사회기계를 다른 방향으로 움직이게 하는 것을 목표로 해야 한다.

가타리는 초기에 무의식이 서식하는 공간이 사실상 관계망(關係網)이라는 사실을 밝히고 그 관계망을 변화시킴으로써 무의식의 구도를 수정하려는 치료방법을 도입한다. 예를 들어 학교에서 집단적으로 왕따를 당했던 아이가 정신질환에 걸렸다고 해본다면, 기존 치료 방법은 아이의 심리적 상태의 불안정성이 이유라고 하면서 약물적 · 심리적 · 정서적 치료를 수행하려고 할 것이다. 그러나 사실 잘못된 것은 이 아이의 마음이 아니라, 학교라는 제도적 관계망의 문제이다. 그러므로 관계망을 바꾸어야 아이의 무의식의 치유도 달성될 수있는 것이다. 이러한 방식으로 가타리는 관계망을 바꾸어 무의식의 궤도를 수정하는 제도요법이라는 치료법을 창안한다. 그러나 이 제도(制度, institution)라는 관계망에 대한 사유는 그 속에

157) 가타리, 『정신분석과 횡단성』(2004), 417쪽

서 작동하는 피드백과 자기생산이라는 기계작동을 설명할 수 없었던 개념이었다. 그렇기 때문에 가타리는 제도를 기계 개념으로 발전시켜 무의식이나 사회제도 속에서 '자기생산'하는 기계작동을 사고하려고 한다. 제도라는 관계망을 단순히 내부 작동이 없는 관계 맺기의 차원이 아니라 기계라는 자기자신을 생산하는 그 내부의 원리를 통해서 봄으로써 무의식이 서식하는 현실의 공간에 대한 사유의 폭도 넓힐 수 있었던 것이다.

가타리의 '욕망하는 기계'(machine désirant)라는 개념은 하나의 자기생산의 원리를 내적으로 갖고 있는 분자적 수준에서의 주체성을 의미한다. 즉, 사회구조 속에서 무기력한 개인이 아니라, 사회기계의 기능연관 속에서 자신의 독특한 기계를 작동시키고 있는 주체성을 의미하는 것이다. 그러므로 욕망하는 기계는 미시적인 기계현상을 의미할 수도 있고, 집단이나 사이주체성을 의미할 수도 있다. 혹은 하나 혹은 여럿일 수도 있는 것이 욕망하는 기계이다. 가타리의 욕망하는 기계 개념에 대해서 기존 기계 개념에서 사유하는 사람들에게는 인간을 물신화하고 사물화한 개념으로 오도될 수도 있다. 그러나 기계 개념은 자기생산적 체계와 기능연관을 의미한다는 점에서 생명현상과 동일하다. 즉 기계는 자율적 상태로서 나타날 수 있는 기능연관이나 관계망의 상태를 의미한다. 욕망하는 기계는 욕망의 형태로 나타나는 갖가지 기능연관들을 의미하는 것으로서 이러한 관계망 자체가 모두 자기생산이라는 자율적인 흐름과 움직임을 갖는다는 것을 의미한다. 예를 들어 모두 침묵하고 있는 사람들 틈에서 갑자기 웃음기계가 번진다고 할 때, 그 웃음기계는 단순히 돌발적인 사태로만 볼 것이 아니라 아주 활기찬 색다른 분위기를 자기생산하는 기계임을 의미한다. 이 웃음기계는 한 사람에서 출발할 수도 여러 사람에게서 출발할 수도 있으며, 특정한 어떤 사람에게 한정된 기계가 아니라 누구나 모두에게서 내재되어 있고, 사람들 사이에서 발생할 수 있는 기계이다.

가타리가 기계라는 개념을 쓰게 된 이유는 "인간의 노동은 기계노동의 잔여적 하위집합일 뿐"[158]인 상황에 이르렀다는 상황인식 속에서 유래된다. 맑스의 기계개념 속에서는 기계를 산 노동과 결합되는 죽은 노동으로 사고하면서 자기생산의 여지를 거의 두지 않았다. 그러나 가타리의 사유 속에서는 기계가 욕망의 심장부에 이미 이르렀으며, 생산의 영역에서 기계의 역할은 노동을 넘어서서 존재한다는 점에 주목한다. 여기서 기계는 노동의 산물이라기보다는 욕망이 작동하는 방식이라고 사고된다. 대부분의 사람들은 맑스의 『정치경제학비판 요강』의 '일반지성에 대한 규정'과 '기계에 대한 단상'의 영역을 경유해서 기계를 이해하면서 사회적 장과 결합되어 있는 기계의 구도를 그리게 된다. 즉 기계는 사회적 지성이자 사회적 노동의 산물이며, 일반지성의 산물이라는 생각이 그것이다. 그러나 가타리는 기계를 사회와 결합시키는 구도에서 더 나아가 욕망이 작동하는 방식이 바로 기계라고 규정함으로써 욕망하는 기계를 직접적인 주체성으로 사고한다. 즉, 물화된 기계가 따로 존재하는 것이 아니라 욕망의 작동방식 자체가 기계인 것이다. 첨단기술사회를 들여다보면 문제가 겨냥하는 그림의 구도는 그려진다. 예를 들어 네트워

---

158) 같은 책, 409쪽

크(network)를 통해서 탈영토화(脫領土化, déterritorialisation)하는 집합적 노동력을 재영토화(再r領土化, reterritorialisation)해야 하는 자본주의에 있어서 욕망하는 기계가 조립되고 연결되는 방식이 사실상 기계, 즉 네트워크 자체를 의미하며 그 속에서 생산, 소비, 유통 등이 모두 이루어진다는 점을 들 수 있다. 대부분의 생산과정도 이제는 '욕망하는 생산'이 되었으며, 네트워크 자체도 자기생산을 목표로 하고 있다는 점을 알 수 있다. 그렇기 때문에 욕망하는 기계는 단순히 은유가 아니며, 사회 속에서의 욕망의 연결과 접속이 모든 것을 결정하고 있는 현 시점의 자본주의 주체성의 분석을 위한 개념인 것이다. 물론 욕망하는 기계가 어떻게 연결되느냐에 따라 자본주의가 원하는 착취와 차별의 공식에 맞아 떨어질 수도 있지만, 또 다른 방식으로 소통과 저항의 연결접속을 구상할 수 있게 된다. 그러므로 자본주의는 미세한 기계부품의 기능연관이라고 할 수 있는 욕망하는 기계의 연결과 조립방식에 주목하며, 그렇기 때문에 색다른 방식으로의 연결과 조립을 통해서 아주 예상치 못한 기계작동을 등장시킬 수 있는 가능성은 높아졌다고 할 수 있다. 이것의 모습은 사실상 네트워크 투쟁의 차원에서 드러난다. 네트워크 투쟁은 자율적이고 자기생산적인 기계의 작동을 사고하지 않고서는 불가능하다는 면에서 마뚜리나와 바렐라의 오토포이에시스 개념의 혁신적인 도입이 필요했고, 그것을 가타리가 해냈다.

기계론과 기계학

근대의 기계 개념은 다양한 부분들이 일관되게 유기적 총체를 이루고 자동적으로 움직이는 체계를 지칭하는 경우가 많았다. 예를 들어 증기기관의 나사바퀴는 원동기의 증기기관의 힘을 일정한 곳으로 채취하고 절단하는 역할을 한다. 기계는 흐름-절단의 시작에서 채취하고 절단하는 기계로서 규정될 수 있다. "도처에 흐름들-절단들이 있어 거기서 욕망은 샘솟고, 또 이 흐름들-절단들은 항상 생산하는 활동과 생산물을 접목시켜 욕망의 생산성을 이룬다."159) 기계는 욕망하는 생산의 흐름이 기능연관을 맺고 있는 절단의 부분이자, 욕망하는 생산을 연결하여 흐름을 형성하는 부분이다. 기계는 유기적인 전체를 구상할 수 있는 것이 아니라, 부분들의 자율적인 흐름-절단/채취의 움직임에 의해서 움직이는 전체이다. 그러므로 기계들에게 있어서 어떤 구조적 수준에서의 통합된 움직임이 미리 결정되어 있는 것이 아니라, 각 기계부품이 색다른 방향으로 움직일 수 있는 자율성이 존재한다. 기계들의 기계인 자본주의는 각각 자기생산적이고 자율적인 기계부품의 합성과 연결에 의존하는 시스템일 뿐, 미리 결정된 구조에 따라 자동적으로 움직이는 시스템이 아니다. 그러한 의미에서 기계의 의미는 자율성의 의미와 다르지 않다.

가타리는 기계학(機械學, mecanisme)과 기계론(機械論, machinisme)을 엄밀히 구분한다. 기계학은 자기폐쇄적이며 외부를 향해 열려있지 않으며 단절된 코드화된 영역을 의미한다. 이 기계학에서의

159) 들뢰즈·가타리, 『앙띠 오이디푸스』(1998), 62쪽

기계는 폐쇄된 시스템이며 코드화되어 있기 때문에 자동적이면서도 자기를 생산하지 않는 모습을 보인다. 전태일 열사가 "우리는 기계가 아니다"라고 할 때의 기계나, 러다이트(Luddite)가 파괴하려고 했던 기계의 형상은 기계학에서의 기계를 의미한다. 군대기계 내에서 대형 속에서 일사분란하게 움직이는 기마병을 생각해 본다면, 그 배치 속에서 이탈이나 자유행동이 불가능하고 코드화된 체계 속의 움직임에 따라 자동적으로 움직여야 한다는 것을 알 수 있다. 그러한 사례가 기계학에서 기계이며 이 기계 속에서는 자기생산의 제요소가 존재하지 않는다.

반면 기계론에서의 기계는, 자기생산적이고 외부의 흐름과 접속, 접합, 조립을 통해서 작동하는 열린 시스템이다. 이러한 기계론에서의 기계는 사실상 네트워크 형상의 열린 시스템이 형성되기 시작했던 시기에 가타리가 구상했던 기계에 대한 개념을 의미한다. 네트워크기계는 폐쇄된 체계에 자동적으로 움직이게끔 하는 것이 아니라 욕망이 어떻게 조립되고 연결될 것인지가 미리 결정되어 있지 않고 열려져 있는 시스템이다. 동시에 재생산을 위한 기계라기보다는 자기생산을 위한 기계라고 할 수 있다. 우리가 네트워크에서 활동할 때 그것의 활동방식은 인간-기계의 경계를 넘어서 마치 기계의 접속-조립-연결의 방식을 따르지만 미리 결정되어 있는 활동방향성이나 체계가 존재하는 것이 아니라 외부와 접속하여 끊임없이 자신의 기계의 모습을 달리하는 열린 체계라는 것을 알 수 있다. 이러한 기계의 모습은 가타리가 사고한 기계론에서의 기계이다. 가타리가 이러한 기계에 대한 구상을 할 수 있었던 것은 피에르 레비

(Pierre Révy)나 노베르트 위너(Novert Wiener) 등에 의해서 네트워크기계에 대한 단상이 과학자들 사이에서 처음으로 등장하고 있었을 즈음이었다. 가타리는 그러한 색다른 기계에 대한 단상을 선취하여 보다 적극적으로 기계론에서의 기계 개념으로 세상을 설명할 수 있는 개념틀을 만들어낸다. 이때 오토포이에시스 개념은 기계의 본성을 사유할 수 있는 색다른 전거가 되었다. 가타리는 들뢰즈와 함께 기계와 배치에 대해서 다음과 같이 말한다. "기계란 탈영토화 과정에 있는 배치에 삽입되어 배치의 변화와 변이를 그려내는 첨점들의 집합이다. 기계학적(mécanique) 효과는 없기 때문이다. 효과는 언제나 기계론적(machinique)이다."[160] 여기서 기계 개념은 탈영토화하는 흐름을 갖고 외부로 향할 수 있는 열린 체계를 의미하며, 단순히 반복되고 순환되는 폐쇄적 영역이라기보다는 탈영토화가 만들어낼 새로운 배치를 만들어내는 것을 의미한다. 예를 들어 군대기계로부터 탈영토화의 흐름을 만들어낸 양심적 병역거부자들이 자신의 기계로서의 네트워크를 만들어 활동할 수 있는 것이다. 그러므로 기계는 탈영토화운동의 과정에서 새롭게 설립되고 배치를 만들어 낼 수 있는 것으로 사고된다. 물론 여기서의 기계는 기계론에서의 기계이다.

청년 가타리를 사로잡은 것은 피에르 레비(Pierre Révy)의 하이퍼텍스트 개념이었다. 그 개념은 기계적 피드백과 연결접속에 따라 색다른 욕망의 경로가 만들어진다는 점을 말하고 있었다. 지금으로 생각하면 네트워크의 가장 초기 단계에 해당하는 이 발견이 가타리

160) 들뢰즈·가타리, 『천개의 고원』(2003), 633쪽

의 기계관을 형성할 수 있는 가장 중요한 계기가 되었다. 가타리는 기계적 인터페이스 개념을 욕망하는 기계의 연결접속의 형태로 바꾸었으며, 자기생산적인 기계가 색다른 욕망의 움직임을 만들어낼 수 있다는 점을 제시했다. 여기서 인간과 기계의 경계는 허물어졌으며, 기계의 기능연관적 수준에서 인간이 논의되고 자기생산적인 기계로서 인간이 사고되었다.

다른 각도에서 기계학에서의 기계 개념은 기계적 예속화 과정을 밝힐 수 있는 논거로서 사용된다. "TV시청자는 사용자나 소비자가 아니며, 또 심지어 텔레비젼을 만든다고 간주되는 주체가 아니라 생산과 사용방법이 아닌 기계에 속하는 입구와 출구 피드백 또는 순환으로서의 내재적 부품이 되는 한, 사람들은 인간 기계로서 TV에 노예화된다."161) 여기서 중요한 것은 기계가 도구와 같이 외부로 힘을 투사해서 사용하는 것이 아니라 피드백(feedback)이라는 내부적 과정에 의해서 혼연일체가 된다는 점이다. 도구는 연장통에서 갖다 쓰면 되지만 기계는 피드백 과정을 통해서 그 내부로 들어가게 된다는 점에서 차이점을 갖는다. 여기서 가타리는 들뢰즈와 기계적 예속화의 가능성에 대해서 언급하고 있지만, 그 기계는 기계학에서의 기계이다.

가타리에게는 기계 개념이 매우 적극적인 의미로 사용되고 있다. 단순히 기계문명으로 빨려 들어가거나 그것으로부터 소외된 것으로 사고되는 것이 아니라, 기계의 작동방식을 달리함으로써 자본주의를 바꿀 수도 있다는 점을 겨냥하고 있다. 즉 욕망하는 기계 개념

161) 들뢰즈·가타리, 『천개의 고원』(2003), 879쪽

은 사실상 혁명집단이나 대안적 네트워크의 기계작동적 움직임을 겨냥한 분석이다. 그러므로 색다른 욕망이 출현하고 특이성이 생산됨으로써 자기생산적인 기계작동이 발생되면 자본주의도 변형될 수밖에 없다고 사고한다. 예를 들어 물건을 사고파는 행위는 자본주의의 기본적인 욕망경제의 일부를 차지한다. 그런데 만약 물건에 가치를 부여하기 시작하고, 그 속에다가 대안적인 행동의 필요성까지를 함께 고민하기 시작한다면 이제 차원은 달라진다. 예를 들어 소비자들이 생활협동조합을 만들기 시작하고 윤리적 소비를 고민하기 시작하면 색다른 기계장치가 작동한다. 그러면 자본주의의 기계부품에서 다른 방향으로 기계장치가 움직이기 시작하며, 그 기계장치의 자기생산의 본성으로 말미암아 다른 방향의 움직임은 현실에서 구체화되기 시작할 것이다.

기계론(machinism)은 '기계로부터 구조적인 통일성을 주장하는 기계학(mechanism)'과 구분되고, '유기체의 개체적 통일성으로부터 기계가 연장되어 있다는 생기론(生氣論, vitalism)'으로부터도 구분된다. 즉, "유기체의 특유한 개체적 통일을 의문시하여 생기론의 주장을 폭파하고, 또 기계의 구조적 통일을 의문시하여 기계학의 주장을 폭파하고자 한다."162) 다시 말해서 생기론은 유기체(有機體, organism)로부터 연장으로서 사고하는 도구론적 사고의 입장에서서 있기 때문에 인간의 연장(延長)으로서의 기계로 사고될 수밖에 없다. 그러나 인간과 기계의 구분이 모호해지고 '욕망하는 기계'로서 사고될 때 생기론의 입장은 부정될 수밖에 없다. 생기론적 시각

162) 들뢰즈·가타리, 『앙띠 오이디푸스』(1998), 420쪽

에서는 '인간'이라는 통합된 유기체의 일부로 기계가 존재해야 하는데, 현대의 네트워크라는 기계적 결합의 양상에서는 인간도 기계로서 작동하기 때문이다. 이러한 방식의 기계의 특징이 자기생산이라는 점에서 인간의 생명활동에 대한 기계적 해석도 가능해질 수 있으며, 기계를 물신적 지배 장치로 보는 시각으로부터도 자유로워질 수 있다. 기계학의 구조적 통일성은 기계가 자율성을 갖고 움직일 수 있는 가능성에 대해서 배제하면서 코드화된 질서 속에서만 움직임을 갖는다는 사고방식을 갖기 때문에 폭파되어야 할 지점으로 언급되고 있다. 기계가 자동적이며 일사분란하게 중앙의 통제 속에서 움직인다는 생각을 갖는 것이나, 구조적 수준에서 미리 결정되어 있는 방식으로 움직인다는 생각은 기계가 갖는 자기생산의 자율성을 간과한 것이다. 그렇기 때문에 기계학에서의 구조적 통일성에 대해서 의문을 갖지 않고서는 '기계=자율(自律, autonomy)'이라는 사고는 불가능하게 된다. 달리 말해서 자기생산하는 기계로서의 대안적 네트워크는 자본주의의 일반적 구조라고 일컬어지는 전체의 시스템으로부터 자율적으로 움직일 수 있는 기계적 자율성을 갖는다. 자본주의가 설립한 네트워크는 집합적 노동력을 장악하고 구성하려는 의도에서 만들어졌지만, 도리어 저항과 투쟁의 대안네트워크에 의해서 장악될 수 있는 가능성이 높아졌다. 그렇기 때문에 구조적 수준에서 통일성을 주장하는 기계학의 시선에서는 기계적 예속화의 증대로만 보이겠지만, 각각의 기계부품이 색다른 방향으로 움직여서 새로운 욕망의 흐름을 전달할 수 있다는 의미에서 기계론적 시선에서 자율이 가능하다.

오토포이에시스와 기계

맑스에게 인간과 기계 사이의 사이보그(cyborg)적 관계는 가변자본과 불변자본의 관계로 등장한다. 더 나아가 산 노동과 죽은 노동, 현재의 노동과 과거의 노동으로 묘사된다. 자본은 초기 산업노동자의 기술적 권위와 전문성을 탈구성하기 위한 방편으로 기계류를 도입하였고, 그러한 과정에서 '노동자계급에 대한 전쟁무기'로서의 기계 개념이 등장한다. 러다이트의 출발점은 그러한 배경을 가지며, 기계를 통제와 예속의 수단으로 여기는 시각을 형성했다. 맑스주의 궤적에서 전문노동자 시대와 기계류는 중심적인 테마였다. 전문성을 빼앗아가는 기계류의 도입은 전문노동자의 현장에서의 권위를 침식하는 수단이었다. 그리고 일관생산라인에서 대량생산, 대량소비, 미디어통제의 방식을 통한 대중노동자 시대가 열렸다. 이 당시에 미디어와 자동기계는 소비생활, 여가생활, 노동 등을 직조하는 강력한 기계적 수단이었다. 그리고 케인즈주의적인 복지국가적 모델이 기반하고 있는 포드주의의 붕괴는 68년 혁명을 통해서 이루어졌다. 이제 자본은 신자유주의적 모델에 기반해서 사회의 다양한 영토를 생산과 연결하는 커뮤니케이션 수단에 근거한 착취양식으로 바뀌었다. 즉 탈영토화의 과정에 있는 사회적 주체성들을 집합적 노동자로 구성하는 것은 순전 네트워크의 차원으로 바뀌었는데, 이 네트워크 유형의 기계적 구성은 저항과 투쟁의 수단이 되거나 사회의 집합적 지성의 산실이 될 가능성도 있는 양면적인 수단이었다. 이 과정에서 가타리는 기계론을 제출하면서 자기생산적 기계라는 열린 기계작동이 가능하다는 생각을 품게 된다. 이러한 가타리의 생각은 네트워크를 둘러싼 전쟁의 가능성을 응시하는 것이며, 특이한 기계작동이 사회변화를 이끌 수 있다는 생각에 기초한 것이다. 예를 들어 가타리가 주목한 것은 자유라디오 알리체(Alice)운동이었는데, 기술의 재전유(再專有, re-appropriation)를 통해서 자유라디오의 전파를 사용해 사회의 주변부에 있는 소수자들이 발언할 수 있는 기회를 갖게 된 데 대해서 그 운동의 기계적 자율성에 주목하였다.

가타리는 첨단기술사회에서 혁명집단이 어떤 방식으로 움직여야 하는가에 대해서 사실상 발언하고 있다. 첨단기술사회는 기술의 생산과 사용을 대중에게 되돌리면서, 기술혁신이나 기계류의 대체를 대중의 집합적 지성에서 찾는 경향을 갖는다. 그렇기 때문에 기계에 대한 역능이 사회적 신체에게 돌아간 시점에서 기계적 주체성으로서의 욕망하는 기계라는 개념은 매우 유효적절하며, 타당한 개념이다. 욕망하는 기계라는 개념이 순전 은유로서 간주되었던 것은 가타리 사상이 갖고 있는 '기계'에 대한 통찰력을 문학적 상상력으로 돌리는 경향이 있다. 가타리는 무의식이 작동하는 방식이 기계적 방식을 따르는 사이버네틱스(cybernetic)에 대해서 주목하면서 무의식체계까지 설명할 수 있는 기계관으로 나아갔다. 이제 대중적 역능으로서의 기계는 무의식의 작동방식을 의미하는 것이 되었으며, 구조주의자들이 생각하는 언어구조 속에서 결정된 무의식의 수준을 넘어선 무의식과 욕망의 자율성이 나타나는 방식이 바로 기계가 된다. 구조적 수준에서는 폐쇄된 기계만이 형상화되는 데 반해 네트워크 형상으로 나타난 기계작동은 특이한 기계작동의 자기생산방식이 전체를 변이시킬 수 있는 것으로 나타난다. 그러므로 기계작동을 달리 하는 것은 기계가 연결되고 접속되어 나타나는 무의식의 궤도를 수정하고 변이시키는 자율적 움직임을 의미한다. 이러한 기계 개념은 대중의 무의식적 역능을 겨냥한 매우 구체적인 개념이었다.

기계학에서 기계론으로의 이행은 기계에 대한 관점의 혁신을 의미할 뿐만 아니라, 가타리에게 있어서 다가올 네트워크 사회를 해석하기 위한 강력한 개념적 도구를 의미한다. 기계학의 폐쇄된 시스템은 대중노동자 시대의 미디어나 자동기계에 어울리는 기계관을 의미한다. 그러나 정보지식사회의 도래는 기계를 열린 체계로서 만들 수밖에 없는 새로운 상황에 직면하도록 만들었다. 사회의 차이나는 각 영역을 횡단하여 존재하는 네트워크의 형상은 탈영토화의 기본전제 속에서 주체성을 형성하도록 만든다. 여성, 이주민, 아이, 대학생, 사회주변인들을 횡단하며 유연하게 생산을 조직하는 방식은 영토화된 정주민으로서의 정규직노동을 몰아냈으며, 결국 자본주의가 차이나는 각 영역들의 탈영토화된 주체성을 어떻게 직조하고 조립하느냐의 문제로 나아가게 만든다. 그러한 이행의 시점에서 기계학이 겨냥한 기계 개념에서 기계론적 기계로의 이행이 존재하며, 그것은 현재의 네트워크라고 할 수 있다. 가타리가 네트워크적 주체성이라고 언급하지 않고 욕망하는 기계라는 다소 생소한 개념을 쓴 이유는 기계론이 갖고 있는 무의식·욕망·기술·사회를 통합적으로 바라보는 관점 때문이다.

이러한 기계 개념은 기술결정론적 시각인 기술비관론과 기술낙관론, 기술중립성론이라는 시각에서 조명되었다. 기술비관론은 도구적 이성에 대한 반성적 성찰의 의미로 기술문명이 인간을 소외시키고 물신화한다는 프랑크푸르트학파와 네오러다이트운동에서 찾을 수 있다. 반면 기술낙관론은 발전주의적 시각에서 기술의 진보가 새로운 세상을 열 수 있다는 방식의 사고이며 맑스주의 내의 생산력주의가 그것이었다. 기술중립성론은 가치·윤리·규범으로부터 자유로운 기술영역을 사고함으로써 기술이 사회로부터 분리되어 중립적 가치를 갖는다는 사고방식이었다. 일부 맑스주의는 기술결정론적 시각에 맞서는 재전유론의 시각이라는 측면에서 생산수단으로서의 기계사용의 의미를 조망한다. 가타리는 기술을 누가 사용할 것인가의 문제를 떠나서 기술이 더 이상 인간의 외부에 있는 것이거나 사용의 차원의 문제가 아닌 내재적인 수준에서 바라본다. 가타리는 기계를 기술·인간·사회를 통합하는 지점에서 사고하기 때문에 인간 외부에 따로 기계나 기술이 있는 것이 아니다. 이러한 시각은 생산수단의 공유를 통한 공산주의 사회의 건설이라는 사고방식이 아니라, 이미 생산수단의 일부를 대중에게 넘겨주고 있는 탈근대 자본주의 하에서 색다른 기계작동 자체를 문제로 삼을 수밖에 없다. 즉 문제의 차원은 코드화된 기계의 사용과 제도적 소유의 문제에서 열려진 기계작동의 특이한 방식의 문제로 바뀌게 된다. 이러한 혁신적 사유는 이미 네트워크를 사용하는 사람들에게 나타나는 현상이기도 하다. 즉 '기계적 이질발생'(hétérogenèse machinique)의 문제는 특이한 기계작동을 함으로써 전체의 방향성을 끊임없이 수정할 수 있다는 열린 체계로서의 네트워커의 실천을 보여준다. 이것은 기계소유나 사용의 문제를 넘어서 기계작동의 문제를 의미한다. 예를 들어 위키피디아 사전의 경우에는 오픈된 대중적 지성을 구축할 수 있는 기계작동 매뉴얼에 따라 '참여'라는 움직임을 조직할 수 있었다. 욕망하는 기계는 기계를 스스로 만들 수 있는 능력이 있는 대중지성의 시대에 색다른 기계작동을 구축하여 연결조립되는 과정을 보여줄 수 있는 가장 핵심적인 개념이다.

이러한 가타리의 기계에 대한 혁명적 사유의 배경으로는 바렐라의 오토포이에시스 개념이 있었다. 겉으로는 '자기생산'이라는 가장 기본적인 개념을 끌어다 온 것에 불과하지만 사실상 전자적 네트워크나 언표적 네트워크에 한정되지 않는 생명의 네트워크와 사회적 네트워크를 설명할 수 있는 개념적 교두보로서 '자기생산'이 위치한다. 나중에 가타리가 들뢰즈와 함께 '기계권=생명권'이라고 단언할 수 있었던 것도 자기생산이라는 개념이 동물, 인간, 사회, 무의식, 로봇까지도 설명할 수 있는 통합적 구도를 겨냥하고 있다는 점을 의미한다. 여기서 기계는 우주적 사유의 지평으로 나아가서 카오스의 모태를 이루는 프랙털기계의 가능성으로 나아간다. 증식·변이·복제를 통해서 무한히 생산되는 기계라는 형상의 프랙털 기계(fractal machine)는 네트워크가 나아갈 방향성을 의미하는 것이다. "프랙털 기계들이 횡단하는 것은 실체적 규모들이다. 프랙털 기계들은 자신들이 만들어 내면서 자신들을 횡단한다. 그러나(이것을 다시 지적해야겠는데) 프랙털 기계들이 발명하는 실존적 좌표는 항상 이미 거기 있었다."163) 페쇄되고 코드화된 질서가 아니라, 카오스적 움직임과 탈영토화의 흐름이 갖는 다채로운 형태를 의미하는 것으로 전진배치된다. 이러한 개념의 구도의 변화는 메타모델적 접근으로만 인식될 수 있는 색다른 기계망인 네트워크의 카오스적 흐름을 겨냥한 것이다.

자기생산과 타자생산

바렐라는 타자 생산(allopoiétique)과 자기 생산(autopoiétique)을 구분하면서 생물학적 영역으로 자기생산을 한정한다. 즉 자기생산의 영역은 생명에 한정되고 기술, 사회 등은 여기에 해당하지 않는다는 생각인 것이다. 그러나 가타리는 이러한 생각과 달리 기계론적 기계의 범위를 넓혀서 사고한다. "그러나 우리가 기술 기계들로서의 제도들을 인간 존재들과 함께 그것들이 구성하는 기계적 배치의 틀에서 고려할 때, 그것들은 사실상 자기 생산적이게 된다. 따라서 우리는 자기 생산을 생명권에 겹쳐 있는 기계권에 고유한 개체발생과 계통발생의 각도에서 바라볼 것이다."164) 가타리는 기술을 외재적인 것으로 사고하는 방식을 넘어서서 기술이 기계적 배치로 나타나는 한 자기생산적인 내재적인 영역이라고 본다. 그렇기 때문에 기술기계는 자기생산적인 영역이다. 인간과 기술에 대한 근대적 사유방식에서 기술결정론에 경도되는 경향이 농후하면서도 인간과 기계를 분리시켜 사고하는 결론이 대부분이었다. 그러나 그러한 방

---

163) 가타리, 『카오스모제』(2003), 74쪽
164) 같은 책, 58쪽

식의 사유는 기계 내적 원리라고 할 수 있는 자기 생산의 원리와 무관하게 작동되는 기계를 사고하는 경향에 서 있다. 그러나 가타리의 사유는 타자생산과 자기생산을 통합적으로 보면서 사실상 인간은 기계제작적 위치에 있을 뿐만 아니라, 그 자체가 기계일 수 있다는 생각으로 나아간다.

가타리의 자기생산과 타자생산을 통합적으로 바라본 사유방식은 결국 기계권적 사유를 개방하며, 기계적 배치에 입각해서 사회현실을 바라보는 지평을 연다. 이러한 사유방식에 입각해서 사회에서 작동되는 갖가지 제도나 장치들은 기계라고 간주된다. 예를 들어 학교, 병원, 감옥, 군대, 부부와 같은 영역은 기계적 배치로서 존재하게 된다. 물론 이러한 사유방식은 기계적 체계에 의해서 사회장치들이 작동한다는 의미뿐만 아니라 사회기계들 속에서 자기생산의 작동원리에 의해서 색다른 방식의 움직임도 가능하다는 생각을 가지고 있다. 가타리는 정신병원에 대한 개혁 조치를 수행했던 프랑코 바살리아(Franco Basaglia)의 사례를 들면서, 제도로서 존재하는 사회기계가 색다른 방향으로 움직일 수 있는 가능성에 주목한다.165) 바살리아는 광인에 대한 강제입원을 없앴던 사람이며, 폐쇄병동, 고압적 형태의 진료, 감금 등의 시스템 전반을 문제 삼고 대대적인 정신병원 제도의 개혁을 추구했던 사람이다. 이러한 바살리아의 사례처럼 자본주의의 기계적 배치를 이루는 사회제도들은 폐쇄적이고 닫힌 시스템으로 작동하면서도 그 내부에 자기생산의 원리에 의해서 제도를 점차 수정하고 정정할 수밖에 없는 기계이다.

165) 가타리, 『분자혁명』(1998), 174쪽

그러므로 외부로부터 이러한 사회기계를 개방하고, 색다른 기계작동을 통해서 자기생산되도록 만드는 것은 언제든지 가능하다. 이러한 제도개혁의 의미는 기계론이 갖고 있는 자기생산의 원리에 입각할 때 가능하다. 사회기계의 영구혁명이 불가능하다는 사고방식은 사회를 하나의 구조로 보면서 코드화되고 폐쇄된 작동원리로 인해서 결과적으로 변화에 이를 수 없다는 생각에 이른다. 그러나 가타리는 자기생산의 원리에 입각해서 사회기계의 변화를 응시하면서 그것의 변화를 추동하는 색다른 움직임에 주목한다.

가타리의 자기생산의 원리는 기계권으로 통합된 현실공간인 실재계(the real)의 사유를 의미한다. 기계가 자기생산의 방식에 의해서 움직이기 때문에 물질·에너지·화폐의 흐름은 주로 자기를 만드는 활동에 대부분 쓰인다. 그런데 사회기계나 기술기계가 자본주의가 정해둔 주체생산의 공식에 따라 움직이지 않고 특이한 주체성을 생산한다면, 자기생산의 의미는 특이성 생산의 의미로 바뀌게 된다. 그런 의미에서 자기생산이라는 개념적 구도 속에서는 특이한 것이 발생할 수 있는 계기, 즉 기계적 이질발생을 이미 자신의 작동원리 속에서 갖고 있는 것이다. 여기서 특이성 생산의 개념의 구도가 변경되는데, 이를테면 일탈자, 사회부적응자, 주변인이라는 형상이 아니라, 기계작동처럼 지속적이고 생산적인 흐름을 갖고 있으면서 사회기계의 작동을 변경시켜 내는 자기생산적 기계장치로서의 의미를 갖는다. 그렇기 때문에 자기생산이라는 개념은 특이성의 원리를 단지 일회적인 것으로 보는 것이 아니라 특이한 기계작동의 의미로 바꾸어버린다.

바렐라가 언급한 자기생산과 타자생산의 이분법은 기술기계와 사회기계를 생명과 다른 것으로 봄으로써 자기생산의 원리를 생물학적 범주 내로 제한한다. 그러나 가타리의 통합적 사고는 자기생산의 원리를 중심으로 세상을 바라볼 수 있는 전략적인 사유이다. 자기생산의 원리에 의해서 스스로의 뼈와 살을 만들듯이 자신의 기계작동을 바라봄으로써 국가기계, 금융기계, 종교기계, 음악기계, 과학기술기계의 작동방식을 설명할 수 있게 된다. 여기서 다양한 기계들이 통일된 원리에 입각하지 않은 상태에서 조립되어 연결되는 방식에 대해서 고민해 볼 필요가 있다. 그것은 코드화된 질서에 입각하지 않고 다양한 방향으로 움직이면서도 메타기계적인 작동을 만들어낸다. 그러한 관계망을 구체화하기 위해서 가타리는 이것일 수도 있고 저것일 수도 있는 흐름을 산출하여 자기와 타자의 경계를 가상적으로 허물어뜨리는 도표적 가상성(圖表的假想性, diagrammatic virtuality)이라는 개념을 적용한다. "도표적 가상성들은 바렐라가 기계적 자기생산을 투입도 산출도 없이 단일한 개별화로 특징짓는 것에서 벗어나도록 해준다. 도표적 가상성들은 우리들을 제한된 통일성이 없는 더욱 집합적인 기계 현상으로 향하게 만드는데, 이 집합적 기계 현상의 자율성은 타자성의 다양한 지지물들에 순응한다."166) 도표적 가상성에 대한 언급이 바렐라의 자기생산과 타자생산의 이분법을 넘어설 수 있는 가장 핵심적인 개념이라고 할 수 있는데, 그것은 자기생산의 내적 원리가 사실상 외부의 타자라고 할 수 있는 기계들과의 접속과정에서 만들어지는 흐름과 연결접속의 원리에 입각해 있

166) 같은 책, 62쪽

다는 점이다. 기계들간의 관계성에 대한 사유는 결국 부품들의 조립의 관계나 기능연관으로 보이지만 코드화되어 있는 것은 아니다. 도표적 가상성은 기계현상이 어떤 코드화된 통합적 구도 속에서 일어나는 것이나 자기와 타자간의 관계성으로 일어나는 것이 아니라, 이것일 수도 있고 저것일 수도 있는 도표적 차원의 흐름에 의해서 좌우된다는 것을 의미한다. 물론 기계현상 속에서 흐름이라는 것은 좀체 인식되지 않거나 전체를 통합하는 것으로 보이지 않을 수도 있다. 그러나 눈앞에 보이는 부품들 간의 관계만이 전부가 아니라, 가상적인 수준에서 보이는 흐름이 기계작동을 연결하는 방식이다. 결국 타자생산과 자기생산의 이분법은 '도표적 가상성'이라는 흐름의 차원에 의해서 자기와 타자의 경계마저도 허물어뜨리는 집합적 기계 현상에 대한 설명으로 나아간다.

그러나 바렐라의 타자생산에 대한 언급은 완전히 다른 방식으로 이해될 수 있다. 기계에게 있어서 외부의 타자성이 존재하며, 기계적 이질발생의 기초가 될 수 있다는 사유방식이 그것이다. 사회기계를 자기생산에 의한 기계류의 총체로 보는 시각은 가능하지만 그것이 접속하는 타자성에 대한 사유 없이 다시 코드화된 질서로 돌아갈 수 있다. 물론 여기서 타자생산의 의미는 사회기계나 기술기계를 생명과 분리하는 바렐라의 방식이 아니라, 기계의 자기생산이 접속해야 할 타자성의 사유로 나아간다. 이를테면 진보진영이라는 자기생산적 기계들이 사회진보를 위해서 움직이는 기계류라고 할 때 타자성은 아이, 동물, 광인이라는 기계로부터의 외부와의 접속이다. 여기에 따르면 진보는 발전주의시각에서 조망되어야 할 것이 아니라, 생명·광기·욕망·창조와의 접속을 의미한다. 가타리의 기계적 타자성에 대한 열거를 참고해 보자면, "동일기계의 다른 부품들 사이의 그리고 다른 기계들 사이의 근접성의 타자성, 내적 물질적 일관성의 타자성, 도표적 형식적 일관성의 타자성, 진화적 계통의 타자성, 전쟁기계들 사이의 각을 이루는 타자성" 등이 그것이다. 가타리는 여기서 기계적 타자성이 무엇을 의미하는지에 대해서 "우리는 기계적인 타자성 형식들의 보편적 표를 만들려는 것이 아니다. 왜냐하면 실제로 기계적 타자성의 존재론적 양태는 무한하기 때문이다. 기계적 타자성은 무한한 조합과 창조를 지닌 무형적 준거 세계와 성좌들에 의해 조직된다."[167] 여기서 기계가 외부의 타자성(他者性, alterity)과 접속을 통해 내부로 에너지와 물질의 흐름을 전달할 가능성은 무한한 조합을 가능케 한다. 그러므로 자기생산의 원리는 폐쇄된 개별성의 원리가 아니라, 타자성과의 접속을 통한 돌연변이 가능성을 늘 가지고 있는 열린 체계라고 할 수 있게 된다. 그러므로 바렐라가 생각했던 타자생산의 범주와 같이 생명현상과 별도의 생산방식이 있는 것은 아니지만, 기계적 타자성의 영역이 존재함으로써 기계작동의 원천이 되는 것은 사실이다. 기계는 고립되고 폐쇄되고 코드화된 영역에서의 동일 반복적인 움직임이 아니라, 무한한 양태로 생산되면서 기계현상을 드러내는 타자성의 지평 속에서 그로부터 에너지-시간-공간의 좌표에서 구체적인 기계적 배치가 나타난다는 열린 체계로 나아간다. 즉, 우리가 생각하는 전쟁기계 혹은 저항기계의 방식은 연좌시위나 피켓팅과 같이 하나의

167) 같은 책, 66쪽

기계로 나타나는 것이 아니라, 생명·아이·동물·소수자·광인과 같은 기계적 타자성과의 접속하면서 무한히 그 형태와 기계적 패턴을 바꾸어 나갈 수 있게 된다. 여기서 중요한 것은 생명기계로부터 분리된 사회기계와 기술기계의 타자생산을 승인하는 것에 머무는 것이 아니라, 기계의 외부성 혹은 타자성이 있기 때문에 자기생산이 열린 체계일 수 있는 점이다. "기계적 자기생산은 부분적 원형(주체화의 핵심지대를 통해서 비인간적인 자기를 위한) 것으로 나타나며, 수평적 생태 체계적 타자성(상호의존의 리좀에 위치해 있는 기계적 체계들)과 계통발생적인 타자성(현실적인 기계적 울혈을 앞으로의 변화[돌연변이]의 계통 및 과거 지향적인 가계도를 만나도록 놓는)의 이중양태 아래에서 타자를 위한 것을 전개한다.168)

추상기계와 구체적 기계

가타리가 언급하는 추상기계(抽象機械, machine abstraite)는 지층을 횡단하며 탈영토화하는 특이점이다. 추상기계가 기계적 배치로 나타나는데 보이지 않는 영역에서 일정한 역할을 한다는 생각은 기본적인 추상기계의 개념적 내용을 구성한다. 이를테면 학교, 감옥, 군대 등이라는 기계적 배치 속에서 교육법, 형법, 군법 등의 추상기계가 작동하고 있다는 생각을 갖는 방식을 의미한다. 그러나 이러한 생각은 추상적인 기계를 하나의 코드화된 질서를 작동시키

168) 같은 책, 79쪽

는 보편적이고 추상적인 원리로 사고하는 경향을 갖는다. 푸코가 언급한 판옵티콘(panopticon)적 사유와 추상기계를 교차시키면서 생각하는 사고방식은 추상기계에 대한 완벽한 오해라고 할 수 있다. 가타리가 들뢰즈와 함께 작업했던 『천개의 고원』에 대한 독해에서 이러한 방식의 추상기계에 대한 독해가 일반적으로 통용되었던 것은 가타리의 기계관을 이해하지 못했기 때문이다. 추상기계는 횡단하며 변이하는 탈영토화 흐름의 특이점을 의미하는 것으로서, 보편적 추상수준에서의 권력의 형태가 아니라 특이성을 생산할 수 있는 기계작동의 가상성을 의미한다. 그렇기 때문에 가타리는 곳곳에서 추상기계를 보편적 추상권력과는 다른 각도에서 언급한다. "생물학적, 경제학적, 사회적, 언어학적, 정신분석학적…… 보편은 존재하지 않는다. 모든 가능성의 일관성의 구도에 근거하여 분화되고 기계적 계통의 특이한 교차점에 고정되는 추상기계만이 존재한다."169)

가타리의 추상기계는 지층을 횡단하며 특이점을 운반한다는 특징을 갖기 때문에, 마치 고정되어 있는 것과 같이 보이는 기계적 배치들을 변화시킬 수 있는 원동력이 된다. 이를테면 학교의 경쟁적인 교육현실은 변화하지 않는 것처럼 느껴지지만, 경쟁을 넘어서 협력으로 나아가려는 학생들 간의 교류와 소통이라는 추상기계는 탈영토화의 첨점으로서 기능하면서 경쟁이라는 분열적 시스템을 변화시킨다고 할 수 있다. 물론 추상기계를 학교에서 작동하는 교사-학생관계의 일반적이고 보편적 모델화인 교육법의 형태로 이해하는 경우에는 그 제도가 어떻게 변화하는지를 사고할 수 없게 된다. 추

169) 가타리, 『기계적 무의식』(2003), 47쪽

상적인 기계는 기계의 자기생산적 특성으로 인해 특이한 흐름과 움직임을 지속적이고 안정적으로 형성하고, 기계적 배치를 변화시킬 수 있는 강력한 힘을 갖고 있다. 기계적 배치를 불변의 것으로 사고하는 구조주의적 사상은 배치의 변화를 만들어낼 수 있는 힘의 원천을 개인을 갖고 있지 않고 다른 구조에서 파생된 것으로 사고하는 편향을 갖는다. 반면 가타리의 추상기계라는 개념은 배치를 변화시키는 힘의 원동력으로 작동하는 흐름·관계망·상호작용의 실재적인 움직임 속에 내재하며, 이러한 움직임이 탈영토화로 나아가는 비물질적이고 가상적이고 보이지 않는 영역에서 작동하는 원리라고 보는 것이다. 그렇기 때문에 추상기계는 코드화된 현실을 설명하고자 하는 것이 아니라 현실을 변화시키는 움직임에 대해서 설명하고자 하는 개념이다.

공동체 속에서도 보이지 않는 영역에서의 움직임이 변화의 원동력이 된다는 점은 분명하다. 예를 들어 반려동물에 대한 사랑은 보이는 변화를 이끄는 것은 아니지만, 보이지 않는 영역에서 동물에 대해 사랑한 만큼 사람과 공동체, 사회와 관계를 변화시키는 원동력이 될 수 있다. 또한 갓 태어난 아이에 대한 지극한 사랑은 보이지 않는 영역에서의 변화를 만드는 행동이며, 그러한 사랑이 아이를 통해서 사회로 전달된다. 추상기계에 대한 개념은 보이지 않는 영역에서의 작은 변화가 큰 변화의 밑거름일 수 있다는 사상적 내용을 갖고 있다. 물론 탈영토화라는 변화의 지류 속에서도 기계작동의 원리가 있다는 생각의 함의도 갖고 있기 때문에 혁명이 어떻게 작동되는가라는 질문에 대한 대답이기도 하다. 혁명은 세상을 재창조하는 감성·지각형태·정서의 변화를 초래하며 그 변화의 과정은 기존의 관계망에서 볼 수 없었던 보이지 않는 기계작동이 존재한다. 그런 의미에서 추상기계라는 개념의 위상이 존재하는 것이며, 추상기계는 기계적 배치를 변화시킬 수 있는 기본적인 작동원리인 것이다.

추상기계의 실존은 세상이 끊임없이 변화의 과정에 있다는 점을 의미하며, 혁명에 대한 비관이나 현실순응적인 사고방식이 자리잡을 여지가 없도록 만든다. 매 순간, 매 시기가 혁명적 변화의 움직임에 의해서 세상은 작동된다. 물론 그 혁명은 사랑과 욕망에 입각한 혁명이다. 세상의 작동원리는 비루한 일상이 아니라, 끊임없이 이행과 변이의 도상(途上)에 존재하는 사랑에 의한 변화와 생성의 과정에 있다. 그런 의미에서 영구혁명의 도상에 현실은 위치한다. 추상기계는 변화가 바로 삶을 구성하는 사랑과 욕망의 색다른 움직임이며, 그것이 사회적 위계(位階)와 지층(地層)을 횡단하며 탈영토화의 움직임을 갖는 특이점으로 작동한다. 경쟁사회에서의 사회적 위계와 지층을 넘나드는 사랑과 욕망의 움직임은 변화의 시발점이 될 수 있으며, 경쟁이라는 사회분열을 극복하고 창조적 분열로 나아갈 수 있는 보이지 않는 움직임을 형성한다. 추상기계는 세상이 끊임없이 변화하고 있는 과정에서의 보이지 않는 움직임이며, 현실의 배치를 끊임없이 변화할 수밖에 없도록 만드는 힘의 원천이다.

추상기계는 은유가 아니며, 실존하는 현실의 보이지 않는 관계를 의미한다. 가타리는 구체적인 기계로서 안면성(顔面性, visagéité)과 리토르넬르(ritournelle)를 사고하면서 추상기계의 실존이 드러나는 방식을 보여준다. 안면성은 공간적 좌표에서 추상기계가 드러나는 방식이며, 무질서하고 무정형적인 형태 속에 일관성을 부여한다. 안면성은 얼굴이라는 형태로 드러나는 구체적으로 작동하는 기계장치이며, 공간에 일정한 형태를 부여할 때 일정한 모양으로 질서를 부여하는 방식이다. 리토르넬르는 시간적 좌표에서 추상기계가 드러나는 방식이며, 파편화되고 분산되어 있는 삶에 리듬과 화음을 부여함으로써 시간의 흐름에 형태를 부여하는 것이다. 리토르넬르는 박자를 맞추는 노동자의 작업이나 어두운 밤길을 작은 노래를 부르며 걸어가는 아이에게서도 발견된다. 리토르넬르는 반복구이자 후렴구이며 삶이 갖고 있는 리듬이자 화음이다. 안면성과 리토르넬르라는 구체적 기계는 공간-시간-에너지의 실존좌표를 통해서 드러난 기계작동의 의미를 밝히기 위한 것이다. 추상기계와 구체적인 기계의 관계는 보이지 않는 영역에서 작동하는 기계가 시공간적 위상 속에서 모습을 드러내는 잠재성의 차원이라고도 사고될 수 있다. 그러나 중요한 것은 이 잠재성이라는 차원이 신비스러운 능력의 테제라는 사실이 아니라, 사랑과 욕망의 흐름이 어떤 특이한 움직임을 갖는가의 여부이다.

추상적인 기계에 대한 사유는 바렐라의 자기생산하는 기계가 유형의 것이 아니라 무형의 것일 수 있다는 점을 의미한다. 결국 현실의 삶은 유-무형을 횡단하면서 존재한다. 그런 의미에서 추상기계의 가상성과 비물질성은 욕망의 움직임이 보이지 않는 곳에서 기계작동과 같이 나타날 수 있다는 점을 의미하는 것이다. "추상기계는 따라서 결코 고정적이고 보편적인 좌표에 확정적으로 연결되어 있지 않다. 추상기계는 항상 일에서 손을 뗄 수 있으며 가능성 양자를 재방출할 수 있다."[170] 반면 구체적인 기계는 기계작동이 갖고 있는 시공간 좌표에서의 일관성이 어떤 방식으로 드러나는지를 보여준다. 구체적인 기계작동은 욕망이 갖고 있는 패턴·형태·화음을 구체적으로 드러내 보여준다. 가타리의 기계관은 추상기계와 구체적인 기계를 통해서 자기생산하는 기계작동이 어떤 방식으로 나타날 수 있는지를 구체화하였다.

자기생산하는 핵심집단과 이행의 제요소들

가타리는 자기생산하는 핵심집단을 기계적 핵(機械的核, noyau machinique)이라고 규정하면서 이것이 어떤 미시정치적 요소를 갖고 있는가를 언급한다. 보통 핵심집단을 전위라고 사고하는 경향이 있는데 이런 사고방식은 기표생산적인 수준에서 존재하는 의식적인 주체성으로 수렴된다. 그러나 기계적 핵은 가장 탈영토화된 주체집단을 의미하며, 의식적 전위와는 다른 궤도를 갖는다. 기계적 핵은 가장 탈영토화되어 있으면서도 자기생산의 기계를 구축한 집단을 의미한다. 이를테면 노숙자들이 빈 아파트를 점거했던 '더불어 사는 집'의 사례에서 보면 핵심집단은 노숙자들을 연결해서 그러한 구체적인 행동에 나서게끔 교섭하고 지속적인 행동양식으로 그것을 구체화하는 집단이었다. 그것은 의식적인 전위나 기표생산적 지위를

170) 가타리, 『기계적 무의식』(2003), 75쪽

갖는다기보다는 가장 탈영토화된 집단과 제도를 교섭하고 자기생산적인 특이한 기계장치를 작동시키는 집단이었다. 가타리의 핵심집단으로서의 기계적 핵에 대한 사고방식은 레닌주의적인 방식의 전위를 지칭한다기보다는 특이성 생산을 주도하며 자기생산적인 기계작동을 수행하는 핵심적인 역할을 수행하는 집단이 있음을 겨냥한 것이다. 물론 핵심적 역할은 의식적인 지도의 역할로도 나타날 수 있고, 특이한 기계작동으로 나타날 수도 있다.

만약 기계적 핵인 핵심집단이 자본주의적 기표적 주체성과 관계를 할 때 어떤 관계를 가질까? 그것은 핵심집단이 탈영토화하여 자본주의와는 다른 기계작동을 일으키고 있는 상황이기 때문에, 지도-피지도의 관계를 맺게 될 것이다. 그렇기 때문에 이 관계는 예속관계(隷屬關契, rapports d'assujettissement)를 형성하며, 몰적 소외에 기반한다. 기존 영토에 귀속되어 있는 자본주의적 주체의 입장에서 가장 탈영토화된 영역으로 나아가 특이성을 생산하는 핵심집단은 자신의 삶에서 소외되어 있고, 매우 색다른 목소리를 낼 수밖에 없다. 예를 들어 기존의 육식문화를 당연시하게 생각했던 사람들이 채식운동을 하는 사람들을 만나는 순간 대부분은 자신을 가르치려고 든다는 인상을 받고, 육식문화에 대해서 의문을 품는다기보다는 특이한 기계작동을 일으키는 채식운동에 대해서 소외되어 있다는 인상을 받는다. 특이성을 강력하게 생산하는 핵심집단과 자본주의 주체성과의 만남은 대부분 지도-피지도의 관계로 나아갈 수밖에 없다.

그런데 이러한 자본주의적 주체성이 돌연변이의 흐름 속에서 자본주의적 기계장치로부터 분리된 원형 주체성이 된다면 또 하나의 관계가 형성될 것이다. 이 원형 주체성은 기관 없는 신체(corp sans organs)라고도 불리는 자본주의적 기계작동으로부터 자유로운 신체이다. 이것은 마치 아이, 동물, 광인과 같은 상태의 주체성을 의미한다. 가타리는 자본주의적 주체성이 탈영토화를 통해서 원형주체성으로 변모될 때 그것을 욕망관계(慾望關契, rapports de désir)라고 부르며, 원형주체성의 영역을 기계적 영토성(territorialités machinique)이라고 규정한다. 욕망의 돌연변이 효과를 통해서 자본주의적 삶으로부터 탈주한 집단들은 색다른 기계를 창조하기 위해서 일단 기존의 기계작동으로부터 벗어난 가장 원형적인 모습으로 나아간다. 자본주의에 벗어나려는 사람들이 아이와 같은 삶의 방식을 채택하고 일단 자본주의의 기계작동을 멈추는 것에서 출발하는 것은 이러한 기계적 영토성을 의미한다.

마지막으로 기계적 핵이라고 언급했던 핵심집단과 원형주체성이라고 불렸던 기계적 영토성에서 존재하는 사람들과의 관계를 사유해 볼 수 있는데, 가타리는 그것을 기계적 제어관계(制御關契, rapports d'asservissement)라고 규정한다. 핵심집단과 원형주체성은 지도-피지도의 관계가 아니라, 특이한 기계작동이 일으키는 자유의 가능성에 접근하려는 관계를 형성할 것이다. 기계적 핵인 핵심집단은 기계작동을 멈추고 생산을 멈춤으로써 해방의 가능성을 열려고 하는 원형 주체성에게 색다른 기계작동을 접속·연결시켜 주는 관계망을 형성한다. 예를 들어 부안 반핵항쟁 때 주민들이 학교라는 기계작동을 멈추고 시위현장에서 생태학교를 만들어 학생들과 수업했던 것을 들 수 있다. 또한 파업현장에서 노동자들이 생산을 멈추고 그 대신 가족들과 함께 현장에서 처음으로 노래를 부르고 춤을 추면서 지옥과 같은 생산현장을 놀이터로 바꾸어버린 것을 들 수 있다. 기계적 제어관계는 자본주의적 기계작동이 멈춘 공간에서 색다른 기계작동이 시작하는 관계를 의미한다. 어떤 의미에서 핵심집단은 자본주의적 주체성들과 마찬가지로 기계작동으로 분주하다는 점에서 공통점이 있다는 특징을 보여줄 수 있다. 그러나 핵심집단의 목표는 기계적 영토성과 기계적 제어관계를 형성하기 위한 기계작동이다. 즉 자본주의적 기계작동이 멈추어진 공간을 만들어 색다른 기계장치를 연결시키기 위한 노력일 뿐이지 정말로 자본주의적 기계작동처럼 생산성이랄지 속도 등을 따지는 것은 아니다.

가타리의 핵심집단은 기표를 생산하는 집단으로서 발언권을 획득하고 소식을 알리며 자신을 선전선동하는 주체가 아니다. 이와 반대로 특이성을 생산하는 기계작동을 일으킴으로써 흐름과 움직임을 주도하는 집단이다. 그렇기 때문에 핵심집단에 대한 사유는 레닌주의와 완전히 다른 각도에서 구성된다. 레닌주의는 의식화되고 깨어있는 지식인 전위들의 행동양식이 대중을 지도할 수 있다는 생각으로 구성되어 있다. 이에 반해 가타리가 언급한 핵심집단은 흐름을 주도하고, 특이한 움직임을 만들며, 자본주의와는 다른 기계작동을 만들어 나간다. 바렐라의 자기생산이라는 사상은 기계적 핵이라고 할 수 있는 핵심집단의 움직임이 갖고 있는 가장 기본적인 특징이다. 핵심집단은 자기생산적인 기계작동을 통해서 특이한 움직임과 특이한 욕망을 보여줌으로써, 그 속에서 이행의 제요소를 발견할 수 있다.

이행의 제요소(composantes de passage)는 특이성이 생산되는지의 여부에 달려 있으며, 그것은 핵심집단의 과제라기보다는 특이한 기계작동을 통해서 기존의 기계작동을 변화시킬 수 있느냐에 달려 있다. 그렇기 때문에 이행의 제요소는 돌연변이적인 욕망의 변화가 기계작동을 장착하며 사회와 교섭할 때 구체화된다. 여기서 혁명은 어떤 방식으로 가능한가에 대해서 사고할 필요가 있다. 혁명은 특이한 기계작동이 영구적으로 자본주의적 기계장치들에 대해서 변이를 일으키는 과정이다. 그런 의미에서 가타리의 혁명관은 영구혁명이자 영구개량이다. 이행은 단순히 생산양식의 변화를 의미한다기보다는 욕망하는 생산이 어떤 방식으로 움직임을 갖는가의 여부에 달려 있다. 그렇기 때문에 생산양식을 통한 이행의 신화에 맞서 욕망의 특이한 흐름과 움직임에 따른 변화에 대해서 사고할 때 완전히 다른 혁명이 가능하다는 생각에 도달할 수 있다.

가타리는 바렐라의 자기생산이라는 오토포이에시스 이론을 통해서 아주 특이한 기계작동이 가능하며, 그것이 자본주의적 생산에 미치는 효과에 대해서 사고하였다. 자본주의가 네트워크를 통해서 집합적 노동력을 조직하고, 생산, 소비, 유통을 조직할 수밖에 없는 현시점에서 그 네트워크의 기계작동을 변모시켜 자본주의조차도 변모시킬 수 있다는 생각이 가타리의 기계관의 핵심이다. 물론 이 과정에서 특이한 기계작동의 움직임을 자기생산적 형태로 갖는다는 것이 자본주의적 방식으로부터 벗어날 수 있는 욕망생산의 방식이다. 가타리의 기계관은 기계간의 연결과 생산방식을 바꾸어서 기계작동을 특이한 방향으로 나아가게 만들자는 제안인 것이다.

기계를 넘어선 기계

바렐라의 오토포이에시스라는 자기생산의 개념은 가타리의 기계 개념에서 핵심적인 영역이었다. 비록 바렐라는 자기생산과 타자생산을 나누면서 사회기계와 기술기계를 자기생산의 영역에서 배제하였지만, 가타리는 자기생산의 통합적 구도로 만들어버린다. 가타리의 기계는 폐쇄되어 있고 코드화되어 있는 기계학적인 기계개념이 아니라, 열려 있고 자기생산하는 기계론(機械論, machinism)적인 기계이다. 이것은 자본주의사회의 네트워크의 출현과 이를 둘러싼 주체성의 성격논쟁을 함의한다. 기술적 기계를 인간의 외부에서 사고하는 기술결정론적 사유방식과 달리 기계론은 사용과 제도적 소유의 문제를 넘어선 기계작동의 의미로 바꾸어버린다. 이에 따라 네트워크 속에서 특이한 기계작동을 수행하는 것 자체가 전체 기계작동을 변화시킬 수 있는 강력한 위상을 갖고 있다는 것이다. 이러한 네트워크 투쟁의 주체성으로서 등장한 개념이 '욕망하는 기계' 개념이며, 이것은 자기생산적 체계를 내부에 갖고 있는 특이성을 생산하는 주체성양식이다. 가타리가 오토포이에시스 개념에 대해서 착목하면서 이론적 구도를 변형함으로써 갖게 된 효과는 기계를 행동 후 효과로 보는 것이 아니라 행동 자체로 보는 것에 있다. 그러므로 욕망하는 기계가 연결되고 조립되면서 색다른 움직임을 보이는 것 자체가 이미 혁명적 행동양식인 것이다. 가타리는 바렐라의 자기생산 개념을 보이지 않는 영역에도 적용하여 추상기계라는 개념을 창안했다. 이 추상기계는 기계적 배치인 학교, 감옥, 군대, 병원 등에 보편적이고 일반적인 작동의 원리를 의미하는 것이 아니라 이로부터 탈영토화하여 지층과 위계를 횡단하는 특이점을 운반하는 보이지 않는 움직임이라고 사고된다. 즉 추상기계는 제도변화와 지층의 파괴를 이끄는 강력한 보이지 않는 변화의 기계작동 원리인 것이다. 시간-공간-에너지라는 실존좌표 속에서 구체적인 기계인 안면성과 리토르넬르는 추상기계가 작동하면서 형태·화음을 드러내는 방식이다. 탈영토화하는 특이한 기계작동을 보이는 핵심집단은 자본주의적 주체성과 지도-피지도라는 예속관계를 맺고, 자본주의 기계작동을 멈춘 주체에게는 기계적 제어관계를 맺으며, 자본주의적 주체성이 돌연변이적 욕망으로 인해 자본주의적 기계작동을 멈춘 원형적 주체성이 된다는 의미에서 욕망관계를 맺을 수 있다. 이러한 세 가지 관계는 특이한 기계작동이 갖고 있는 이행의 제요소에 대한 묘사라고 할 수 있다. 가타리는 바렐라의 자기생산의 의미를 사회 · 무의식 · 기술 · 제도의 영역으로 확장하여 특이한 기계작동을 통해서 전대미문의 변화를 이끌 수 있다는 분자혁명의 사상으로 바꾸어낸다. 가타리에게 기계는 사랑과 욕망의 움직임이 갖고 있는 자율에 다름 아니었다.

제7장 분 열

자본주의와 정신분열증
(들뢰즈와 가타리)

들뢰즈와 가타리, 분열논의에서의 두 인물들

질 들뢰즈(Gilles Deleuze, 1925~1995)는 가타리가 접속했던 인물 중에서 가장 독보적인 지위를 차지하고 있다. 들뢰즈 사상이 갖고 있는 화려한 언변(言辯)과 수사(修辭)의 그늘 아래로 가타리의 혁명성이 사라지고 있다는 지적도 있을 정도로 '들뢰즈와 가타리'라는 언명은 하나의 고유명사처럼 작동하고 있는 실정이다. 들뢰즈는 가타리와의 만남 이전에 『차이와 반복』과 『의미의 논리』를 통해서 서구 형이상학(形而上學, metaphysics)을 해체하고 다시 구축하는 색다른 작업을 수행하고 있었다. 특히 들뢰즈의 작업은 니체의 노선을 따라 서구 형이상학을 망치로 부수고 차이의 문제를 제기하였던 데 이론사적 의미를 갖는다. 그러나 들뢰즈의 『차이의 반복』은 차이가 어떻게 존재론적으로 생산되는가라는 질문에 대해서 대답할 수 없었다. 이런 와중에 가타리의 욕망이론과 접속하면서 문제를 해결할 수 있었다. 욕망은 차이를 생산할 수 있는 원동력이며, 탈영토화하려는 움직임을 통해 특이성(特異性, singularity) 생산을 완수한다. 이에 대해 가타리는 간략히 "반복은 차이의 시작입니다. 여기서 반복은 어떤 것의 종말, 과정의 멈춤을 이루는 것이 아니라, 반대로 탈영토화의 문턱(seuil), 욕망하는 변이(mutation)의 기호를 표시하지요."[171]라고 지적한다. 결국 들뢰즈가 구축하려 했던 차이의 형이상학의 질서도 현존하는 실재적인 욕망의 움직임에 의해서 설명되어야 할 것이 되었다. 차이의 문제는 서로 환원될 수없는 특이성으로서 다르다는 것을 인정하는 차원의 문제가 아니라 욕망의 흐름과 움직임에 의해서 차이(특이성)가 생산되어 세상을 다른 방식으로 재창조할 수 있느냐의 여부의 문제로 바뀌게 된다. 아카데미의 질서와 공식에 의해서 움직였던 들뢰즈는, 차이에서 욕망으로 문제의식을 변화시키면서 가타리라는 번개에 맞은 피뢰침이 된다.

가타리와 들뢰즈의 만남은 가까운 친구의 소개로 이루어졌다. 당시는 68년 혁명이 끝나가던 즈음이었고 가타리는 비라캉적인 구도를 구체화하면서 자신의 독특한 사상적인 질서를 막 형성하기 시작하던 때였다. "[들뢰즈와의] 만남과 공동작업의 시작은 거의 한눈에 홀릴 정도로 눈 깜짝할 사이에 이루어졌습니다. 68년 사건 뒤였습니다. 한 친구의 소개로 질 들뢰즈를 만났습니다. 이때 저는 라캉주의에 일어나고 있는 모든 것에 대해 비판적이었습니다. 물론 라

---

171) 가타리, 『분자혁명』(1998), 41쪽

캉 자체에 대해서도 비판적이었습니다.……그는 저에게서 라캉파의 내부 고발을 발견하고 이것을 라캉파에 대한 자신의 비판에 결합시켜 5월 사건에 관해 이론적 조명을 하려고 했습니다. 그는 제가 말한 것을 책으로 만들자고 했습니다. 제 쪽에서는 그러한 준비를 하지 않았고 어떤 본질적인 메시지를 곧바로 제공하려고도 생각하지 않았습니다. 그러나 그는 놀랄 정도로 급하게 책을 쓰자고 권했고, '자네가 오늘 말한 것을 쓰기만 해도 좋아'라고 했습니다."172) 들뢰즈와 가타리의 이론적 분업은 군사적으로 들뢰즈가 일종의 병력 배치나 지휘를 맡는다면, 가타리는 공격대를 취하는 형태였다. 그러한 두 사람의 작업은 단순한 이론적 분업의 형태에 머무른 것이라기보다 두 사람의 경계마저도 사라지는 그런 상황이라고 언급된다. "우리 둘이서 『앙티 외디푸스』를 썼다. 우리들 각자는 여럿이었기 때문에 이미 많은 사람들이 있었던 셈이다. ……알아보지 못하게 하려고 우리는 교묘한 가명들을 분배해 놓았다. 그렇다면 왜 우리 이름은 남겨뒀는가? 관례상 그저 관례상 바로 우리를 알아보지 못하게 하려고 우리 자신이 아니라 우리가 행동하고 느끼고 사유하게끔 하는 것을 지각할 수 없게 하려고…… 이제 우리는 더 이상 우리 자신이 아니다. 사람들은 각자 자기 것을 찾아낼 수 있을 것이다. 우리는 도움을 받았고 빨려 들어갔고 다양화되었다."173) 가타리와 들뢰즈의 공동작업이 갖는 시너지 효과는 가타리의 특이성이 하나의 학문적인 구도로 정리되면서 나타났다는 데 의미가 있다. 초반에 수행했던 작업이 어떤 형태였는가를 살펴보기 위해서 『앙티

172) 윤수종, 『욕망과 혁명』(2010), 24쪽
173) 들뢰즈·가타리, 『천개의 고원』(2003), 11쪽

외디푸스 페이퍼』(*The Anti-Oedipus papers*)라는 가타리의 작업을 통해서 볼 수 있다. 마치 들뢰즈가 내준 숙제를 하듯이 『앙티 외디푸스』의 전반적인 그림을 그려낸 이 책은 가타리가 들뢰즈를 통해서 체계와 방법론을 더 엄밀하게 만들 수 있었음을 알 수 있게 한다.

들뢰즈에게 있어서도 가타리가 갖고 있는 혁명성은 엄청난 이론적 구도의 변화를 초래했다. 예를 들어 들뢰즈는 『차이와 반복』에서 차이(差異, différence)를 가지면서 반복(反復, répétition)되는 현상이 어떤 실재의 본성으로 설명될 수 있는지에 대해서 철저히 규명할 수 없었다. 이 반복현상은 사실상 기계 개념을 의미하는 것으로서 가타리의 '욕망하는 기계'(machine désirant)라는 개념을 통해서 구체화된다. 들뢰즈는 반복이 갖고 있는 리듬에 대해서 주목하면서도 차이 생산과 그로 인한 강렬도 생산의 의미를 해석할 수 없었던 데에서 이론적 난관에 봉착해 있었다. 욕망하는 기계 개념은 이러한 들뢰즈의 이론적인 난관을 돌파할 수 있는 매우 실효성(實效性) 있는 개념이었다고 보인다. 여기서 들뢰즈는 차이문제를 제기하면서 형이상학을 재구축하면서도 차이 생산이라는 특이성 생산의 문제에 대해서는 침묵하고 있었다. 특이성 생산의 문제는 매우 실천적인 영역에서의 문제였으며, 차이의 형이상학이라는 이론적 구도를 실천적인 구도로 바꾸어 놓을 수밖에 없는 색다른 그림을 그려낸다. 들뢰즈는 특이성이 있다는 점까지는 도달했지만 그것이 강렬도를 가지면서 나타나는 현실의 운동과 특이성이 생산되는 과정에 대한 구체적인 분석에 대해서는 침묵하고 있었다. 단지 특이성으로 구성된 세상의 원리를 설명하려는 형이상학적 구도에 머물러 있었던 것이다. 그러나 가타리의 혁명적 실천성은 욕망을 특이성 생산을 이룰 수 있는 힘의 원천으로 봄으로써 들뢰즈의 이론적 작업을 완전히 다른 방향으로 나아가게 만든다. 사실 들뢰즈와 가타리는 서로의 사상을 뒤섞음으로써 어떤 사람의 특이성이 이런 부분에서 나타나는지에 대해서 판단할 수 없는 새로운 창조물을 만들어냈다. 그것이 바로 특이성 생산으로서의 이질생성의 진정한 모습이었다. 그렇기 때문에 『앙띠 오이디푸스』나 『천개의 고원』은 어느 한 사람의 작품도 아니고 두 사람이 이질생성(hétérogenèse)을 일으킨 특이성 생산을 보여주는 작품이다.

들뢰즈의 니체적 노선은 가타리의 스피노자적 노선과 접속하여 뒤섞이는데, 여기서는 엄밀히 구분해 볼 필요가 있다. 물론 들뢰즈 자신이 니체와 스피노자의 노선 모두에 대해서 수용적 태도를 취했다는 점에서 이 두 사람의 노선에서 큰 균열은 보이지 않았다. 하지만 들뢰즈-니체의 노선과 가타리-스피노자의 노선이 합성되는 과정에서 이 두 노선의 결정적인 차이에 대해서는 주목해 보아야 한다. 니체의 노선은 선악의 피안을 넘어서 자기긍정의 원천에 기반해서 새로운 가치를 만드는 초인(超人, overman)을 등장시킨다. 들뢰즈는 니체의 계보학(系譜學, genealogy)적 사고가 갖고 있는 가치를 생산하고 도덕을 생산하는 권력 의지라는 힘에 주목한다. "니체의 가장 일반적인 기획은 철학에 의미와 가치의 개념을 도입하는 것이다. 현대철학이 폭넓게 니체로부터 도움을 얻었음은 분명하다……. 니체는 의미와 가치의 철학은 비판적 성격을 지녀야 한다고 거침없이 밝혔다."[174] 니체는 기존에 가치를 비판하고 전복하고 새로운 가치를 생산하는 철학을 전개했으며, 능동적이고 긍정적인 힘과 반동적이고 수동적인 힘이 가치에 녹아들어 있음을 계보학적으로 밝힌다. 물론 들뢰즈가 니체를 통해서 독해해 낸 것은 새로운 가치를 생산해 낼 수 있는 힘의 개념이었다. 그러나 이러한 니체의 힘(power)의 개념은 스피노자의 내재성의 역능(力能, force)과 동일시될 수 없는 차원에 있으며, 내재적인 지평을 배제한 초인은 특이성 생산의 영역이라기보다는 자신의 약함을 넘어서려는 초극의 원리에 의해서 작동한다고 할 수 있다. 가타리는 '넘어선다'라는 개념에 응답하면서 니체를 다음과 같이 비판한다. "무엇보다도 먼저, 저는 니체주의자가 아닙니다. 둘째로 저는 저의 약점을 넘어서는 것에 대해 생각하지 않습니다. 셋째로 저는 정신분석에서 그리고 대학에서 목을 적시고 있는데 이러한 영역에 제가 기여할 수 있는 것을 알지 못합니다."[175] 스피노자주의자인 가타리의 시각에서는 어떤 가치를 넘어서는 힘이 있다는 것은 자신의 약점을 넘어서는 것으로 판단되었으며, 동시에 내재성의 관계망 속에서 특이성을 생산하는 것이 아니라, 새로운 가치를 생산하는 것으로서의 넘어섬을 승인할 수 없었다. 이것이 들뢰즈-니체 노선과 가타리-스피노자 노선의 차이점을 암암리에 조명할 수 있는 부분이다.

들뢰즈-사드(Sade) 노선과 가타리-마조흐(Masoch) 노선으로 이 두 사람의 차이점을 조명하려는 시도 역시도 니체와 스피노자 철학의 차이점에서부터 출발한다. 물론 이 두 구도의 차이가 균열로 나

174) 들뢰즈, 『니체, 철학의 주사위』(1993), 21쪽
175) 가타리, 『가타리가 실천하는 욕망과 혁명』(2004), 268쪽

타나지 않았던 이유는, 들뢰즈 자신이 니체의 힘 개념과 스피노자의 역능 개념의 차이점에 주목하지 않고 공통점으로 바라보았기 때문이다. 그렇기 때문에 가타리-스피노자 노선과 합성될 수 있는 공유지반을 갖고 있었던 것이다. 그러나 가타리는 니체를 결코 수용하지 않았고, 니체의 힘 개념에 스피노자의 역능 개념을 중탕시키고 결합하는 것에 동의하지 않는다. 그 이유는 철학적 체계를 구축하는 시도로부터 가타리가 자유로웠기 때문이다. 가타리는 가장 이단적인 반합리주의 노선인 욕망과 광기의 노선을 통해서 아카데미와 결합할 수 있는 여지를 두지 않고 출발한다. 그러나 처음부터 철학 도제수업을 받으며 아카데미에서 성장해 온 들뢰즈의 경우에는 체계를 갖추고 개념을 엄밀히 구사해야 한다는 이론적 입장에 서있었다. 그렇기 때문에 가타리와 들뢰즈는 존재지반에서 사실상 다른 영역에 있었으며, 68혁명 이후의 이론적이고 실천적인 입장을 밝혀야 한다는 공동의 과제라는 측면과 서로의 이질적인 영역을 생성시킬 수 있는 새로운 요소로 받아들인 색다른 실험이 이 두 사람을 함께 할 수 있게 만들었을 것이다. 들뢰즈가 아카데미적인 과제를 완수하고 철학의 새로운 지평을 열 수 있는 기회를 놓치고 이단아 가타리를 만나면서 철학의 길로부터 벗어났다고 하는 사람도 있다. 그것은 들뢰즈와 가타리의 관계망 창발(關係網 創發)이 낳은 전대미문의 효과를 바라보지 못하는 입장이다. 두 사람은 서로 이질생성되면서 여럿이 되고 다양화되면서 색다른 특이성으로 나아갔던 것이다.

분열의 세 가지 지층

들뢰즈와 가타리는 프로이트나 라캉처럼 신경증적 질서가 아니라, 분열증적 질서에 대해서 착목하면서 이론을 전개한다. 이것은 가족무의식의 질서로부터 벗어난 사회적·역사적·집단적 무의식이 사실상 분열증적 영토 속에 존재한다는 것을 의미한다. 여기서 신·국가·아버지라는 초자아(超自我, superego)적 존재는 신경증적 영토 속에서 살아가는 아이들에게 안정감과 거부감을 동시에 들게 하는 것이라는 단순히 봉합 가능한 상태에서의 중화되고 살균된 상황으로 이끄는 것이 아니라 매우 극단적인 분열로 이끈다. 예를 들어 부친살해와 아버지를 능가하는 아버지가 되려는 두 개의 잘못된 발신음이 동시에 수신된다. 이러한 분열(shizo)의 상황을 발생시키는 이중구속(二重拘束, double bind)이란 무엇인가에 대해서 궁금증을 풀기 위해서는 베이트슨의 '분열의 논리학'에 대한 이해가 필요하다. 베이트슨은 자신의 대표저작인 『마음의 생태학』에서 분열발생의 기원에 대해서 다음과 같이 언급한다. "선사는 자신들의 깨달음을 얻도록 다양한 방법을 시도한다. 선사가 제자의 머리 위에 지팡이를 올려놓고 사납게 '이 지팡이가 실제로 있다고 말한다면 이것으로 너를 때릴 것이다. 이 지팡이가 존재하지 않는다고 말한다면 이것으로 너를 때릴 것이다. 아무 말도 하지 않는다면 이것으로 너를 때릴 것이다.'라고 말하는 것도 그중 하나다."[176] 모순된 발신

176) 베이트슨, 『마음의 생태학』(2006), 340쪽

음이 동시에 수신되는 상황에서 어쩔 줄 몰라 하는 경우에 처하게 되는 아이들의 상황의 사례를 하나 들자면, 부모들로부터 '나를 밟고 일어나라. 나보다 더 나은 사람이 되어라'라는 말을 들으면서도 자신을 존경할 것을 암시받는 그런 상황이 있다. 그러한 상황은 본보기(본보기가 아닌) 부모의 애정을 의심하지 말 것을 강제하면서 이중구속을 발생시킨다.

베이트슨의 이중구속 이론은 초자아의 존재가 사실상 분열발생의 원인이 되고 사실상 그것에 예속된 사람들로 하여금 어쩔 줄 모르게 만드는 상황을 만듦으로서 정신분열증(精神分裂症, Schizophrenia)의 상황으로 이끈다는 것을 설명한다. 베이트슨의 분열의 논리학인 이중구속론은 들뢰즈·가타리 이론의 핵심적인 영역을 차지하는 것으로서 정신분열증이 자본주의에서 전반적인 현상이 되었다는 점에 논거가 된다. 들뢰즈·가타리에 따르면 자본주의는 탈영토화되고 탈코드화된 욕망의 흐름을 만들면서도 그것을 기존의 영토인 가족·국가·제도로 재영토화하고 초코드화하는 시스템이다. 그렇기 때문에 탈주와 포획, 해방과 억압, 생산과 반생산(反生産, anti-production)이 공존하는 것이 자본주의의 이율배반(二律背反)이다. 그런데 이 이율배반은 자본주의 하에서의 정신분열증의 발생원인이 될 수 있다는 점이며, 자본주의와 정신분열증은 상동성을 갖는 형태로 나타난다.

여기서 분열(schizo)은 세 가지 개념적 지층을 형성하게 되는데, 먼저 자본주의의 사회분열(社會分裂, sociotomy) 양상이 첫 번째 영역이다. 자본주의적 경쟁시스템은 사람들을 극도로 분열시키는 발생병인이다. 경쟁은 일차적으로 성공주의와 승리주의에 대한 맹목적인 충동을 발생시키면서 부자가 되고 성공한 사람이 되어야 한다는 강박관념과 역할모델을 갖도록 만든다. 그러나 경쟁의 룰에서는 진정한 승자가 없으며, 모두 다 패배자로 규정될 수밖에 없는 극단적인 먹이사슬과 피라미드를 구축한다. 경쟁이 만들어내는 분열은 곧 사회양극화와 불안정고용, 불안정주거, 저소득층의 항시적인 빈곤과 가난 등의 문제를 동반한다. 사회분열은 이 사회가 안정되어 있고 통합되어 있다는 장밋빛 환상과 달리 쫙 갈라서 있는 양극단의 사회를 구성한다. 사회분열의 양상은 학벌, 외모, 재력, 사교, 어휘구사능력 등에 의해서 좌우되며 사실상 사회에서의 소수자들에 대한 분자화된 파시즘이 강화되는 방향성에서 나타난다. 가타리는 사회분열의 양상이 만들어내는 소수자에 대한 엄청난 압력과 억압, 차별의 상황을 미시파시즘으로 묘사한다.

두 번째 분열의 지층은 정신분열증이며, 첫 번째 지층인 사회분열과 긴밀한 관련을 갖는다. 정신분열증은 욕망의 작동이 정지하고 기관 없는 신체라는 근원적인 신체의 한계지점으로 나아가서 무기력하고 욕망이 정지되고 폐색된 신체를 만들어낸다. 자본주의와 정신분열증의 상동성에서도 알 수 있듯이 욕망의 생산과 반생산간의 이율배반이 극단적으로 나타나는 것이 정신분열증의 신체이다. 정신분열증 환자들은 사회분열과도 긴밀한 관련을 가지며 사실상 사회현실이 분열의 논리에 의해서 움직이는 것에 반응한다. 가타리는 들뢰즈와 함께 '모두 다 분열자'인 상황 즉 '모두 다 미친 상황'이라는 전제하에서 자본주의를 설명한다. 자본주의는 미친 것처럼 움직인다. 미친듯이 소모하고, 노동하고, 놀고, 소비한다. 그 과정에서 자본주의적 광기가 정지되는 순간 욕망이 어쩔 줄 몰라하면서 폐색되고 협착된 신체 속에 사로잡혀 버린다. 정신분열증이 접속하는 강렬도=0의 기관 없는 신체는 욕망이 작동할 수 없는 사회적 신체의 한계지점을 의미한다. 자본주의는 정신분열자들을 몰아내려고 하지만 사실상 분열의 논리를 내부에 갖고 있기 때문에 정신분열자를 생산하는 장치이다. 정신분열증은 병리적 분열의 지위를 가지면서 극단적인 욕망의 정지의 상태로 인해 가장 밑바닥 상황에 있는 소수자의 신체를 구성한다. 욕망하는 기계들이 정지된 상태인 광인의 신체는 이 사회의 가장 마이너리티적인 상황으로 내몰며, 노동·거래·성·활동 등으로부터 배제된 기괴한 상황을 구축한다. 자본주의와 정신분열증의 상동성은 사회분열이라는 첫 번째 지층과 정신분열증이라는 두 번째 지층간의 상관관계를 의미하며, 이 두 지층은 격렬하게 서로 톱니바퀴처럼 맞물려서 움직인다.

분열의 세 번째 지층은 창조적 분열(schizo)을 의미한다. 분열은 과학·예술·혁명의 원동력이 될 수 있는데, 그것은 비루한 일상으로부터 벗어나 특이성 생산이 이루어지는 순간을 분열로 볼 수 있기 때문이다. 가타리는 "나는 들뢰즈와 함께 분열과정을 임상적인 정신분열증과 구분하려고 한다. 정신분열자는 자신의 분열과정을 잃어버린 사람이다. 분열과정이 더 이상 기능하지 않을 때 정신분열증이 있다."[177]라고 언급하면서 분열과정이 혁명적이기 때문에 정신분열증에 대한 억압이 심하게 행해진다고 언급한다. 물론 정신분

177) 가타리, 『가타리가 실천하는 욕망과 혁명』(2004), 85쪽

열자들이 혁명적이지 않으며, 어린이 · 예술가 · 청년의 분열과정이 혁명적이다. 그런 면에서 볼 때 욕망이 섬광과 같이 생성되는 순간을 분열이라고 지칭할 수 있으며, 욕망의 강렬한 힘이 색다른 영토를 개척하고 기존 제도로부터 벗어나는 형태를 생각해 볼 수 있다. 가타리의 특이성 생산은 분열과정과 떼어놓고 생각할 수 없으며, 그것은 색다른 욕망이 생산되는 순간이자 기존 제도와 지층으로부터 벗어나는 순간이라는 의미에서 분열이다. 이 세 번째 지층으로서의 분열에 대한 사고는 들뢰즈가 사고한 영역이라기보다는 가타리의 이론적인 영역이었다. 특히 가타리는 병리적 분열이라 하더라도 기존의 욕망을 재배치하고 색다른 욕망을 활성화할 수 있다는 의미에서 창조적 분열로 뒤바뀔 수 있는 분열생성(分裂生成)의 힘을 갖고 있다고 사고한다. 왜냐하면 정신분열증 환자나 소수자들이 하나의 표상이나 도식에 사로잡히지 않고 세계를 재창조할 수 있는 분열을 내재하고 있기 때문이다. 기존의 똑딱거리는 삶에 익숙한 사람들에서 벗어나는 것은 광인, 어린이, 장애인 등이 사회통념이나 지배적인 표상으로부터 벗어나 색다른 욕망을 작동시키는 것과 같이 분열을 통과해야 한다. 이런 의미에서 들뢰즈·가타리의 '자본주의와 정신분열증'(Capitalism and Schizophrenia) 기획과 분열생성론은 궤도를 달리하는 것이다.

분열의 동역학을 세 가지 지층에서 다시 설명해 보자면 사회분열이라는 첫 번째 지층이 무의식의 궤도에 영향을 주어 정신분열증으로 나타날 수 있으며, 이 정신분열증이 계기가 되어 오히려 창조적인 분열과정을 만들어낼 수 있다는 순환의 궤도를 제시해 볼 수 있다. 그 의미는 경쟁사회에서 무의식이 황폐화되고 광인이 된 사람이 자신의 특이성을 발견하고 색다른 욕망의 움직임을 갖게 된다는 것을 의미한다. 그것은 분자혁명(分子革命, rèvolution molèculaire)이라는 새로운 혁명의 상황을 의미하는 것으로 자신의 무의식의 변화를 통해서 삶을 변화시킬 수 있고, 이 삶의 변화는 작은 기계부품이 연결되어 움직이는 자본주의 하에서 색다르고 특이한 기계작동을 일으킬 수 있다는 점을 의미한다. 자본주의의 궤도 하에서 똑딱거리듯이 움직이는 것이 아니라 아주 다른 의미에서 세상을 재창조해내고 다른 방식으로 삶을 재전유하여 특이한 욕망을 발산하는 것이 분열이다. 이는 랭보가 분열시기에 보여주었던 예술적이고 심미적인 시와 같이 다른 방식의 창조물을 만들고 자신의 삶을 바꾸는 것을 의미한다. 물론 랭보는 분열이 끝나자 다시 장사를 하러 떠나면서 기존 영토로 돌아갔다. 분열의 세 가지 지층에서 들뢰즈와 가타리가 함께 했던 작업은 두 번째 지층에 한정되어 있으며, 분열의 더 적극적이고 혁명적인 의미는 들뢰즈에게서 발견할 수 없다. 가타리의 분열분석은 세 가지 지층을 포괄적으로 분석하는 것으로서 사실상 분열분석이 혁명집단 분석을 겨냥한다는 점을 보여준다.

'자본주의와 정신분열증' 기획의 기본구도

자본주의와 정신분열증 기획은 분열발생의 원인이 되는 자본주의의 욕망하는 생산과 사회적 생산 간의 절단을 밝히는 작업으로부터 출발한다. 욕망하는 생산은 리비도의 흐름을 생산하면서 사회적 신체가 갖고 있는 욕망이 모두 생산적이라는 점을 의미한다. 그러나 사회적 생산은 이러한 욕망하는 생산의 일부만을 긍정하는 시스템이기 때문에 욕망의 좌절과 배제가 존재할 수밖에 없다. 욕망하는 생산은 분열을 의미하는 것으로 자본주의 내부에서 작동하는 강렬한 흐름이다. "분열은 원인들의 질서 없이는 불가능하지만, 분열이 현실적인 것이 되는 것은 다른 질서에 속하는 어떤 것에 의해서만이다. 즉 욕망, 광야-욕망, 혁명적 욕망의 공급에 의해서만이다. 그리고 이것이야말로 자본주의의 밑을 파헤쳐 자본주의를 서서히 파괴하는 것이다."[178] 분열은 현실적인 자본주의에서 작동하며 자본주의를 움직이도록 욕망의 힘을 제공해 주는 것이지만, 자본주의는 이것을 선별하고 분열의 혁명적인 힘을 완화하거나 중화하도록 노력한다. 자본주의가 욕망의 움직임을 정지시키는 반생산(反生産)의 기계장치를 작동시키는 한에 있어서 정신분열증은 자본주의 현실과 상동성(相同性)을 갖는다. 자본주의는 욕망을 생산하면서도 욕망을 억제하는 이중적인 체계를 의미하며, 그런 의미에서 반생산 기계장치를 내부에 갖고 있다. 욕망하는 생산이 사회적 생산으로 절단되는 과정에서 국가와 같은 반생산 영역이 개입한다. 사회 속에서 욕망하는 주체성의 욕망은 생산적임에도 불구하고, 그 중 일부만을 생산에 동원하려는 과정에서 국가는 욕망을 억제하고 통제하는 역할을 수행한다. 물론 그 역할을 예전에는 종교가 했었던 시절이 있었

178) 들뢰즈 · 가타리, 『앙티 외디푸스』(1997), 553쪽

다. 그 과정에서 욕망이 폐색(閉塞)되고 협착(狹窄)되어 정지된 상태가 존재하게 되며, 그러한 상황이 정신분열증의 상황을 의미한다.

자본주의는 탈영토화하고 탈코드화하는 욕망의 흐름을 발생시킨다. 그 흐름을 분열이라고 규정할 수 있다. 거주지와 국경을 넘나들고 제도나 규범으로부터 벗어나려는 강렬한 욕망의 움직임이 끊임없는 자본주의의 혁신을 강제하는 것으로 보인다. 그러나 이러한 욕망의 움직임이 자본주의를 영구혁명의 상황으로 내던지고 매우 불안정하고 격렬한 변혁의 흐름으로 이끄는 것만은 아니다. 욕망의 움직임을 재영토화하고, 초코드화하려는 상반된 움직임도 존재한다. 문제는 욕망의 흐름을 어떻게 통제할 것인가가 자본주의의 유지와 안녕에 직결된다는 점이다. 그렇기 때문에 자본주의의 선결과제는 분열에 의한 욕망의 흐름을 어떻게 통제할 것인가의 문제였다. 그 해결책은 정신분열증에 있다고 해도 과언이 아니다. 자본주의는 의사(疑似)-죽음적 상태를 만들어내고, 욕망이 강렬도=0상태에 처하도록 만들었다. 사실 정신분열증은 자본주의가 만들어낸 하나의 가공할 만한 예술작품과 같은 것이었다. 죽음을 선체험(先體驗)함으로써 욕망이 정지되고 폐색된 상황을 맞이하고 더 이상 욕망이 생산되면서도 억제되게끔 하는 것이 자본주의가 분열에 맞서 만든 기본적인 구도이다. 탈영토화하고 탈코드화하는 욕망의 움직임은 자본주의가 갖고 있는 낡아빠진 기존 영토나 초월적인 코드에 의해서 통제된다. 그것은 아버지, 신, 국가 등의 초자아라는 통제수단이다. 낡아빠진 체계임에도 불구하고, 이러한 기존 영토들은 욕망을 억제하고 통제할 수 있는 권위적인 수단이었다. 이러한 명령이 부드러운가 아니면 강제적인가의 문제는 별로 중요하지 않다. 무의식에 파고들어 분열과정이 갖고 있는 흐름이 더 이상 변신과 탈주를 통해서 기존 제도를 벗어나지 못하게끔 옴짝달싹하지 못하게 만든다. 문제는 정말 미치지 못해서 미치게 된다는 역설이 발생한다는 점이다. 무의식이 고아였던 사람들에게 가족과 아버지가 설립되고 그 가운데서 정체가 분명한 사람이 된다. 아버지는 국가일 수도 신일 수도 있고 혹은 직장상사일 수도 있다. 횡단하고 탈주하고 변신하는 욕망의 움직임과 흐름은 아버지라는 고정점에 사로잡히며 이러지도 저러지도 못하는 이중구속에 처하게 된다. 이 낡아빠진 자본주의의 작동원리에 의해서 욕망이 생산되면서도 억제되는 이율배반에 빠지게 되는 것이다.

분열의 의미는 두 가지 방향성을 갖는다. 먼저 창조적이고 혁명적인 분열이 생성되어서 자본주의를 변화시키고, 기존 영토를 변화시키는 것으로서의 '분열생성(分裂生成)'이 있을 수 있다. 또 다른 방향에서 욕망이 좌절되고 정지되어 폐색된 상태로서의 '분열발생(分裂發生)'이 있을 수 있다. 이 두 가지 영역의 차이점은 임상적 의미의 정신분열증과 과정으로서의 정신분열증이라는 구분으로 나타난다. "우리는 혁명가가 정신분열자이다. 혹은 역으로 정신분열자가 혁명가이다라고는 생각하지 않는다. 오히려 우리는 끊임없이 임상실체로서의 정신분열자와 과정으로서의 정신분열증을 구별해 왔다."[179] 가타리는 들뢰즈와 함께 정신분열증에 대해서 언급하면서 사실상 이 두 가지 경계를 엄밀하게 구분하면서도 모호하게 기술한

179) 같은 책, 555쪽

측면이 있다. 왜냐하면 분열생성의 강렬한 욕망의 흐름에 대해서 언급하는 것 같으면서도 자본주의가 정신분열증을 발생시키는 것에 대해서도 언급했기 때문이다. 이런 두 가지 구분이 엄밀히 적용되지 않았던 것은 분열생성론의 시각을 엄밀히 가질 수 없었던 데 이유가 있다. 이후 가타리의 분열분석을 생성분열분석(生成分裂分析, schizo-analyse générative)과 변형분열분석(變形分裂分析, schizo-analyse transformationelle)으로 나누면서 이 경계지점을 명확히 한다. 생성분열분석은 소외되어 있고 종속되어 있는 임상적 정신분열증 분석에 적합하며, 변형분열분석은 분열의 섬광과 같은 힘에 의해서 현실을 변혁하는 혁명집단의 분석에 적합하다. 이 두 노선의 차이점은 들뢰즈와 함께 작업하면서 분명하게 드러나지 않는 모호한 형태로 서술되며, 이후 분열생성론적 시각도 단지 내재되어 있을 뿐 직접적으로 드러나지는 않는다.

들뢰즈와 가타리가 함께 작업했던 『앙티 외디푸스』(*Anti-Oedipus*)는 욕망의 혁명적인 움직임을 분열증이라고 하면서 반동적인 힘인 편집증과 대조되는 힘으로 서술했다. 분열증(分裂症, schizophrenia)적 흐름이 편집증(偏執症, paranoia)적 흐름과 충돌하는 형태는, 하나의 모델로 집중되는 경향이 있는 몰(mole)적 수준과 여러 가지 방향성으로 이행하고 변이되는 분자(分子, molèculaire)적 수준으로 나타난다. 라캉과 프로이트의 정신분석으로부터 벗어나려는 정치적인 시도들이 돋보이는 이 책은 사실상 자본주의와 오이디푸스를 동일시하는데 그 이유는 자본주의가 낡아빠진 영토 속에서 욕망의 통제의 방법을 찾고 그것을 구사하기 때문이었다. 특이 욕망하는 생산이 사회적 생산으로 절단되는 과정을 생산-접속, 등록-이접, 소비-연접의 과정으로 보여줌으로써 욕망의 정치경제학을 구성해 냈다는 데 큰 의미를 갖는다. 그 내용은 욕망이 접속하고 연결되는 과정에서는 어떤 차별이나 배제도 존재하지 않는 상황에서 코드의 등록을 통해서 차별과 선별이 발생하고 결국 정체가 분명한 주체가 됨으로써 소비가 이루어진다는 것이다. 이 책은 리비도경제학과 현실 정치경제를 통합적으로 만듦으로써 사실상 욕망의 정치경제학이 어떤 방식으로 움직이는가를 보여주었다. 특히 자본주의와 정신분열증을 연결시킨 부분은 이 두 영역간의 상동성을 밝히는 것에 머무는 것이 아니라, 자본주의 내부에서 오이디푸스에 의한 욕망 억제가 사실상 분열발생의 원인이 된다는 심오하고 예리한 통찰이 있다. 여기서 오이디푸스는 기표독재체제에 의해서 기표로 나타나기 때문에 구체적인 아버지라는 형상만이 아니다. 『앙티 외디푸스』는 68년 혁명이라는 욕망에 의한 혁명이 서구복지사회에 의문을 던졌던 문제제기를 담고 있으면서도 동시에 라캉적 구조주의로 재구조화하려는 반동적 움직임에 대해서 반론을 펼치고 있는 책이다. 자본주의와 정신분열증 기획의 첫 번째 책인 『앙티 외디푸스』는 분열증의 가속화에 의해서 자본주의의 의고(擬古)적 영토들이 침식당하고 붕괴된다는 전망을 갖고 있다. 즉 욕망의 혁명적인 움직임과 흐름이 기존의 낡아빠진 자본주의를 변화시킨다는 전망이 그것이다.

'자본주의와 정신분열증' 기획의 두 번째 저작으로서 『천개의 고원』(*Mille plateaux*)은 정치적 시도라기보다는 보다 실험적인 시도에서 쓰인 저작이라고 평가될 수 있다. 예를 들어 이 책에서 서론에서 언급되는 리좀(rhizome)과 수목구조(arbre)는 혁명운동이 어떻게 정체되고 제도화되는지에 대한 진단에서 나온 개념들이다. '그리고…… 그리고…… 그리고'의 리좀적인 제작방식은 네트워크 시대에 도달한 혁명운동의 움직임방식에 대한 형상화로 매우 유효하다. 이 책에서는 자본주의와 정신분열증 기획에서 핵심이었던 분열증에 대한 설명은 단지 전쟁기계와 노마디즘(nomadism)이라는 개념에서 잠깐 언급되며, 오히려 욕망과 사랑의 움직임이 갖게 될 배치의 변화와 집합적 언표행위 배치(agencement collectif d'enonciation), 소수자되기(devenir minorité)의 흐름과 같은 것이 더 강조된다는 인상을 받게 된다. 『천개의 고원』은 정신분열증의 혁명적 과정을 제국을 넘어선 노마드라고 말하는데, 그것은 두뇌의 노마드, 이념의 노마드라기보다는 정말로 자신의 규격화된 삶을 떠나 이리저리 여행하고 횡단하고자 하는 노마드를 지칭하는 것으로 보인다. 물론 제국과 노마드의 대조과정에서 유목민으로 지칭되는 집단이 분자적이고 분열증적 움직임일 수 있느냐는 것은 논란의 소지를 갖고 있다. 『천개의 고원』은 『앙티 외디푸스』의 접속, 이접, 연접의 과정을 신체의 형상으로 보여준다. 기관 없는 신체, 암적 신체, 텅 빈 신체라는 신체적 조성으로 설명하는 방식은 가타리의 욕망하는 기계의 결합방식보다 들뢰즈의 신체적 질서가 더 주안점이 되었다는 것을 알 수 있다. 이 책이 너무도 실험적임에도 불구하고 마치 어떤 정치적 텍스트로 간주되는 것은 여러 가지 오해를 만들어낼 수 있다.

들뢰즈와 가타리의 '자본주의와 정신분열증' 기획은 분열에 대한 각가지 억측을 낳았다. 이를테면 정신분열증을 찬양하는 것이 아닌

가라는 오해가 그것이다. 물론 이 두 기획이 어떤 연장선 가운데 있는 것도 사실이지만, 『앙띠 오이디푸스』가 보다 정세적이고 정치적인 저작이라면, 『천개의 고원』은 이론적이고 실험적인 저작이라고 평가되어야 한다. 이 두 저작은 자본주의(제국)을 넘어서려는 욕망의 흐름과 움직임이라는 분열에 대해서 다루고 있다. 이 두 저작 속에는 욕망에 의한 혁명과 혁명가집단을 직접적으로 다루는 방향성과 사회적 배치와 사회체에 대해서 다루는 방향성이라는 미묘한 지층의 갈라섬이 존재한다. 두 가지 저작은 분열증에 접근하면서도 분열 자체가 만드는 전대미문의 효과와 혁명적 양상에 대해서 직접적으로 다룬다기보다는 사회체와 관련해서 다루면서 욕망이 굴절되고 억제되는 것에 대해서 다루었다. 그것이 바로 들뢰즈의 기관 없는 신체와 가타리의 욕망하는 기계라는 두 그림의 차이점에서 비롯된 것이다.

기관 없는 신체와 욕망하는 기계의 마주침

가타리와 들뢰즈의 마주침이 극명하게 드러나는 개념이 욕망하는 기계(machine désirant)와 기관 없는 신체(corps sans organs)가 결합되고 연결되는 지점이다. 이 두 개념은 매우 대조적인 영역에서 작동하는데, 욕망하는 기계가 생산적이라면 기관 없는 신체는 반생산적이라는 점에서 들뢰즈-가타리의 마주침의 의미를 알게 한다. 가타리는 들뢰즈의 기관 없는 신체와의 접속을 문학적으로 쓰고 있다. “거기에는 당구대가 있었고 재킷이나 드레스, 옷을 입기 위한 것들 가운데 하나, 잊었지만 머리 없는 신체가, 칼로 찔러도 아무것도 느끼지 못하는 나무 스탠드 위에 있는, 꼭대기에 나무 볼을 가지고 있는 하나의 신체가 있었다. 나중에 나는 그것을 신체(corpse)와 연결시켰다. 이것을 나는 청색(하늘의 청색) 표지를 지닌 영어사전에서 발견하였다. 훨씬 나중에 나는 들뢰즈의 기관 없는 [대문자] 신체와 접속하였다.”180) 가타리에게는 욕망하는 기계가 어떻게 연결되고 조립되는 것이 더 중요했다. 그러나 자본주의와 정신분열증 기획에서 좌절되고 협착되고 폐색된 강렬도=0상태의 정신분열증 상태를 설명하는 데 있어 하나의 욕망의 극한테제를 만들 필요성이 제기되었으며, 그것이 들뢰즈의 기관 없는 신체 개념이었다.

‘욕망하는 기계’와 기관 없는 신체는 서로 연결되어 있음에도 불구하고, 욕망하는 기계가 생산적인 데 반해, 기관 없는 신체는 반생산의 강렬도=0의 신체라고 할 수 있다. 욕망하는 기계가 욕망을 생산하고 조립되는 것인 데 반해, 기관 없는 신체의 그것의 한계를 분명히 하는 신체이다. 욕망하는 기계가 욕망의 흐름을 기계적으로 직조하고, 그 기계라는 형태를 통해서 흐름을 전달하는 반복되는 패턴으로 형성되는 것은 욕망이 단순히 무정형인 것이 아니라 자기생산적인 기계작동처럼 드러난다는 것을 의미한다. 이러한 욕망의 형태와 패턴은 욕망하는 기계라는 문제설정을 통해서 기계론(machinism)에 접속하도록 만든다. 이 기계론은 자본주의가 네트워크와 같이 직조되는 상황에서 어떤 방식으로 욕망하는 기계가 조립되고 연결

180) 가타리, 『분자혁명』(1998), 25쪽

되느냐의 문제에 방점을 찍는다. 욕망하는 기계는 네트워크 속에서 기계사용이 아니라 기계작동을 문제 삼고 색다른 연결을 통해서 특이하게 작동되기 시작하는 기계를 탐색할 수 있는 개념이다. 욕망하는 기계의 차원에서 문제되는 것은 자본주의적 욕망이다. 자본주의적 욕망은 끊임없이 증대되는 경향이 있으며, 그 증대되는 경향은 한계를 갖지 않는 것으로 인식되기 쉽다. 그러나 이 욕망의 증대의 과정에는 내적 극한인 자본 자체와 마주치게 되는데, 그것은 자본이라는 기관 없는 신체라고 할 수 있다. 또한 외적 극한으로서 광인과 마주치게 되는데, 그것은 욕망이 더 이상 활성화될 수 없는 임계점에 있는 신체를 의미한다. 기관 없는 신체는 벌거벗고, 맨몸뚱아리의 실존을 의미하는 것으로 자본주의의 한계는 자본 자체이며, 동시에 광인이라는 신체 자체이다. 이러한 두 가지 기관 없는 신체의 설정은 프롤레타리아트와 부르주아지라는 설정과 대비되는 개념이라고 할 수 있다. 프롤레타리아트는 '생산수단이 없는 신체'만을 의미하는 것으로써 광인의 기관 없는 신체보다 더 근본적이지 않다. 부르주아지는 생산수단을 갖고 있는 신체를 의미하는 것으로써 자본이라는 기관 없는 신체의 자기가치증식하는 실체의 대리인에 불과하다. 그런 의미에서 반생산의 기관 없는 신체는 시원적인 사회체로서의 의미를 갖는다.

욕망의 움직임이 탈코드화하고 탈영토화하려는 움직임을 가지려고 할 때, 그것을 가로막고 욕망을 억제하는 것이 바로 기관 없는 신체이다. 욕망이 횡단과 탈주선을 멈추게 하고, 정지시키며 낡아빠진 영토로 국한할 때 욕망은 순간 광기가 되며, 정신분열증이 나타나게 된다. 가타리에게는 병리적 분열이 중요한 것이 아니라, 욕망하는 기계가 작동하고 연결되면서 어떻게 창조적으로 분열하느냐가 더 중심적인 문제였다. 그렇기 때문에 기관 없는 신체라는 한계가 중요한 것이 아니라 욕망의 접속적 종합(synthése connective), 이접적 종합(synthése disjontive), 연접적 종합(synthése conjontive)과 같은 조립연결의 방식이 더 문제였다. 그러나 들뢰즈의 기관 없는 신체는 욕망하는 기계의 무한변용의 움직임을 승인하지 않는 신체의 한계지점으로 결합된다. 그렇기 때문에 가타리의 독자저작에서는 기관 없는 신체는 큰 비중을 차지하지 않으며, 개념의 위상에 있어서도 큰 역할을 차지하지 못한다. 대신 욕망하는 기계의 조립과 연결방식에 대한 문제에 더 집중하게 된다. 왜냐하면 욕망의 복수성의 입장에 서 있는 가타리에게 있어서 기관 없는 신체는 흐름의 단락에 불과하지 그 흐름을 완벽히 장악할 수 없는 것이다. 즉 대탈주와 같이 절대적 탈영토화라는 욕망의 거대한 흐름이 존재하며, 그 흐름을 붙잡아서 탈영토화의 운동이 다시 재영토화라는 방식으로 상대적 탈영토화로 나아가는 것은 일시적이고 매우 국지적인 문제가 되었기 때문이다. 즉 욕망하는 생산은 반생산에 의해서 좌절되지 않고 끊임없이 자신의 공장을 작동시키기 때문이다.

욕망하는 기계는 유한자가 조각조각 이어져 무한변용을 만들어내는 것임에 반해, 기관 없는 신체는 그 무한변용에 이르지 전의 시원적인 충만한 신체를 의미한다. 그렇기 때문에 강렬도=0의 상태는 요가, 크리슈나 등이 추구하는 종교적으로 신비주의가 지향하는 영도의 신체 상태를 의미하기도 하며, 유한자로서의 인간의 신체의 한계를 의미하기도 한다. 물론 욕망의 강렬도=0의 이 기관 없는 신체가 자폐적 상태를 의미하는 것이 아니라, 충만한 알 상태의 모습의 형상을 갖는 것으로 설명되고 있기 때문에 어떤 주어진 역할을 수행해야 하는 기관이 있는 것이 아니라 욕망하는 기계가 장착될 수 있는 가능성이 높아진다. 마조히스트 전략에서의 기관 없는 신체도 존재하는데, 그것은 욕망을 제거하고자 하는 것이 아니라 욕망을 재배치하여 색다른 욕망하는 기계를 장착하기 위한 것이다. "밤에 말에 재갈을 물린다. 욕조에서 나오자마자 사슬달린 재갈이나 두꺼운 벨트로 양손을 단단히 묶는다. 완벽한 마구들, 고삐와 엄지손가락을 죄는 고문 도구들을 지체 없이 장착한다. 그것들을 마구에 장착한다. 그리고 음경을 금속케이스에 집어넣는다. 주인의 뜻대로 낮이나 밤이나 2시간 동안 고삐를 죈다. 3,4일간 감금. 여전히 양손은 묶여 있고 고삐는 단단히 조이고 헐거워지기를 반복한다. 주인은 말에게 다가갈 때는 언제나 채찍을 들고 있으며, 채찍질한다. 말이 참지 못해 저항하면 고삐를 더 단단히 죈다."[181]

들뢰즈의 '기관 없는 신체'는 '욕망하는 기계'가 장착되기 전 극한에 존재하는 실체이며, 욕망하는 생산에 대해서 반생산으로 관여하는 신체이기도 하다. 기관 없는 신체에 욕망하는 기계가 장착되면 다양한 변용이 가능하며, 위도에서의 강렬도와 경도에서의 기계로 구성되어 변용양태를 드러내 보인다. 강렬도가 높아지면 다른 기계가 작동하는 기계적 문턱도 존재한다. 예를 들어 춤-기계와 체조-기계로 변용되는 몸, 먹는 기계와 말하는 기계로 변용되는 입,

---

181) 들뢰즈·가타리, 『천개의 고원』(2003), 298쪽

쓰는 기계와 전투기계로 변용되는 손 등을 들 수 있겠다. 기관 없는 신체는 이러한 기계의 작동이 가능하도록 늘 변용될 수 있기 쉬운 어떤 사용방법이 결정된 기관이 없는 상태의 신체라고 할 수 있다. 시설, 감옥, 정신병원, 학교, 군대 등에 귀속된 신체들에게도 그러한 기관들을 넘어서 기쁨기계, 춤기계, 웃음기계, 행복기계를 작동시킬 수 있는 잠재력을 가진 신체가 분명 존재한다. 그런 의미에서 기관 없는 신체가 사회체로서 실존한다고 말하는 것도 가능하다.

기관 없는 신체는 욕망하는 기계를 밀어제치거나 끌어당겨 욕망의 흐름을 생산하고, 전달할 수 있다. 또한 기관 없는 신체는 욕망하는 기계의 작동에 대해서 반생산의 계기로서 존재함으로써 그 작동을 고장나게 하거나 멈추게 할 수 있다. 그런 의미에서 기관 없는 신체의 관여(關與)적 작동방식은 욕망하는 기계가 조립되고 연결되는 과정에 대한 극한에 존재하는 사회체, 신체, 지구라는 유한적 실체라고 할 수 있다. 자본주의적 욕망은 무한적인 진보를 설정함으로써 유한한 신체의 설정을 망각케 하고, 늘 무한대로 증폭되고 증대되며, 영원성을 가진 욕망의 설정으로 나아가려고 한다. 그러나 욕망의 한계는 분명히 존재하며, 그것은 기관 없는 신체이다. 또한 그 신체는 어떤 정체성이나 기관 속에 귀속된 유기체임을 거부함으로써 다양한 변용의 잠재력을 드러내 보인다. 현실 속에서 유기체적으로 표상되는 신체들은 사실상 변용의 과정에 있는 계기에 불과하며, 이것은 욕망의 흐름이 만들어내는 신체적 상태이다. 그럼에도 불구하고, 사회체, 지구, 몸을 설명할 때 유기체적인 관계 속에서 바라보는 것은 변용의 다채로운 계기를 단순화시켜 환원하는 것이라고 할 수 있다.

아르토가 처음 언급한 이 기관 없는 신체는 극한적 계기 속에서는 광인의 신체라고 할 수 있다. 그것은 자본주의의 두 계기로서 마주치는 신체(자본과 광인)를 설명할 수 있는 신체라고 할 수 있다. "쓰고 싶지 않다. 또 기관이 완전히 기능하지 않는다. 어떤 느낌도 없다. 어떤 감정도 없다. 어떤 감동도 없다. 나는 바보, 녹슨 증기 기관이다. 타인과의 어떤 접촉도 없다. 쓰고 있을 때에는 내가 쓰고 있는 것에 과도하게 만족하고 이른바 우쭐해져 있다. 멍하니 테이프를 들었지만, 나의 목소리는 잠든 것 같았고, 완전히 불쌍한 놈의 목소리였다. 아직 나 자신에 대해 쓰지 않았다. 어렸을 때 "엄마 맘마 줘"라고 말하면서 몸을 흔들고 있었을 때를 떠올린다. 나는 기계적으로 그렇게 말하고 있었다. 펠릭스가 아까 나에게 말한 것(생각해 낼 수 없지만)을 나는 아직 이해할 수 없다."182) 광인들은 이 기관 없는 신체에 도달하는 순간, 극한적 임계점에 도달하며, 이 벽을 돌파하는 것을 실패한다. 마치 결박된 것과 같이 이 신체는 광인의 분열과정을 협착시키고, 사로잡아 강렬도=0상태로 만들어버린다. 자본주의적 욕망은 이러한 광인의 신체를 내재하고 있는데, 그 이유는 자본주의가 탈코드화하고, 탈영토화하려는 욕망을 동원하면서도 억제하려고 하기 때문이다. 그것의 극한에 바로 이러한 광인의 신체가 도달하는 기관 없는 신체가 있는 것이다.

기관 없는 신체가 설명할 수 있는 사회현상이나 욕망현상이 있음에도 불구하고, 가타리가 이 기관 없는 신체를 되도록 사용하지 않

182) 가타리, 『정신분석과 횡단성』(2004), 56쪽

았던 이유는 가타리의 문제의식이 '자본주의와 정신분열증'이라는 기획에서 분열생성론으로 이동했기 때문이다. 가타리에게 있어서 정신분열증의 상황처럼 폐색되고 정지된 상태가 중요한 것이 아니라 욕망하는 기계의 연결접속 과정에서 섬광과 같이 특이한 욕망을 만들어내는 분열생성의 과정이 더 중요했다. 그렇기 때문에 가타리의 문제의식은 욕망하는 기계의 작동방식을 연구함으로써 분열분석으로 나아간다. 이 분열분석은 혁명적 분열과 병리적 분열 모두를 설명하는 데 초점이 있지만 아무래도 자본주의와 정신분열증 기획처럼 반생산과 한계테제로서의 기관 없는 신체를 설정하는 것에 대해서는 동의하지 않는다. 가타리에게는 욕망의 움직임과 흐름, 특이한 욕망의 생성으로서의 분열이 더 관심이 있었다. 그러므로 '욕망과 혁명'이라는 시각에서 기관 없는 신체는 단지 들뢰즈와의 조우가 남긴 개념이었을 뿐, 가타리의 특이성을 드러내 보이는 개념이라고 볼 수 없었다. 가타리는 기관 없는 신체에 대해서 침묵함으로써 사실상 들뢰즈에 대해서도 침묵과 공백의 부분을 남겨 둔다. 그 이유는 아주 색다른 가타리의 기획인 분열분석이라는 새로운 과제가 있었기 때문이다.

'자본주의와 정신분열증' 기획과 분열생성론의 차이점

가타리가 들뢰즈와 함께 한 자본주의와 정신분열증 기획은 정신분열증이라는 분열이 극도로 벌거벗은 상태에 이르는 것을 겨냥하고 있다. 물론 글에서는 '과정으로서의 정신분열증'을 염두에 둔다고는 하지만, 욕망이 생산되는 분열의 의미라기보다는 욕망이 억제되고 협착되는 분열의 의미로 다가오는 측면이 강하다. 그러므로 분열생성이라는 특이성 생산의 순간이 문제되는 것이 아니라 분열발생으로서의 정신분열증이 문제가 되었다. 가타리는 욕망이 섬광과 같이 생성되는 순간은 분열의 순간으로 지칭한다. 분열은 기존의 똑딱거리는 궤도에 의해서 움직이는 삶을 변화시키고 완전히 다른 의미에서 세상을 받아들이도록 만드는 것이다. 분열의 순간은 부엌에서의 미시정치를 가능케 하는데, 그 분열의 순간은 부엌을 완전히 다른 의미에서 재창조한다. "그때 부엌은 작은 오페라 무대가 된다. 그 속에서 사람들은 모든 종류의 도구를 이용하여, 즉 물과 불, 과일 파이와 쓰레기통, 특권관계와 복종관계를 이용하여 말하고 춤추고 논다. 요리하는 장소로서의 부엌은 물질적 흐름과 신호적 흐름 그리고 모든 종류의 서비스 교환의 중심이다."183) 분열은 기존에 갖고 있었던 지각관계·인식·감수성을 완전히 다른 의미로 뒤바꾸어버리며, 아주 색다른 의미에서의 관계망을 수립한다. 가타리에게는 분열되지 않고서는 기존 영토로부터 벗어날 수 없는 자본주의의 현실진단이 있다. 여기서 분열은 혁명적이며 급진적이고 하나의 이행이다. 분열이 특이성 생산에 있어서 강력한 역할을 한다는 점에서 가타리의 관심사는 무의식 속에서 일어나는 색다른 혁명의 과정을 분석하고자 하는 것에 있었다.

가타리의 분열에 입각한 특이성 생산의 사고는 라 보르드(La

183) 가타리, 『카오스모제』(2003), 95쪽

Borde)라는 독특한 공간에서의 가타리의 실천과 관련되어 있다. 보르드 병원은 처음에는 라캉주의적 치료클럽이었다. 정신과 의사 장 우리(Jean Oury)와 가타리는 정치적 감수성과 광기를 연결시켜 사고하였고 라캉주의적 반정신의학적 테제에 입각해서 실천하였다. 그러나 가타리는 곧 라캉의 치료기법에서 의미론적 붕괴에 직면하게 된다. 라캉이 68년 혁명 이후의 사회 재구조화에 반동적 역할을 수행한다는 점을 깨달은 가타리는 라캉과 결별하며 분열과 광기에 대한 독특한 사상을 정립하기 시작했다. 가타리는 광인을 그저 한 사람의 질환에 걸린 사람이라는 맥락에서 본 것이 아니라, 사회·역사·정치적 맥락에서 보았으며, 그들에게서 광야-무의식·역사적 무의식·사회적 무의식을 독해하였다. "그 인간들 전체! 직업적인 광인들은 물론, 그리고 광기의 직업인들, 그러나 역시 정치가들, 거대한 우두머리들, 탐미주의자들…… '라 보르드의 문제가 되자, 언어의 매너리즘, 요술낱말게임, 기표의 국부적 질병 전체가 담론에 대한 자신들의 권리를 되찾는다는 것[말을 해야 한다는 것]은 필연적인 것이 아니었다!'"[184] 가타리의 분열생성론의 배경이 된 라보르드는 프랑스 최초의 정신질환 사설클리닉이었으며, 광인들의 자율적인 활동이 보장되는 공간이었다. "라 보르드는 아무도 고려하지 않는다. 라 보르드는 어떤 사람도 고려하지 않는다. 그것은 블랙홀이다. 사람들이 소급해가는 기호적 천착의 결과는 언제를 말하지 않는다! 때때로 거기에는 책으로서 텍스트의 형태에 분명 다시 빠지는 기호-입자의 흐름이 분출한다"[185]라고 말하면서 당시의 자율적인 분위

184) 가타리, 『분자혁명』(1998), 186쪽

기와 기호-흐름을 만들어내는 생산성의 능력을 설명한다. 라 보르드 공간은 기계적 자율성(제도를 생산하고, 기표를 생산하는 역능)을 갖고 있는 공간으로 나타난다. 가타리는 보르드 병원에서 미친 사람보다 더 미쳐가는 것을 분석의 특징이라고 말하면서 광인을 정상적인 인간으로 만들거나 정상성을 광기와 구분하는 분석이 허용되지 않는 독특한 임상적 실천을 수행한다. 매우 색다른 광기들만이 있는 공간이며, 그런 의미에서 '모두 다 미쳤다'라는 설정이 관철되는 공간이었다. 이러한 가장 반합리주의의 노선을 따라서 가타리는 분열생성론과 분열분석의 독특한 영역을 개척했던 것이다.

이러한 가타리의 임상실천은 광인해방(狂人解放)의 문제를 정신해방(精神解放)의 문제로 사고하는 방향으로 나아간다. 자본주의는 다른 방식으로 생각하고, 다른 방식으로 실천하는 것을 극도로 제거하며 일관생산라인과 같이 사회를 기계적으로 조립하려고 하는 경향이 있다. 그러한 자본주의적 예속의 경향과 더불어 이와 모순되면서도 상호보완적인 또 하나의 경향이 존재하는데, 그것은 횡단적 네트워크를 통해서 생산을 조직하려는 경향이다. 자본이 집합적 노동력을 구성하는 과정에서 성, 인종, 나이, 학력 등의 차이를 횡단하는 네트워크를 통해 유연한 생산을 하려는 경향이 그것이다. 자본의 네트워크화 경향은 그 네트워크에서의 기계작동이 다른 방식으로 움직이거나 네트워크 자체가 자율적으로 움직일 수 있는 가능성을 매우 높여 주었다. 그렇기 때문에 자본주의는 낡아빠진 오이디푸스와 의고적 영토들을 통해서 욕망하는 기계가 색다른 방향

185) 같은 책, 187쪽

으로 움직이거나 전혀 다른 방향으로 조립되지 않도록 통제에 신경을 쓴다. 그 통제의 방향성은 무의식 통제의 방향성을 갖기 때문에 광기와 분열에 대해서 극도로 관리하고 통제하려는 경향을 띤다. 이런 가운데 정신해방운동은 네크워크 속에서 색다른 움직임을 가질 수 있는 무의식혁명이 가능하다는 점을 의미한다. 그것이 바로 분열이라는 개념을 통해서 묘사되었던 것이며, 특이성 생산의 영역이기도 하다. 가타리의 정신해방운동에 대한 주목은 주체성 생산이 반드시 무의식의 구도에서의 변화에 의해서 가능하다는 것을 사고했기 때문이다.

가타리는 분열을 특이성 생산의 순간으로 설명하면서 기존 통념이 갖고 있던 무의식적인 구도를 완전히 다른 의미로 재창조한다. "정상성과 광기, 성적 자유와 도착, 청소년비행과 반란 사이의 전통적 대립은 무너져버렸다. 사회학적 사고와 정치적 계급의 도덕적 양식이 근거하고 있는 정상적 범주들은 점점 덜 진지하게 파악되고 있다."[186] 기존에 광기라고 지칭되던 영역이 혁명적 분열의 계기가 될 수 있다는 점이 가타리가 사고하는 분열생성론의 핵심이다. 광기에 사로잡힌 사람들은 가장 밑바닥의 신체를 경험하며 사회의 벌거벗은 실존으로 향한다. 그리고 대부분의 치료행위는 정상성으로 돌아오게 만들려는 시도로 이루어져 있지만, 이 광기를 계기로 하여 아주 색다른 삶을 살기 시작하는 것도 가능하다. 기존에 금기라고 여겨졌던 광기의 영역에 대해서 가타리가 발언하면서 광기(=욕망)이 아주 다른 방식으로 재배치되어 특이성을 생산하는 방향으로

186) 가타리, 『분자혁명』(1998), 220쪽

나아갈 수 있다는 것을 응시한다. 이러한 분열생성론의 혁명은 분자혁명이며 고전적인 혁명과 달리 부랑아, 주변인, 광인들이 혁명으로 나아가는 과정이 어떻게 가능한가에 대해서 응답한다. 그것은 자신의 유한성에 기초한 벌거벗은 실존에 도달한 상황을 인생의 새로운 전기로 맞이하는 것을 의미한다. 완전히 다른 삶을 다시 시작하겠다는 결심이 광기의 순간에 욕망을 재배치하며, 이전에는 한번도 본적이 없는 매우 특이하게 색다른 삶이 시작된다. 기존 혁명론은 사회적 관계의 변화가 선행되어야 개인의 변화가 이루어질 수 있다고 사고하였던 것에 반해, 분자혁명론은 사회적 관계망 속에서 예상치 못한 전대미문의 상황이 가능하며, 그러한 분자적 수준의 변화가 전체 관계망을 바꾼다는 생각이다. 분열생성론은 병리적 분열이든, 창조적 분열이든 분열이 섬광과 같은 계기가 되어 아주 특이하고 색다른 삶이 시작될 수 있다는 점에 대해서 지적한다. 그것은 완전히 다른 의미에서 삶이 재구성되고, 세계가 재창조될 수 있다는 점에서 분열의 적극적인 의미를 조명하고 있다.

가타리의 들뢰즈와의 경계지점으로서의 분열분석

들뢰즈와 가타리의 자본주의와 정신분열증 기획 이후에 가타리는 독자적으로 분열에 대한 자신의 생각을 정리하는 색다른 분열분석이라는 작업에 착수한다. 이 분열분석은 정신분석이 갖고 있었던 환원, 동일시, 가족주의라는 폐해를 극복하고 사회 · 정치 · 역사적 무의식의 입장에서 무의식분석을 수행한다. 분열분석이라는 기획은 무의식의 지도를 그리는 것을 목표로 한다. 우선 무의식을 그림으로 그려 넣고 지도를 그리려고 하면 지층과 협곡, 블랙홀과 선분, 기호계들의 흐름, 기계적 배치, 이미지, 사고, 몸짓, 정치·사회적 장, 음악, 회화 등이 기입되어야 할 것이다. 이 모든 흐름·상호작용·관계망이 그림처럼 그려지는 이유는 욕망의 움직임을 파악하고자 하는 것이다. 우선 하나의 모델로 집중되는 경향을 갖는 몰적인 것과 여러 가지 방향성을 가지며 이행하는 분자적인 것을 구분하여 그릴 필요가 있다. 이러한 몰적인 것과 분자적인 것의 구분은 생성분열분석과 변형분열분석으로 구분되어 나타난다. 생성분열분석은 소외와 종속의 상황인 몰적 상태를 완화하거나 회피하려는 이행의 특징을 보인다. "이행 구성요소의 역할은 여기서는 전부 배치간의 약한 상호작용의 작동에만 한정된다. 또한 그 목적은 그 상호작용의 소외 메커니즘, 지층화, 억압적 잉여성, 블랙홀 효과를 완화하거나 만약 가능하다면 해결하고 나아가 자신들의 파국 위협을 피하거나 늦추는 것이다."[187] 즉 생성분열분석은 병리적 분열의 상황을 극복하고자 하는 방향성에서 나타나는 것이다. 반면 변형분열분석은 분자적인 방향성에서 새로운 배치를 생산하는 창조적 분열의 방향성에서 나타난다. "이행 구성요소는 이번에는 강한 상호작용, 탈영토화의 전하, 돌연변이적 추상기계를 포함한다. 생성분열분석의 관점에서는 특이 종속과 탈소외라는 몰적 관계가 문제였던 데 반하여 여기서 작동되는 것은 기계적 제어의 분자적 벡터이다."[188] 분열분석이 생성분열분석과 변형분열분석으로 나뉘게 되는 것은 분열

187) 가타리, 『기계적 무의식』(2003), 223쪽
188) 같은 책, 224쪽

이라는 영역이 병리적 분열과 창조적 분열이라는 두 가지 영역을 동시에 갖고 있기 때문이며, 몰적 수준에서의 분열과 분자적 수준에서의 분열이라는 방향성을 동시에 갖고 있기 때문이다.

분열분석은 미친 사람보다 더 미쳐야 분석이 수행될 수 있다고 언급될 정도로 독특한 방법론으로 구성되어 있다. 분열분석은 단지 분열증에 걸린 환자 개인을 치료하거나 분석하는 작업이라기보다는 욕망의 움직임이 포착되는 모든 수준에서의 분석을 의미한다. 특히 변형분열분석의 경우에는 혁명집단의 욕망의 움직임을 분석하고자 하는 목표를 갖고 있다. 혁명집단은 탈영토화된 욕망의 움직임을 가지면서 사이배치를 교섭하는 역할을 수행한다. 또한 혁명집단은 기존 기계들 사이에서 색다른 기계장치를 설립하여 도표적 기호를 생산하는 것이 특징이다. 이러한 이행의 강력한 요소는 혁명집단이 색다른 기계작동을 통해서 특이한 욕망의 움직임을 생산하고 기존 기호계에서는 사고할 수 없었던 기호를 생산한다는 것을 의미한다. 분열분석은 이러한 혁명집단에 대한 분석의 의미를 갖고 있기 때문에 색다른 욕망이 생성되어서 기존 제도나 영토를 전복하는 과정에 대한 분석을 의미한다.

가타리의 분열분석은 들뢰즈와 공동작업했던 자본주의와 정신분열증 기획에서는 볼 수 없었던 욕망하는 기계의 구체적인 움직임 분석으로 나아갔다. 특히 혁명집단의 특이한 욕망이 어떤 방식으로 움직이는가라는 지점에 방점을 찍음으로써 욕망하는 기계의 의미를 단지 기관 없는 신체의 부속물로서의 기계현상으로 한정하는 것이 아니라, 그것의 색다른 연결을 통해서 누구도 예상치 못한 효과를 낳을 수 있다는 점을 의미한다. 이제 욕망하는 기계의 세 가지 종합(접속, 이접, 연접)은 욕망을 지도처럼 그려내는 작업의 일부가 되었으며, 욕망의 흐름과 기호작용을 그려나가면서 주체성이 어떻게 생산되는가에 대한 그림으로 드러난다. 분열분석은 기관 없는 신체의 억제와 제어 속에서 움직이는 욕망하는 기계에 한정되는 것이 아니라, 욕망하는 기계의 색다른 연결접속이 낳는 혁명적 효과에 더 착목한다. 다시 말해서 가타리의 분열분석은 기관 없는 신체에 한계를 두지 않는 욕망하는 기계의 작동방식에 대해서 더 주목하게 된 것이다.

가타리의 임상경험에 토대를 둔 분열분석은 아카데미에서는 볼 수 없었던 색다른 작업을 의미하는 것이다. 예를 들어 아카데미는 혁명집단의 욕망의 움직임을 자신의 테마로 가질 수 없다. 가타리가 풍부한 임상경험을 갖고 있지 않았다면 이러한 분열분석으로 나아갈 수 없었다는 것은 절반의 진실이다. 동시에 고려되어야 할 점은 가타리가 혁명적인 시각에서 무의식 문제를 접근했다는 점이 반드시 고려되어야 한다. 들뢰즈가 아카데미에서 선호되고 가타리는 배제되는 이유는 가타리가 가장 반합리주의적이고 이단적인 사상을 갖고 있다는 점에서도 그렇지만, 오히려 가타리가 기존 제도에서 받아들여질 수 없는 혁명적 시각을 갖고 있기 때문이기도 하다. 분열분석은 아카데미의 주제들과 완벽하게 다른 문제설정으로부터 시작하는 연구가 가능하다는 것을 보여주었다. 분열분석이 혁명집단의 욕망의 움직임의 분석이라는 점은 물론 혁명을 하자는 기본전제에서부터 시작한다고 보아야 한다. 물론 혁명의 구체적인 과정분석도 중요하지만 혁명집단이 사회적 무의식에 어떤 역할을 하며, 혁명집단의 무의식이 어떻게 움직여 나가는가에 대한 분석도 중요하다. 이러한 무의식이라는 차원은 복잡한 논의를 끌어들어야 분석이 가능하다. 가타리의 혁명집단의 무의식분석은 완전히 다른 차원의 논의를 끌어 들여서 현실의 힘을 설명하려는 분석이라고 할 수 있다. 혁명적 의식의 차원에서의 설명은 투쟁주체와 투쟁대상이 명확하고, 방향성과 과제가 매우 분명한 차원이다. 그러나 혁명적 무의식의 논의는 보다 더 복잡한 논의를 끌어들여야 설명 가능한 영역이며, 그러나 반드시 설명되어야 할 영역이다.

분열분석은 들뢰즈와의 공동작업에서 보여준 분열 논의에서 한 단계 업그레이드된 색다른 논의의 지평을 보여준다. 들뢰즈와의 작업에서 나타난 정신분열증에 대한 논의는 분열이 특이성 생산의 계기가 된다는 분열생성론의 함의를 충분히 갖고 있지 않았다. 단지 자본주의와의 상동성 하에서 정신분열증을 끌어다 쓰는 정도의 수준에서 머물러 있었다. 그러나 가타리는 들뢰즈가 갖고 있는 기관 없는 신체의 제어적 기능으로부터 벗어나 더 강력한 혁명적 흐름에 대해서 응시하고 있었다. 분열분석은 광기 · 욕망 · 분열이 상상치도 못한 배치를 만들어낼 수 있으며, 그러한 현실의 움직임이 어떤 방식으로 작동하는가를 설명하기 위한 방법론으로 구성되어 있다. 가타리를 들뢰즈의 부속물처럼 여기거나 혹은 아예 제거함으로써 실천성을 거세하려는 시도는 가타리의 분열에 대한 위험한 생각을 감지한 제도권 아카데미에서 보여주는 태도이다. 가타리가 갖고 있는 혁명성과 특이성은 바로 혁명성 생산과 특이성 생산이 어떻게 가능한가를 그 자신이 묻고 있기 때문에 비롯된 것이다. 가타리의 분열분석이 제기되고 있는 두 개의 책, 『기계적 무의식』(*L'inconecient machinique*)과 『분열분석적 지도제작』(*Cartographies schizoanalytique*)은 가장 특이하며 위험한 책이라고 해야 할 것이다.

자본주의와 정신분열증에서 분열생성론으로

들뢰즈는 차이나는 반복현상을 발견하면서 특이성 개념에 주목하면서도 그것이 강렬도를 가지면서 특이성 생산으로 향하는 것에 대해서 설명할 수 없었다. 가타리의 '욕망하는 기계'의 구도가 들뢰즈의 딜레마였던 차이의 문제를 해결할 수 있었던 것이다. 들뢰즈·가타리의 결합은 이질생성의 순간으로서 두 사람간의 경계마저도 허물었던 결합의 양상이지만 들뢰즈의 지층과 가타리의 지층은 기관 없는 신체와 욕망하는 기계라는 두 개념의 조립과 연결을 통해서 드러난다. '기관 없는 신체'는 '욕망하는 기계'가 장착되기 이전의 시원적 상태의 신체로서 충만하면서도 사실상 반생산의 역할을 하는 제어적 속성을 갖고 있었다. 그렇기 때문에 자본주의와 정신분열증 기획에서 기관 없는 신체는 광인이 갖고 있는 벌거벗은 실존의 상태와 같이 정지되고 폐색되어 협착된 신체를 의미한다. 이 기관 없는 신체는 반생산을 내부에 갖고 있는 자본주의와 상동성을 갖는다. 가타리는 기관 없는 신체의 제어를 받는 욕망하는 기계 개념에서 벗어나 욕망하는 기계가 조립되고 연결되는 과정에 더 주목한다. 이러한 이유는 자본주의와 정신분열증 기획에서 분열생성론으로 이행했기 때문이다. 분열생성론은 병리적 분열이든 창조적 분열이든 분열이 욕망이 재배치될 수 있는 색다른 계기가 되어 세계를 재창조해낼 수 있다는 입장이다. 이것은 분열의 섬광과 같은 순간을 거쳐 완전히 다른 사람이 될 수 있다는 이야기이다. 가타리의 분열분석은 병리적 분열에 대한 분석으로서의 생성분열분석을 내재하고 있으면서도 혁명집단의 탈영토화의 운동과 기계적 전하의 발생, 사이배치의 교섭 등의 욕망의 움직임에 착목하는 변형분열분석을 내재하고 있다. 결국 분열분석은 혁명을 일으키는 욕망의 움직임에 대한 분석으로 나아가며, 그것은 혁명집단의 무의식 분석인 것이다. 분열이라는 특이성 생산의 순간이 혁명집단으로 나타나는 순간을 무의식분석을 통해서 살펴보겠다는 것이 가타리의 과제였으며, 가타리 사상이 가장 이단적이고 아카데미에서 받아들일 수 없는 이유이기도 하다.

제8장 총 론

네트워크와 '특이성 생산'

자본주의에서 작동하는 네트워크의 양면성

68혁명 직전만 하더라도 자본주의는 대량생산·대량소비의 형태로 일관생산라인을 조직하였던 포디즘(Fordism) 생산체제와 복지국가유형의 케인즈주의가 지배적인 생산·정치양식이었다. 그러나 68혁명의 발발은 세계경제체제의 변화를 초래했으며, 그 뒤 레이건과 대처에 의해서 주도된 신자유주의(新自由主義, Neoliberalism) 시스템이 정착된다. 특히 생산에 있어서 유연생산방식의 도입은 성과, 인종, 나이, 지역 등의 차이의 영역을 횡단하여 '집합적 노동력'을 구성하려는 방식으로 이루어졌기 때문에 네트워크를 필요로 하게 된다. 자본주의는 포디즘의 일관생산라인으로부터 포스트포디즘(Post Fordism)으로 이행하여 탈영토화하는 주체성으로부터 집합적 노동자를 직조해야 한다는 색다른 과제를 갖게 되었다. 네트워크는 자본주의의 필요성에 따라 요청되었지만 이 네트워크가 색다른 방향으로 나아갈 수 있는 가능성도 높아졌다. 예를 들어 인민대중에 의해서 네트워크가 투쟁의 소식을 알리고, 동지를 규합하는 데 사용되는 것을 들 수 있다. 더 나아가 네트워크 내부에서 색다른 방향으로 움직여서 자본주의가 원하지 않던 방향의 변화를 초래할 수 있는 가능성도 높아졌다. 그렇기 때문에 자본주의는 네트워크가 생산에 도입되면서 초래된 분자적인 변화의 가능성을 상쇄하기 위해서 매스미디어의 사용을 통해서 무의식을 통제하려는 방향성으로 나아간다.

'통합된 세계 자본주의' 하에서의 무의식 통제 경향은 네트워크와 정반대되는 방향이다. 자본주의는 네트워크 하에서 자율적으로 움직이는 주체성이 생산되는 것을 막기 위해서 아주 미세한 일상까지도 지배하려고 든다. 광범위하게 적용되고 있는 매스 미디어는 자본주의의 외부를 볼 수 없게끔 무의식을 장악하고 달콤하고 부드러운 억압의 기술을 통해서 현실을 보지 못하게 만드는 기계장치이다. 부드러운 억압기술은 분자적인 영역에서의 변화가 전체 네트워크를 뒤흔들 수 있는 현재의 상황에서 매우 중요한 통제양식이 되었다. 분자적인 영역에서의 변화는 아주 사소한 일상의 변화와 혁신일 수도 있으며 아주 색다르게 세상과 관계 맺는 것일 수도 있다. 이러한 특이성이 생산되는 순간 서로 연결되어 있는 그물망인 네트워크에서 미묘한 변화가 초래될 수밖에 없다. 그렇기 때문에 분자적 수준에서부터 변화하지 않는 표준적인 삶을 받아들이도록 최대한 무의식을 조작할 필요성이 요청된다. 자본주의의 스테레오타입(stereotype)화된 삶, 이를테면 아파트, 고기, TV, 자동차 등에 기반한 삶이 표준적 삶으로 받아들이는 한 지배질서는 유지될 수 있기 때문에, 자본주의는 자신의 삶의 방식의 외부를 볼 수 없게끔 아주 시시콜콜한 삶의 무의식들에 대해서 간섭한다.

이제 네트워크 시대에 분자적인 수준에서의 삶이 매우 중요해졌다. 분자적인 변화가 전체 네트워크의 변화를 초래할 수 있게 되었기 때문이다. 가타리는 이러한 네크워크 시대에서 분자혁명의 가능성이 매우 높아졌으며, 그것이 초래할 전대미문의 효과에 대해서 응시한다. 자본주의는 분자적인 수준을 통제하기 위해서 차별과 배제의 미시파시즘을 매우 미세한 영역에서 작동시키며, 이 과정에서 억압이 소형화되는 경향을 갖는다. 억압의 방향성은 직접적인 억압은 사라졌지만, 무의식 통제를 통해 스스로 자기검열하고 서로를 억압하는 분자적 수준의 미시파시즘은 강화되었다. 사람들의 무의식을 장악하려는 자본주의의 의도는 통제의 수준을 무의식이라는 차원으로 옮겨다 놓았다. 자본주의가 대량생산하는 이미지 · 상징 · 코드는 무의식통제의 강력한 수단이 되며, 대중은 부지불식간에 자본주의가 유도하는 방향성으로 움직이는 경향을 갖는다. 그러나 욕망의 움직임은 자본주의의 통제로부터 자율성을 갖는 특이한 무의식을 생산함으로써 색다른 경로를 개척하는데 그것이 무의식해방과 분자혁명의 가능성이다. 소형화된 억압에 맞서서 분자적 수준에서의 변화를 통해 네트워크를 변화시키는 경로는 도처에서 일어나는 현상이다. 특이성이 생산되지 못하도록 억압적인 태도를 취하면서도 네트워크를 통해서 유연한 노동력을 제공받으려는 자본주의의 이율배반은 인민대중의 특이한 욕망의 움직임에 의해서 좌절된다.

결국 미시적이고 분자적인 영역에서 혁명의 가능성이 바로 가타리가 응시한 네트워크 시대의 색다른 혁명의 방향성이다. 표준집단 이외에는 광기로 식별하고 욕망을 억압하는 이성적인 지배방식에 맞서 색다른 욕망을 생산하면서 주류질서와는 다른 방향으로 움직이는 욕망들이 있다. 분자혁명은 차이에 대해서 차별로 맞서는 지배질서에 대해서 차이 생산으로 응답하는 방식에서 드러난다. 분자적인 수준에서의 변화가 초래하는 네트워크에서의 전대미문의 효과로 인해 자본주의는 늘 자신의 안정적인 질서에 균열이 생기고 수정을 가할 수밖에 없다. 그렇기 때문에 영구혁명(=영구개량)은 늘 진행 중이다. 분자적인 수준에서의 변화는 삶의 모든 계기를 대상으로 한다. 가족·부부·생명·아이·우주에 대한 색다른 관계맺기가 등장하며 자본주의가 갖고 있는 관계망을 변혁한다. 이것은 색다르고 소수적인 욕망을 광기라고 식별하며 차별하였던 모든 영역에 대한 해방을 의미한다. 이러한 정신해방은 분자적 수준에서의 무의식 혁명을 가능케 한다.

자본주의는 '차이-미분으로서의 자본,' '적분-통사법으로서의 국가'를 작동함으로써 차이 생산이 낳게 될 강력한 흐름을 통제하려고 한다. 자본이 이러한 이율배반(二律背反)적인 성격 속에서 네트워크를 상대하기 때문에 한편으로는 자율적이면서도 한편으로는 통제적이다. 이러한 이중구속(double bind) 하에서 움직이는 자본주의이기 때문에 정신분열증적이다. 여기서 분열의 방향성이 생겨나는데 그것은 네크워크를 완전히 다른 의미로 움직일 수 있는 방식이다. 예를 들어 촛불시위에 나온 아이들의 육아를 위해 수립되었던 아줌마들의 네트워크를 들 수 있다. 네트워크는 전혀 다른 방향으로 움직여서 차이 생산의 강력한 흐름을 만들어 낼 가능성이 존재한다. 이제 문제는 네트워크라는 그물코의 씨줄날줄을 직접 만들어내는 것이 문제가 아니라 그물망의 매듭이나 섬모의 변화를 통해서 네트워크 전체의 성격을 변화시키는 것에 달려 있다. 여기서 자본주의의 통제장치로도 제어될 수 없는 강렬한 흐름이 생산될 수 있으며, 그것은 전체사회의 관계망을 변화시킬 수 있다. 그렇기 때문에 문제는 얼마나 특이하며 색다른 방향성을 가진 분자들의 흐름이 형성되느냐에 달려 있는 것이지, 힘의 역학관계나 권력 장악이 중요한 것이 아니다. 이로써 자본주의는 절대적 탈영토화의 흐름에 의해서 이행과정에서 준안정상태를 유지하는 관계가 된다. 이제 자본이 욕망을 착취하는 것이 아니라, 욕망이 자본을 착취하는 단계로 이행하게 된다.

자본주의는 착취 방식은 이제 '코드의 잉여가치'(surplus de code) 착취의 방식을 적극적으로 구사한다. 자본은 기존의 양적인 착취 방식이 아니라 질적인 착취를 통해서 공동체나 집합지성, 물질·에너지·화폐의 흐름 등에서 색다른 잉여가치를 추구한다. 네트워크 시대의 착취 방식은 단순히 양적 척도에 의해서 개량될 수 있는 수준의 착취에만 한정되어 있는 것이 아니라, 비물질적인 정보와 지식의 가치와 정동적 가치, 흐름·관계망·상호작용 등에 대한 착취로 나아가고 있다. 물론 코드의 잉여가치 현상은 욕망이 갖고 있는 제도와 규범을 넘나드는 탈코드화의 운동에 의해서 끊임없이 위협당한다. 네트워크 하에서의 코드의 잉여가치는 네트워크망이 갖고 있는 공동체적 관계망과 집합지성을 약탈하려는 자본의 속성을 의미한다. 코드 속에서 추출되는 잉여가치는 코드화된 관계망이 갖고 되는 잉여가치이지만 동시에 차이나는 욕망이 결합되고 연결되는 방식이기도 하다. 그러므로 자본주의는 이제 비물질적 노동이나 욕망노동의 수준까지 착취의 영역으로 삼고 있으며, 양적 수준의 평면적 착취에 머물러 있는 것은 아니다. 그러나 코드의 잉여가치라는 질적 착취의 방식은 자본주의가 욕망의 강렬한 흐름을 발생시키려 하면서도 통제하려고 한다는 속성으로부터 자유롭지 않다. 코드화되지 않으며 차이나는 욕망들이 탈코드화하려는 운동이 발생할 수 있으며, 네트워크가 강렬도를 갖고 출렁이며 변이되는 과정이 나타날 수 있다. 자본주의는 차이나는 욕망의 움직임을 통제할 수 없다. 질적 착취의 방식은 질을 결정하는 특이성 생산의 강렬한 흐름에 대해서 자유롭지 못한 것이다. 그렇기 때문에 욕망의 강렬한 흐름이 역으로 자본을 착취하고 이용할 가능성을 갖고 있으며 그러한 역전된 상황을 초래할 가능성은 늘 열려 있다. 즉 공동체의 강렬한 욕망의 흐름 때문에 자본을 이용하는 관계망을 구성하고 그것을 초과하는 욕망을 발생시킬 수 있는 것이다. 네트워크 시대는 역전된 착취의 의미로 뒤바뀔 수 있으며, 네트워크에서 자본이라는 권력조차도 욕망의 강렬한 흐름으로부터 자유롭지 않은 상황이 초래될 수 있다. 네트워크에서 잉여가치의 의미는 기존 착취의 관계와 완전히 다른 구도에서 질적 착취의 양상으로 드러난다. 그러한 자본의 권력추출의 과정에서 동원되는 차별의 공식은 여전히 자본주의가 낡아빠진 영토에 의존하면서 탈영토화하는 강렬한 욕망의 흐름을 제어하고 통제하려는 속성을 보인다는 점을 의미한다. 그러나 네트워크는 그러한 자본의 움직임과 다른 욕망의 움직임을 통해서 자본의 고정점을 집어 삼키는 강렬한 탈영토화의 흐름을 구성할 수 있다.

일관성의 구도로서의 내재성과 네트워크

가타리는 네트워크의 속성을 이해할 수 있는 다채로운 개념적 구도를 보여주었다. 특히 일관성의 구도(plan de consistance)와 같은 개념은 차이를 횡단하는 네트워크를 이해할 수 있는 가장 기본적인 개념이다. 집단은 통일성, 적분, 통합의 이미지로 사고되는 경우가 많은데, 이를 통해서 유기적으로 결합된 전체가 존재한다는 사고방식을 적용하게 된다. 이에 따라 의견이 통일되어 있고, 신체가 유기적으로 결합되어 있으며 두뇌라고 할 수 있는 지도부에 의해서 일사분란하게 움직이는 집단을 생각하게 된다. 이러한 사고방식으로는 네트워크를 이해할 수 없다는 점이 분명하다. 일관성의 구도 개념은 광인이 중언부언 서로 다른 소리를 하는 것에서 유래한다. 여기서 어느 하나의 모델로 집중되고 수렴되는 방향성이 아니라 다채로운 방향으로 이행하고 나아가는 방향성을 생각해 볼 수 있다. 엉뚱한 방향성으로 대화가 진행되는 것을 극도로 경계하는 이성적 사유방식과 달리 욕망의 창의적인 방향은 서로 다른 의미좌표와 다른 맥락을 갖고 있는 대화도 일관성을 구성할 수 있다는 점을 보여준다. 실제로 많은 대화는 내용전달과 정보전달을 위해서 존재하는 것이 아니라 어감과 느낌, 표정, 소리의 크기, 감정 등이 전달되기 위해서 존재하는 경우가 많다. 그렇기 때문에 아주 엉뚱한 식의 대화나 맥락에 닿지 않는 대화도 일관된 방향성을 가질 수 있다. 이러한 일관성의 구도는 네트워크의 내재적인 그림을 보여준다. 네트워크는 차이나는 분자들이 결합되어 서로 다른 방향성과 맥락과 배경을 갖고 있다. 네트워크 하에서는 일관성의 구도가 그리는 그림처럼 수만 가지 방향으로 나아갈 수 있는 방향성의 궤도를 내부에 갖고 있으면서도 그것이 일관성을 갖게 된다. 차이나는 특이성의 연합으로 구성된 네트워크는 하나의 방향성과 목적, 기반을 갖고 있지 않음에 분명하며, 여러 가지 방향으로 이행하면서도 그 흐름에 따라 예상치도 못한 경계로 나아간다. 그렇기 때문에 네트워크는 자본주의의 착취양식의 고도화를 의미함과 동시에 분자적 수준에서의 혁명적 상황도 초래할 수 있다.

자본주의가 일관성의 구도라는 그림으로 드러나는 네트워크에 기반한 착취양식으로 갈 수밖에 없었던 이유는 탈영토화하는 집합적 노동력을 하나의 틀에 사로잡아야 한다는 필요성 때문이었다. 이를테면 이주노동자, 여성노동자 등이 공존하면서 서로 중언부언하며 존재론적 차이를 드러내는 작업장 상황을 조직할 필요성이 높아졌다는 이야기가 된다. 이러한 일관성의 구도의 그림으로 드러나는 네트워크의 조직화 방식은 보다 혁신적인 대화모델이나 의사소통 모델로 나아갈 수 있다. 예를 들어 미리 결정된 의제가 주어지고 거기에 따라 결론이 미리 결정되어 있는 회의석상은 더 이상 색다른 이야기를 할 수 없는 경직된 틀을 강제하는 공간이다. 대의제 모델의 모든 정치가 인민대중으로부터 외면되는 이유는 욕망하는 주체성이 직접적으로 자신의 삶을 이야기할 수 없기 때문이다. 그러나 네트워크 속에서는 모든 차이나는 자신의 삶의 이야기를 말할 수 있을뿐더러 더 나아가 차이가 생산되는 상황을 만들 수 있다. 특이성이 생겨나면 네트워크는 기존의 궤도를 수정하고 그것과 만나는 순간 자신의 위치를 조정할 수밖에 없다. 그러한 유연한 조직의 모델로서의 네트워크는 자본주의의 필요에 따라 설립되었지만, 자본주의의 목적을 초과하고 아주 다른 방향을 구성하며 삶을 혁명으로 이끌 수 있는 기반이 될 수도 있다.

네트워크가 가진 욕망의 흐름과 움직임은, 자본이 계획할 수 있는 것도 아니고, 권력이 계획할 수 있는 것도 아니다. 그 방향성은 끊임없이 변화되고 수정되며 새로운 가지를 치고 뻗어나가고 우회하기도 하고 색다른 방향으로 흐르기도 한다. 네트워크에서는 가타리가 들뢰즈와 함께 언급했던 방식대로 어떤 센터가 있는 것이 아니라, "그리고…… 그리고…… 그리고"의 연결접속과 사이 배치가 존재할 뿐이다. 마치 간주곡처럼 존재하는 과정으로서의 네트워크의 전개는 누군가의 계획에 따라 움직이는 것이 아니라 자율적인 자기생산의 방향성에 따라 움직인다. 가타리는 네트워크가 자본을 착취하는 절대적 탈영토화의 단계에 진입할 것이라는 예상한다. 이것은 자본이 취하는 관계망의 방식이 갖고 있는 이율배반(흐름과 더불어 통제)을 넘어서 절대적인 흐름이 생성되고 네트워크의 연결망에서 전달된다는 것을 의미한다. 절대적인 흐름은 변이와 생성의 과정이며, 네트워크의 일부라고 지칭되던 분자적인 것이 갑자기 돌연변이를 일으켜 전혀 예상치 못한 방향성을 구축하고 전체 네트워크의 흐름이 되었을 경우이다. 그런 의미에서 네트워크를 기획하고 통합할 수 있는 주체성은 아무도 없으며, 네트워크 내에서의 분자적인 기계작동이 더 문제된다.

네트워크에서 의사소통은 더 이상 의미전달이나 정보전달에 한정되어 있는 것이 아니라 욕망을 변이시키고 전달하는 의미를 갖고 있다. 결국 특이한 욕망들이 서로 결합되면서 색다른 욕망을 생성하는 과정으로 나타나기 때문에 일관성의 구도와 같이 서로 다른 이야기를 하면서도 일관된 그림을 그릴 수 있는 역설이 가능하다. 네트워크에 참여하는 사람들의 욕망은 모두 다르며, 하나의 통합된 욕망이나 이익, 욕구에 의해서 조직된 것이 아니다. 그렇기 때문에 항상 네트워크 속에서 균열과 간섭, 소음, 잉여 등이 발생되며, 사방에서 굴절되는 의미좌표가 존재한다. 네트워크는 다채로운 욕망이 서로 변이되고 합성되는 방향성에서 보아야지 화용론이나 의미론과 같은 언어학적 차원에서 볼 수는 없다. 네트워크가 모든 수준에서 특이한 욕망을 갖고 있는 주체성을 발생시키고, 특이성 생산을 할 수 있는 위험이 있기 때문에 자본주의는 문법과 언어학적 주체를 통해서 욕망의 흐름을 통제하는 방향에서 네트워크를 제어하려고 든다. 그러나 네트워크 하에서 의미가 고정되어 있는 하나의 기표에 의해서 움직이는 것은 불가능하다. 이러한 굴절과 변이는 의사소통의 과정에서 일관성의 구도가 실존하고 있음을 반증하는 것이다. 합리성과 이성은 아주 나중에 뒤따르며 반성과 자의식을 동반하는 대화법을 유도하지만, 네트워크 속에서의 대화과정은 분열과 차이 생산을 내재하고 있는 것이다.

네트워크는 서로의 공통성을 공유하는 방식의 '평면적 공통면'을 구축하는 것이 아니라, 서로 차이나고 이질적인 것끼리 만나서 생성되는 '이질생성'의 과정에 있다. 네트워크에서 집합적 노동자라는 집합성을 구축하려는 것이 사실 자본이듯이, 혁명세력도 집합성 구축이라는 것을 사고하면서 씨줄날줄을 직접 짜내려고 하는 경우가 있다. 그러나 오히려 문제가 되는 것은 집합성에 대한 관념이 아니라 네트워크 속에서 특이성이 발생되어 일관성의 구도를 전혀 다른 방식으로 구성하는 것이다. 네트워크는 하나의 모델로 집중되는 방향성인 몰(mole)적인 방향이 아니라 다채로운 방향으로 나아가며 이행하는 분자(molèculaire)적인 방향을 내재하고 있다. 즉 동일성 생산이 이루어지는 미디어적 방향성보다 차이생산이 이루어지는 커뮤니케이션의 방향성이 더 강하다고 할 수 있다. 네트워크에서 몰적 수준에서 집합성을 구축하려는 혁명세력의 꿈은 대부분 좌절되며, 끊임없이 차이가 발생하고 차이나는 욕망으로 인해 서로 다른 이야기를 전개하게 된다는 것을 알 수 있다. 네트워크는 일정한 공통성의 영토를 구축하면서도 '이질생성의 가능성을 통해서 구성되는 공통성', 즉 '특이성을 사랑하는 공통성'을 구축한다. 그러므로 네트워크의 관심사는 그것이 과연 특이한가의 여부에 있으며, 특이성을 생산하고 있느냐의 여부에 있다. 네트워크는 가상실효적인 범위에서 나타나기 때문에 그것이 무형의 가상적 실존이라 하더라도 현실이다. 주체의 실존의 영토는 유-무형의 실존적 범위를 동시에 갖고 있는 것이다. 그러므로 네트워크 속에서의 주체는 가상적 기계작동의 결과로 오프라인에서의 집합적·사회적 신체를 직접적으로 보여주는 표현이나 반영의 수준에서 머물지 않는다.

가타리가 들뢰즈와 함께 작업했던 리좀(rhizome)과 수목(arbre) 구조의 대비는 사실상 욕망의 움직임과 흐름이 어떤 방향으로 움직여야 하는가라는 혁명운동의 과제를 의미한다. 혁명운동의 좌절에는 반드시 수목구조라는 반영-투사적 구조에 머물고 있는 한계가 수반되며, 오히려 리좀적 지도제작의 방향성에서 욕망을 조립하고 연결할 필요성이 있는 것이다. 하나의 장을 구축하기 위해서는 반드시 수평적 연결접속의 과정으로서의 네트워크의 구도를 그려내고 자신을 그것을 설계하고 기획하는 사람이라는 위치에서가 아니라 특이점으로서 위치지을 필요가 있다. 만약 네트워크에서 센터를 자임한다 하더라도 그것은 늘 전체를 자임하는 부분에 불과할 뿐이다. 오히려 특이성을 생산하는 네트워크의 일부로서 기계작동을 하여 전체 네트워크의 변이를 초래할 필요가 있다. 리좀과 수목구조의 대비는 네트워크의 일부로서의 작동하는 기계장치로서의 혁명운동이 되어야 한다는 점을 말하고 있다. 리좀이 보여준 대안운동의 방향성은 혁명과 미래를 설계하고 계획하는 것이 아니라 특이한 삶을 이미 살고 있는 분자적인 삶이 네트워크에 영향을 끼친다는 점을 의미한다. 그렇기 때문에 자본주의의 현실로부터 벗어나는 미래를 구상하는 대안운동은 네트워크 속에서의 색다른 기계작동을 통해서 아주 다른 방향으로 나아갈 수 있는 특이점을 발생시킬 필요가 있다. 이 특이점이 흐름의 선분에 의해서 다른 네트워크 구성원들의 변이와 이행을 초래하게 되는 것이다.

전면에 나선 기계론, 특이한 기계작동의 효과

기계를 생산하는 것은 기술일 뿐이라는 시각에서는 기계생산의 저변에 작동하는 집합지성의 원천에 대해서 괄호를 치는 경향이 있다. 특정한 기술이 있기 전에도 반드시 대중지성의 원천에 기반해야 한다는 점이 매우 중요하다. 맑스는 기계류를 생산할 수 있는 사회의 '일반지성'(general Intellect)에 대해서 주목했다. 아주 기초적인 소묘라고 할 수 있는 맑스의 『정치경제학비판요강』에서의 '기계에 대한 단상'은 기계를 세상과 단절된 연구공간의 산물로 보는 것이 아니라, 사회적 관계망에서 창발되는 생산물로 바라보는 시각을 의미한다. 네트워크 시대에는 '집합지성'이 매우 구체적인 형태로 조직되고 영향력을 행사하기 시작한다. 예를 들어 위키피디아 사전의 집필자는 수만 명에 달하며 수천만 페이지의 작성은 집합적 노력의 산물이다. 이러한 집합지성의 상황은 네트워크가 기계생산의 가장 일차적인 원천이라는 점을 의미한다. 그런 의미에서 기술을 네트워크의 외부로 사고하는 기술결정론은 낡은 것이 되었다.

기술결정론적 사고의 원천은 기술과 사회적 지성을 의미하는 네트워크는 분리하는 것에서 출발한다. 소비에트 맑스주의를 지배했던 맑스의 『공산당선언』에서 역사발전의 원동력에 대한 언급을 상기할 필요가 있다. 먼저 계급투쟁의 원리와 '생산력이 생산관계를 변혁한다'라는 생산력주의의 원리가 그것이다. 소비에트 사회주의는 자본주의와의 경쟁을 통해서 승리해야 한다는 생각에 사로잡혀서 엄청난 발전주의에 입각한 계획경제를 수행한다. 과학적 사회주의는 기술낙관론에 입각한 진보의 노선으로 나타났으며, 기술진보는 곧 사회진보라는 사고방식으로 나타났다. 물론 소비에트사회주의 하에서의 기술과 과학은 인민의 것이 아니었으며, 네트워크 대신 협동농장과 일관생산라인이 자리잡고 있었다. 소비에트 사회주의라는 생산양식이 패배할 수밖에 없었던 이유는 자본주의 생산양식의 이행과 긴밀한 관련을 갖는다. 대중을 동원하는 방식이 아니라, 대중의 관계망에서 지성을 뽑아내는 방식의 색다른 착취양식이 소비에트 사회주의에서는 불가능했다. 사실상 네트워크의 등장은 소비에트 생산양식을 낡은 것으로 만들어버렸다. 왜냐하면 기계 생산이 광범위한 대중지성의 차원이라고 할 수 있는 네트워크 속에서 이루어져야 했기 때문이다. 과학적 사회주의는 맑스를 따름에도 불구하고 기술이 인민의 외부에 있었다는 점에서 패퇴당했다.

다른 한편으로 기술에 대한 비판적인 사고방식이 생겨났다. 기계는 인간이 만들었지만, 오히려 인간을 도구화한다는 생각이 그것이다. 이 사고방식에서도 기계는 네트워크 내부에 있지 않고 외부에 있었다. 프랑크푸르트학파가 지적한 '도구적 이성'의 논리는 자동기계와 일관생산라인, 미디어기술 등에 대한 비판으로 적절하게 보였다. 기술권력이 사회를 통제하고 인간을 도구적으로 지배하려 든다는 그들의 지적은 포드주의 사회의 어두운 단면을 보여주는 듯했다. 그러나 그들 역시 네트워크 사회의 도래를 통해서 대중들이 직접적으로 기계를 생산할 수 있는 능력을 갖게 되리라는 지점까지는 생각지 못했다. 그들의 시각에서는 기술이 인간을 소외시키고 사물화(事物化, Verdinglichung)하는 작동방식으로 여겨졌다. 그들은 가장 합리적인 사회라고 보여지는 포드주의적 기술사회에서 작동하는 도구적 이성을 비판했다는 데 의미를 갖는다. 도구적 이성은 자신의 목적합리성을 달성하기 위해서 인간을 대상화하고 사물화하는 과정을 발생시키므로 기술의 발전은 인류를 비관적인 전망으로 나아가게 한다는 것이다. 이러한 방식의 사고는 기계를 철저히 인민대중의 생산적 능력으로부터 분리시키는 포디즘사회에 적합한 것이었다. 프랑크푸르트학파는 네트워크 시대와 일반지성의 가능성으로부터 벗어나서 기술비관론적 시각에 머물러 있다.

기술의 가치중립성 테제는 기술이 사회로부터 분리되어 가치론적 판단으로부터 자유롭다는 생각을 갖게 한다. 이것은 기술은 누가 사용하느냐의 여부를 떠나 그 자체로 중립적인 위상을 갖고 있는 것이라는 관점이었다. 즉 좌파가 버스를 타든 우파가 버스를 타든 버스는 버스일 뿐이라는 시각이다. 이러한 기술의 가치중립론은 인민대중의 관계망과 삶으로부터 분리되어 마치 기술이 객관적인 위치를 갖고 있다는 환상을 낳는다. 이러한 가치중립성의 논의는 환경을 위협하는 핵에너지기술이나 생명을 위협하는 생명공학에도 면죄부를 주는 경향이 있다. 네트워크 시대의 기계생산적 지위를 갖게 된 인민대중의 지성에는 분명히 가치론적 명제들이 전제되어 있으며, 사회환경으로부터 분리된 연구환경의 가치독립성을 승인하지 않고 네트워크의 일부로 바라본다는 시각에서 가치중립성론은 설 땅을 잃는다.

기술결정론과 기술가치중립성론에 대한 반박으로 재전유(再專有, re-appropriation)론이 있다. 재전유론은 기술이 어떤 누군가에 의해서 사용되느냐에 따라 다른 방식으로 사용될 수 있다고 말한다. 자본의 손에 쥐어진 네트워크의 의미와 노동의 손에 쥐어진 네트워크의 의미는 달라질 수 있다는 것이다. 자본에 의해서 착취의 도구였던 네트워크가 노동에 의해서 투쟁의 무기가 될 수 있다는 점이 제기된다. 그러나 이러한 재전유론은 네크워크 외부에 사용자로서의 계급주체를 사고함으로써, 네트워크 자체가 갖고 있는 기계작동을 내재적인 차원에서 보는 것이 아니라 그것을 뒤바꾸는 외부의 주체를 네트워크와는 별도로 설정하는 한계를 갖는다. 재전유론는 여전히 도구적인 발상에서 기계를 바라보는 시각이라는 점에서 한계를 가지며, 네크워크가 갖고 있는 그 자체의 내재적인 기계작동의 의미가 주체성과 구분되지 않는다는 점에 대해서 사고하지 못한다.

기술낙관론, 기술비관론, 기술중립성론, 재전유론 등은 기술과정과 사회과정을 분리시키며, 기계작동과 기술사용을 분리시키고, 기술이 생산하는 기계와 인간을 분리시켜서 바라보는 관점이다. 그러나 가타리는 자기생산과 타자생산을 분리시키는 바렐라의 입장을 반박하면서 사실상 기술·사회현상이 기계의 자기생산(autopoiesis)의 일부일 수 있다고 본다. 그러므로 여기서 나타나는 주체성은 기술 외부에서 기술을 사용하는 인간이나 기술로부터 소외된 인간이 아니라 기계 그 자체의 주체인 욕망하는 기계가 된다. 즉, 주체성을 기계 외부에 설정하는 것이 아니라, 기계작동 자체로 보는 관점을 수립한 것이다. 전태일 열사가 "우리는 기계가 아니다"라고 했던 것은 폐쇄되어 있고 코드화된 기계학(mechanism)적 기계를 지칭하는 것이었다. 그러나 욕망하는 기계는 열려 있고 자기생산적인 기계론(machinism)적 기계를 의미한다. 왜 이러한 기계론적 기계를 사유하는 것이 가능해졌는가라는 지점에 대해서 말하기 위해서 네트워크 내부로 들어온 주체성에 대해서 주목해야 한다. 기술이 더 이상 자기생산적인 기계의 외부에 있지 않고, 인간의 기능연관·기관이 기계와 구별되지 않는 현 사회에서 인간과 기계를 구분한다는 것은 불가능해졌다. 오히려 네트워크의 일부로 작동하기 시작한 주체들을 '기계'라고 직접적으로 규정하고, 오히려 기계작동을 문제삼는 것이 필요하다는 것이 가타리의 입장이다. 네트워크는 기존 기계들과 달리 열려 있으며, 자기생산적이라는 특징을 갖는다. 네트워크 속에서의 '욕망하는 기계'는 직접적으로 주체를 규정함으로써 기계사용을 문제삼는 것이 아니라 기계작동을 문제삼는다. 이제 네트워크 내부에서 특이한 기계작동을 통해서 네트워크의 방향성을 바꾸는 것이 핵심적인 전략이 되었다. 자본주의는 작은 기계부품들이 연결되고 조립되는 네트워크에 의해서 움직인다. 그러한 작은 기계부품들이 다른 방향으로 나아가거나 특이한 작동방식을 보일 때 자본주의는 고장나거나 변형된다. 이러한 가타리의 기계적 자율성에 대한 사고는 네트워크 시대의 혁명전략이었으며, 기계가 인민대중의 외부에 있지 않는 현재의 상황을 응시하는 것이었다.

네트워크와 기계들의 도표생산

네트워크에서 기계장치를 설립할 때 혁명집단의 경우 기표(記標, signifier)를 생산하는 기계장치를 설립하려는 것에 머무는 경향이 있다. 물론 기표생산이나 제도생산은 의미가 있지만, 그 이전에 전제되어야 할 것이 색다른 기호-흐름으로서의 도표(圖表, diagramme)생산이다. 자본주의는 기표를 통해서 의미를 고정시켜 기호의 다차원성과 다성성을 망각하도록 유도한다. 이에 반해 도표는 수학의 공식이나 음악의 악보법, 로봇의 통사법과 같이 기표로 규정할 수 없는 기호작용으로서 비기표적 기호계 내에서 작동하는 기호의 흐름이다. 도표는 이것일 수도 있고 저것일 수도 있는 방식으로 의미를 개방하며, 기호-흐름의 다차원성과 다의미성, 다지시성, 다극성, 다성성, 다실체성으로 나타난다. 다시 말해 언어로 고정될 수 없는 기호-흐름이 존재한다는 것이다. 네트워크에서는 언표로 규정내릴 수 없는 물질·에너지·화폐·기호·코드의 흐름이 전개된다. 언표의 고정점은 이러한 기호-흐름의 하나의 분절마디이자 단락에 불과한 것이 된다. 그렇기 때문에 혁명집단이 설립하는 기계는 고정되어 있는 의미좌표에 있는 기표적 기호의 생산에 머무는 것이 아니라, 색다른 의미좌표를 생산할 수 있는 기호-흐름 자체를 생산할 필요가 있다. 이것이 기계의 도표생산이 갖고 있는 전대미문의 효과라고 할 수 있다. 이를테면 학교라는 기계설비 내에는 학생, 교사, 학부모 등의 기계적 배치가 존재하며 기표로 언명된 고정된 의미좌표에서의 주체를 등장시킨다. 갑자기 학교에서 동물이나 식물이 등장하고 노인이나 광인, 장애인이 등장하면 의미좌표는 흔들리고 색다른 기호-흐름으로서의 도표가 생산되기 시작한다. 이를 통해 특이한 욕망의 움직임이 발생되면서 자본주의적 기표로는 포섭될 수 없는 도표화된 기호작용이 나타난다. 예를 들면 아이들이 교실에서 동물과 함께 수업을 듣는다면 아이들은 동물-되기(devenir-animal)라는 기호-흐름을 방출하면서 색다른 기호계에 진입하게 된다. 혁명집단은 도표 생산적 기계장치를 설립하여 특이한 기호-흐름이 작동하도록 만들어야 한다. 그렇지 않으면 자본주의의 고정된 의미좌표 속에서 일상적인 삶의 일부로서만 존재할 뿐 전혀 색다른 의미를 방출할 수 없다. 이를테면 노동조합의 파업이 색다르고 강렬한 도표적 기호-흐름을 방출했던 시기가 있었다. 그러나 노동조합이 제도화되면서 파업은 더 이상 도표생산적 작용을 할 수 없게 되었다. 혁명집단이 네트워크 내에서 기계장치를 설립할 때, 단지 고정된 의미가 아니라 색다른 의미를 발생시키는 도표 생산장치를 만들 필요성이 여기서 제기된다.

이러한 기계들의 도표 생산이 네트워크에 가하는 영향력은 막강하다. 전혀 알 수 없으며, 의미가 고정되지 않는 색다른 특이점의 등장은 네트워크의 언표적 관계망을 뒤흔들고, 전혀 다른 기호-흐름이 관계망을 재수립케 한다. 이를테면 모두가 성장주의와 개발주의라는 자본주의의 공리계 내의 의미좌표 내에서 존재할 때 역성장(逆成長, degrowth)을 주장하는 사람들이 자신의 기계설비(위원회, 대회, 기관지, 네트워크 등)를 갖고 완강하게 자신이 갖고 있는 행동의 공식을 생산하기 시작하는 경우를 들 수 있다. 자본주의가 갖고 있는 관계망 속에서 전혀 다른 의미좌표가 생산되는 이유는 그 근저에 성장을 바라보는 시각이 반드시 옳은 것이 아니라 틀린 것일 수도 있다는 도표 생산이 있었기 때문이다. 기표와 같이 고정된 의미좌표에 있지 않고 전혀 색다른 의미좌표를 산출하는 도표를 먼저 생산하는 기계설비를 갖춤으로써 기존의 기호-흐름을 멈추게 하고 색다른 기호-흐름을 만들어낼 수 있다. 그런 의미에서 도표를 생산하는 기계는 네트워크 내의 관계망·흐름·상호작용을 전혀 다른 방향으로 수립할 수 있는 것이다. 예를 들어 하나의 볼펜이라는 물건이 있다고 한다면 "이것은 볼펜이다"라는 기표적 기호작용 속에서는 의미가 고정되며 전혀 색다른 의미를 발견할 수 없다. 그러나 아이들의 시선에서 본다면 차원이 달라질 것이다. 우주선, 탑, 로봇, 외계인, 병사 등 다른 식의 사유가 가능하다. 이 속에서는 의미가 고정되어 있지 않고 이것일 수도 있고 저것일 수도 있는 차원이 개방된다. 여기서 더 나아가 네트워크에서의 기계장치는 그것이 볼펜이 아니라 우주선인 이유와 그 의미를 끊임없이 생산하면서 기존의 볼펜이라는 의미에 맞서는 도표생산에 나설 수 있다. 그렇다면 이러한 도표 생산은 자기 생산적인 기계작동을 통해서 특이성을 생산하고 기존의 고정되어 있는 의미작용을 교란시키거나 고장낸다. 이를테면 "학생은 고정된 질서를 공부하는 사람이다"라는 고정된 기표적 의미작용이 있다면 거기에 대해서 "학생은 사회의 변화와 변혁을 연구하는 사람이다"라는 도표 생산을 완강히 수행하는 대안학교의 기계설비가 네트워크에서 등장하는 자신의 독특한 관계망(제도)을 수립할 수 있다. 결국 네트워크에서 도표생산을 하는 기계를 갖추는 것은 자본주의적 관계망이 갖고 있는 의미작용과 다른 방식의 자기생산적인 기계장치를 작동시키는 것이다.

네트워크에서 집합적 기계들의 도표 생산은 기존 영토로부터 탈영토화된 기호를 생산한다. 도표는 탈영토화의 동력이며, 네트워크 내에서 기계적 변이를 일으키는 효소작용을 갖고 있다. 전혀 지각할 수 없고 기존의 틀로는 사고할 수 없는 기호-흐름이 작동하게 되면 인민대중은 기존제도나 영토로부터 탈영토화된 흐름과 생성되어 이에 접속하는 사람들로 하여금 돌연변이를 일으킨다. 이를테면 네트워크에서 불쑥 등장하는 광인의 중얼거림과 욕망에 의한 의미의 교란, 탈주자들의 소동과 아이들의 소음은 단순히 간섭요인이자 잉여에 불과한 것으로 인식된다. 그런데 갑자기 광인들이 자기생산적인 기계설비를 갖추고 네트워크 내에서 색다른 의미를 생산하기 시작하고, 아이들이 집단적 기계를 갖추고 교육현실에 대해서 비판하기 시작할 때 그것은 탈영토화의 흐름을 만들어낸다면 차원이 달라진다. 이러한 도표 생산의 방식은 이성적이고 합리적인 방향성을 갖는 것이 아니라, 예술·과학·혁명이라는 기계적 첨단점의 형태로 드러난다. 도표적 기호-흐름이 등장하는 방식이 특이성 생산의 형태를 띠는 경우는 이러하다. 이를테면 노숙자가 길에서 쓰러져 있으면 사람들은 자본주의적 기표 속에서의 행동추이를 보인다. 경찰을 부르거나 돈을 던져준다. 그러나 노숙자가 갑자기 자기가 직접 만든 노래를 부르거나 미술 퍼포먼스를 하는 등의 색다른 기호-흐름을 보이는 순간 그 기호-흐름의 탈영토화의 강렬함에 사로잡혀 사람들은 부랑아-되기를 한다. 또한 한 사람의 광인이 네트워크에서는 큰 영향력을 행사할 수 없으나, 그 광인이 우주와 생명과 관련된 도식과 공식을 가지고 과학의 이름으로 기계적 첨단점을 구성할 때 네트워크의 기호-흐름은 교란된다. 이 순간 사람들은 탈영토화하여 광인-되기를 수행한다. 또한 한 사람의 아이가 네트워크 내에서 약자였을 뿐이지만 아이들이 집단을 이루어 주류 어른 세계에 맞서는 초능력적 탈영토화운동을 보일 때 그 특이성으로 인해 네트워크는 아이되기라는 탈영토화된 기호-흐름으로 나아간다. 이렇듯 도표는 탈영토화된 기호-흐름을 구성하며, 예술·과학·혁명이라는 기계적 첨단점의 구도로 드러나 네트워크를 기계적으로 변이시키는 특이성이다.

네트워크에서 도표를 생산하는 기계를 설립하려고 하는 것은 보이지 않는 영역에서 작동되는 추상기계와 이에 따라 나타나는 구체적 기계—안면성(visagéité), 리토르넬르(ritournelle)—가 사회지층을 횡단하며 탈영토화할 때 나타난다. 구체적 기계인 안면성과 리토르넬르는 회화와 음악의 이행의 구성요소로 나타나며 시간·공간 속에서 일관성을 부여해 준다. 여기서 보이지 않는 영역에서 작동하는 추상기계는 탈영토화하는 도표 생산을 일으키는 원천이며 구체적인 기계를 변화시킨다. 이를테면 보이지 않는 영역에서 락 음악과 같은 저항성을 갖고 있었던 청년세대가 장발이라는 안면성으로 불쑥 나타날 때 기존 청년의 의미좌표는 변화되고 색다른 도표가 생산된다. 추상기계는 도표를 방출하는 보이지 않는 움직임이다. 이를테면 보이지 않는 영역에서 움직임이 동성애자되기, 아이되기, 식물되기,

동물되기로 나아가는 경우에는 추상기계는 기존 의미좌표를 뒤흔들고 도표를 생산한다. 보이지 않는 영역에서 여장남자가 되었던 남자, 보이지 않는 영역에서 동물과 정을 나누었던 사람, 보이지 않는 영역에서 아이목소리를 내는 어른 등은 특이한 욕망의 움직임을 통해서 사실상 구체적 기계를 통해서 도표를 생산할 수 있는 역능을 가지고 있는 주체성들이다. 네트워크에서 작동하는 보이지 않는 관계를 규정짓는 추상기계가 사실상 도표를 생산할 수 있는 원천이라는 것은 보이지 않는 욕망의 움직임이 특이성 생산의 원동력임을 의미한다. 그렇기 때문에 구체적 기계와 사회의 지층들을 횡단하는 추상기계가 사실상 네트워크의 의미좌표와 언표적 관계망을 혁신시키는 근본적인 힘이라고 할 수 있다. 결국 네트워크는 '전자적 네트워크'와 같이 보이는 관계로 도식화할 수 있는 것이 아니라, 보이지 않는 기계장치의 모습을 갖고 있는 사랑과 욕망의 흐름·관계망·상호작용에 의해서 움직이는 것이다.

관계망 창발로서의 분열생성의 역동성

네트워크가 차이를 횡단하며 직조된 연결망이라는 점은 보이지 않는 관계망·흐름·상호작용의 수준에서 미세한 변화가 끊임없이 일어날 수 있는 관계망 창발이 가능해졌다. 예를 들어 경직된 집단 속에서 폐색되어 미쳐버린 분열(schizo)은 광기로 식별되고 집단에서 배제되면서 주변화될 것이지만, 창발적인 연결망 속에서의 분열은 그 광기의 에너지와 도표화 작용을 네트워크망에 전달하고 변이를 일으키고 이행하도록 만든다. 네트워크에서는 함께 미치는 것이 가능하며, 분열을 통해서 색다른 영역을 개척하고 네트워크에 생명 에너지를 전달하여 알 수 없는 곳으로 나아가도록 만들 수 있다. 네트워크에서의 분열이 생성되는 순간은 보이지 않는 영역에서의 에너지의 흐름이 강렬해져서 특이점을 통과하여 실재적인 관계망으로 드러나는 섬광과 같은 순간을 의미한다. 분열이 현실적인 관계망으로 수립될 수 있는 가능성이 높을수록 네트워크의 연결망의 창의성은 높아진다. 특히 자본주의적 기표의 관계망으로서 고정된 의미좌표를 갖고 있는 네트워크라 할지라도 아주 미세한 균열처럼 드러나는 분열의 순간이 아주 생각지도 못했던 주체성을 생산해 낸다. 욕망과 광기는 예정되지 않고 생각지도 못한 관계를 수립하며 현실의 관계망에서 융기하고 돌출하며 직조된다. 이러한 미세한 영역에서의 기계작동의 변화로서의 의미를 갖는 분열은 네트워크를 출렁이게 하고 관계망 자체를 재수립하도록 만든다.

학교, 병원, 감옥, 군대에서 미쳤다고 한다면 그 똑딱거리는 기계적 배치로부터 벗어나려고 한다는 말이 되지만, 네트워크 내에서 미쳤다는 것은 네트워크를 완전히 다른 의미로 혁신하는 것이 된다. 제도와 규범으로 코드화된 질서 속에서 분열은 광기라고 배제되고 차별되지만 네트워크 속에서 분열은 그것이 광기라 하더라도 에너지를 전달받으며 네트워크를 변이시킨다. 네트워크 속에서 탈영토화하는 욕망은 기존 제도를 넘어서서 새로운 제도를 수립할 수 있는 역능이 된다. 분열생성은 그 계기라고 할 수 있으며, 규격화되고 틀지워진 삶의 방식으로부터 벗어나 아주 색다른 삶의 방식을 생산하는 것이다. 이를테면 하루 종일 작업장에서 일하던 노동자가 혼자서 이리저리 여행하고 싶고 떠나고 싶다고 중얼거릴 때는 분열의 방식이 회사라는 배치를 그대로 두고 자신만 그만두는 방식으로 이루어지는 탈주가 될 것이다. 그러나 네트워크화된 관계망 속에서 이리저리 떠나고 싶다고 하면 여럿의 호응을 얻거나 함께 하려는 움직임이 발생되며 집단태업으로 나타날 수 있다. 그렇기 때문에 연결되어 있는 네트워크 속에서의 특이한 움직임은 네트워크를 다른 방향으로 이끄는 경로를 개척하는 것이다. 그 경로는 기존에 광기의 영역이라고 지칭되면서 배제되었던 경로라 할지라도 전혀 개의치 않는다. 문제는 광기에 사로잡히는 것의 차원이 아니라, 네트워크를 색다른 경로로 이끌 수 있느냐의 여부에 달려 있다. 이를테면 생명을 보호하기 위해 실오라기 하나 걸치지 않는 여성들이 나타났을 때 사람들은 미쳤다고 생각할 수도 있다. 그런데 그런 분열적 행동은 생명보호의 네트워크망을 색다르게 변화시키고 색다른 실천의 경로를 개척하고 네트워크를 혁신하는 강렬한 흐름을 만들어낸다. 분열생성이 네트워크를 혁신하고 색다른 것으로 만들기 때문에 네트워크의 의미는 메타 네트워크(meta-network)의 의미를 갖는다. 네트워크의 상위의 네트워크라는 의미에서 그렇다기보다는, 늘 이행중이며 과도기에 있는 네트워크라는 의미에서 그렇다. 네트워크 내에서 분열생성은 메타네트워크적인 차원을 개방하는데, 그것은 생명에너지인 욕망의 움직임이 흐름으로 나타나며 프랙탈(fractal)적 구도를 그린다. 마치 살아 있는 나무나 생명체들의 중식처럼 네트워크의 관계망은 증식하고 변이되고 접속한다. 그 생명 에너지의 분출과 생성은 분열생성이 만들어내는 효과라고 할 수 있다. 모든 네트워크는 분열생성이 만들어내는 엄청난 에너지에 의해서 움직이는 생명체의 형상을 따른다.

네트워크의 폭발적 양상이 드러나는 순간은 각 특이점이 다차원적으로 도표를 생산하고 분자적 차원에서 폭발하면서 그 섬모나 촉수에 접속하는 모든 분자들이 돌연변이를 일으키게 할 때 가능하다. 네트워크는 병리적 분열이냐 창조적 분열이냐를 따지지 않으며, 욕망과 광기의 에너지가 특이점을 통과해서 현실의 관계망을 직조하는 방식을 따른다. 가타리의 분열생성론이 갖고 있는 강력한 위상은 네트워크의 분열생성을 통해서 구체적인 구도를 그려낼 수 있다. 정상사회가 갖고 있는 규범화되고 안정되어 있는 수준의 삶의 방식은 네트워크의 역동성을 만들어낼 수 없다. 많은 특이점에 있는 주체성들이 동시다발적으로 특이한 목소리를 발화하기 시작하고, 의미가 고정되어 있지 않은 기호-흐름이 생산되기 시작하며, 그것이 자기생산적 기계로서 드러날 때 네트워크는 완전히 다른 좌표에서 다시 재수립된다. 그것을 촉발하는 것이 분열생성이며 누군가가 엄청난 에너지를 네트워크에 전달하였기 때문이다.

자본주의는 네트워크를 필요로 하지만 그것에 분열생성이 작동하는 것에 대해서 극도로 조심하고 통제하려고 든다. 그렇기 때문에 시시콜콜한 일상이며 무의식에 대해서 신경을 쓰고 조작하려고 든다. 이러한 부드럽고 달콤한 무의식 통제에도 불구하고 네트워크상에서 분열생성이 작동하는 이유는 자본주의가 사실은 그 내부에 분열의 논리에 따라 욕망의 움직임을 만들려고 하기 때문이다. 이를테면 경쟁이라는 영역에서의 분열을 자본주의는 독려하면서도 정작 분열생성에 이를 정도로 사랑·놀이·예술에 완전히 미치는 것에 대해서는 극도로 경계한다. 그렇기 때문에 자본주의가 갖고 있는 이율배반은 분열을 봉쇄하면서도 이용하겠다는 이중전략적 태도로 드러나는데, 그것은 네트워크에 대한 양면적인 태도와 궤를 같이 한다. 가타리의 분열생성론은 네트워크 속에서 부품으로 기능하도록 설정되어 있는 주체들이 완전히 다른 방향으로 기계작동을 보이는 상황을 응시한다. 네트워크의 연결망에서 분열과 광기는 전염되고 변이되고 증식하는 특징을 보이기 때문에, 끊임없이 중화하고 살균하려는 의식적 노력이 자본주의의 기계장치의 특징이다. 사회 전체를 마치 정신병원처럼 조직하고, 매스미디어나 심리치료와 정신분석의 달콤하고 부드러운 완화작용에 취하도록 만드는 것이 자본주의가 분열생성에 대해서 대하는 태도이다.

네트워크 속에서의 분열생성이 갖고 있는 강력한 효과는 특이성 생산의 의미가 단순히 개개인들의 삶을 바꾸는 것에만 머무르는 것이 아니라는 것을 알려준다. 아주 독특하고 특이한 삶을 살아가며, 기존의 고정된 의미좌표를 거부하는 순간 네트워크 전체에 대해서도 영향력을 행사하는 것이 된다. 특이성이 생산되는 순간은 단순히 의식적으로 행위를 해서 되는 것이 아니라, 기존의 의식에서는 생각할 수 없었던 것이 출현하는 것이기 때문에 무의식에서 혁명을 의미한다. 네트워크가 관계망 창발의 가능성을 높이는 방향성으로 나아갈 때 정신혁명이 가능하고, 무의식 속이라는 보이지 않는 영역에서 혁명이 가능하다는 의미에서 가타리는 분열분석에 주목하였다. 분열분석은 역사적·사회적·광야 무의식을 분석하는 것으로서 미친 사람보다 더 미침으로써 분석을 달성하는 방법론이다. 분열분석은 분열생성론이 갖고 있는 색다른 의미를 이해했을 때만 그 필요성에 대해서 인식할 수 있게 된다. 분열생성이 네트워크와 관계망에 가하는 엄청난 효과로 인해서 특이성 생산이 갖고 있는 독자적인 의미가 무의식적 차원에서 해명될 수 있다. 이렇듯 다양성·차이·특이성을 생산하는 것은 분열의 섬광과 같은 계기에 의해서만 가능한 것이다.

무의식의 횡단과 모험으로서의 네트워크

네트워크상에서의 무의식은 흐름과 연결접속, 횡단성으로 나타난다. 횡단성은 무의식의 흐름이 협착(狹窄)되고 고정되어 응고되는 과정이 아니라 수직과 수평을 넘나들고 흐름으로서 가로지르는 것을 의미한다. 가타리는 하이퍼텍스트(hypertext)라는 개념에 주목하면서 무의식의 흐름이 하이퍼텍스트와 같은 흐름의 과정으로 나타날 것이라고 생각했다. 이것은 정신병리에 대한 비밀과도 관련이 되어 있으며, 어딘가에 협착되고 응고되지 않는 무의식의 흐름의 상태가 사실상 정신치유와 관련되어 있다는 것이 가타리의 발견이다. 마치 인터넷 서핑의 상태처럼 무의식의 영상과 이미지가 흐름으로써 움직이도록 만드는 것이 치유에서 중요한 역할을 한다. 네트워크는 무의식의 전 과정을 설명할 수 있는 기제가 되었으며, 네트워크에서의 행동추이는 무의식의 움직임으로 나타난다.

가타리는 무의식의 흐름의 단순히 반영과 반성체계에 머무는 것이 아니라는 점에 주목하며, 그것의 지도그리기를 시도한다. 보통 무의식의 과정은 현실과 상황을 반영하는 것으로 묘사되는 경우가 많다. 무의식은 독자적인 작동방식에 의해서 움직이고 현실과 다른 메커니즘을 갖고 있고 그것을 반영하는 그림의 형태가 아니다. 무의식은 네트워크처럼 관계망 자체를 의미하며, 그것의 이미지와 영상이 마치 스크린에서 지나치듯이 나타나고 사라지는 횡단의 과정으로 드러난다. 그렇기 때문에 네트워크의 연결망과 같이 무의식을 사고한다면, 그 관계망이 어떻게 작동하는가를 사고할 필요가 있다. 이 관계망은 마치 기계작동과 같은 움직임을 보이기 때문에 가타리는 기계적 무의식이라는 개념을 통해서 이 무의식 현상을 설명하고자 한다. 기계적 무의식은 마치 기계부품이 서로 연결되어 작동하듯이 기계적 모습으로 현실이 네트워크적으로 연결되는 전 과정을 의미한다. 이를테면 무의식이 꿈, 실수, 농담과 같은 개인의 심리상태에만 존재하는 것이 아니라 무의식은 부부생활에도 TV에도 축구경기장에서도 기상예보에도 존재하며, 그것에 서식하며 기계적으로 작동하고 있다. 무의식은 그림의 형태로 반영되는 것이 아니라, 연결망 자체일 수 있다는 것이 가타리의 발견이며, 일관되게 가타리는 관계망을 설명하려는 시도를 해왔다. 이 과정에서 무의식은 사본처럼 나타나는 것이 아니라 지도처럼 나타나는 것이다. 이것의 차이점은 무의식을 네트워크의 연결망에서 횡단하고 연결되고 조립되는 과정으로 볼 필요가 있지, 하나의 지점에 고정되어 의미를 생산하고 해석되고 반성하는 것으로 사고해서는 안된다는 것이다. 결국 무의식은 관계망을 끊임없이 횡단하는 흐름이라는 관점에서 바라보아야 하며, 우리는 그러한 과정을 지도그리기처럼 그려볼 수 있다.

이러한 무의식의 지도그리기를 시도하면서 가타리는 들뢰즈와 함께 리좀(rhizome)이라는 개념을 발견하는데, 그것은 무의식이 수평적으로 연결되고 조립되는 과정을 보여주는 개념이다. 리좀적 지도제작은 무의식의 연결망이 갖고 있는 옆으로 옆으로 증식하며 횡단하는 전 과정을 보여준다는 데 의미가 있다. 네트워크가 연결되고 조립되고 접속하면서 형성되는 과정을 무의식의 움직임으로 보는 가타리의 시각은 결국 무의식의 움직임을 통해서 주체성이 생산되는 과정을 보여주겠다는 기획을 의미한다. 주체성이 등장할 때는 반드시 무의식적 움직임이 동반되며 그것이 어떻게 어디에서 가능한가에 대한 해답을 네트워크의 움직임을 통해서 설명할 수 있다. 리좀이 네트워크 내에서의 움직임과 매우 유사하다는 것은, 무의식의 작동방식이 갖고 있는 네트워크적 본성에 대한 접근도 동시에 가능케 한다. 즉 리좀은 네트워크를 설명하고 무의식을 설명할 수 있는 기제가 된다. "그리고…… 그리고…… 그리고"로 연결되는 리좀은 무의식이 하나에 협착되지 않고 횡단하는 것을 네트워크적 속성을 통해서 설명할 수 있는 중요한 그림이다. 무의식이 어디에 사로잡힐 때 수목구조와 같은 반성체계와 해석체계가 작동한다. 무의식은 흐름이기 때문에 끊임없이 자연스럽게 혹은 속도를 가지고 횡단한다. 그 무의식의 흐름이 영상·이미지로 작동하는 미디어 기술의 비밀이면서 동시에 정신치유의 과정을 거친 건강한 무의식의 비밀이라고 할 수 있다.

네트워크에서 이질적인 것이 만나 생성되는 과정인 이질생성은 연결접속의 과정이 단순히 동질적인 것 간의 연결의 과정이 아니라는 점을 의미한다. 동시에 이질생성은 주체성이 생산되는 돌연변이의 과정을 보여준다. 즉, 네트워크에서 하나의 매듭과 단락이 이질적인 조각과 마주쳤을 때 하나의 돌연변이 일어나며 무의식의 궤도에 변화가 생기는 것이다. 그것은 실천의 의미를 말해주는데, 무의식이 어딘가에 사로잡혀서 자의식과 반성, 해석체계를 통해서 실천이 이루어지는 것이 아니라 이질적인 것과의 접속에서 돌연변이를 일으키는 변종과 변이의 과정이라는 의미이다. 이런 의미에서 실천은 매우 부드러우면서도 특이한 것의 생산과 관련되어 있다. 특이성 생산은 이러한 네트워크의 형태의 무의식의 흐름에 의해서 가능하며, 고정점과 응고점에서 드러나는 것이 아니라 분열의 창발적인 연결접속의 과정에서 가능하다. 그렇기 때문에 무의식의 궤도의 측면에서 특이성 생산이라는 실천을 볼 때 실천의 과정을 의식적인 측면에서만 조망하려는 시도는 오히려 흐름을 방해하고 연결접속의 창발성을 가로막는 것이라고 될 수 있다. 왜냐하면 무의식이 네트워크의 연결접속의 형태로 나타나며 무의식의 움직임 또한 이러한 연결망 속에서 가능하기 때문이다. 의식적 실천이라고 여겨졌던 많은 부분은 무의식의 흐름에서의 창발이 아닌 하나의 의미에 고정되는 기표에 머무르거나 무의식 협착에서의 병리적 응고나 고정점일 경우가 많다. 특이성 생산은 네트워크 형태로 보이는 무의식의 횡단과 모험의 흐름 속에서 가능하며, 그것은 절대적 흐름의 관점에서 나타나는 무의식 궤도의 변화를 의미한다. 이러한 무의식의 궤도의 변화는 네트워크상에서 특이한 기계작동이 나타나게 만들며 전체 네트워크의 본성을 변화시킨다.

지금 벌어지고 있는 네트워크 전쟁은 사실상 무의식 전쟁이다. 수많은 자본주의적 기계장치들이 무의식을 포위하고 특이성 생산을 가로막기 위해서 작동하고 있다. 특이성이 생산되는 창발적 상황은 무의식이 횡단과 모험의 흐름을 통해서 네트워크를 통과하고, 이질적인 것 간의 접속과 생성을 통해 사랑과 욕망의 역능을 보여줄 때 가능하다. 무의식이 색다른 기계작동을 시작하면 네트워크는 조용히 변화하며 자신의 위치를 수정한다. 그렇기 때문에 무의식을 붙잡아 두고 스테레오타입화된 무의식으로 주조하려는 것이 자본주의의 의도이다. 그러나 무의식은 그러한 의도대로 부드럽고 달콤한 예속의 테두리 내로 머무는 것이 아니라 탈영토화의 흐름 속에서 색다른 것을 발생시킨다. 그렇기 때문에 현재 벌어지고 있는 무의식 전쟁에서 자본이 네트워크를 착취하려는 의도는 무의식을 통제하려는 수준에서 적나라하게 드러난다. 그러나 무의식의 흐름 속에서의 특이성의 생산이 지속되는 한 네트워크가 자본을 착취하는 역전된 상황이 가능하며, 그것이 절대적 탈영토화의 과정에 있는 네트워크가 갖고 있는 무의식의 움직임이다. 네트워크가 자본을 역으로 착취하는 단계에서는 무의식이 자본주의가 주조하고 틀지우는 방향으로 나타나지 않고 다채로운 특이성으로 나타나 자본이라는 적분과 권력의 응고점을 흐름으로 감싸버리는 순간이다. 그러한 상황은 언제든 가능하며, 현재 진행 중인 네트워크혁명이자 무의식혁명이다. 네트워크와 무의식이 동시에 중요했던 이유는 그것이 주체성 생산의 과정과 연결망의 변이, 영구적인 혁명을 설명할 수 있기 때문이었다. 그것은 가타리가 응시한 색다른 주체성 혁명을 의미하며, 현재 진행 중이며 작동 중인 욕망과 사랑의 영토 속에서의 분자적인 움직임을 보여주는 것이다. 네트워크상에서 드러나는 분자혁명과 눈덩이 효과는 이러한 움직임들이 보이지 않는 곳에서의 변화로부터 출발하지만 끊임없이 생성과 분열의 혁명을 의미한다는 것을 보여준다.

◈ 참고문헌 ◈

가타리, 펠릭스, 『분자혁명(1980)』, 윤수종 역(서울 : 푸른숲, 1998. 9.)

_____, 『세 가지 생태학(1989)』, 윤수종 역(서울 : 동문선, 2003. 2.)

_____, 『카오스모제(1992)』, 윤수종 역(서울 : 동문선, 2003. 6.)

_____, 『기계적 무의식(1979)』, 윤수종 역(서울 : 푸른숲, 2003. 8.)

_____, 『정신분석과 횡단성(1972)』, 윤수종 역(서울 : 울력, 2004. 4.)

_____, 『(가타리가 실천하는) 욕망과 혁명』, 윤수종 편역(서울 : 문화과학사, 2004. 8.)

가따리, 펠릭스/네그리, 안또니오, 『자유의 새로운 공간(1985)』, 조정환 역(서울 : 갈무리, 2007. 2.)

가타리, 펠릭스/롤닉크, 수에리, 『미시정치. 가타리와 함께 하는 브라질 정치 기행(1986)』, 윤수종 역(서울 : 도서출판b, 2010. 1.)

들뢰즈, 가타리, 『철학이란 무엇인가(1991)』, 이정임·윤정임 역(서울 : 현대미학사, 1995. 7.)

_____, 『앙띠 오이디푸스 : 자본주의와 정신분열증(1972)』, 최명관 역(서울 : 민음사, 1994. 10.)

_____, 『소수집단의 문학을 위하여 : 카프카론(1975)』, 조한경 역(서울 : 문학과지성사, 1997. 10.)

_____, 『천개의 고원 : 자본주의와 정신분열증2(1980)』, 김재인 역(서울 : 새물결, 2001. 6.)

Guattari, Fèlix, *Psychoanalyse et transversalité-Essais d'analyse institutionelle* (Editions de Maspero, 1972)

_____, *L'inconecient machinique*(Editon de Recherches, 1979)

_____, *La rèvolution molèculaire*(Edition de Recherche, 1997/Union générale d'édition, 10/18; 1980)

_____, *Les années d'hiver 1980-1985* (Editions Bernard Barault, 1985)

_____(avec Toni Negiri), *Les nouveaux espaces de liberté*(Editions Dominique Bedou, 1985)

_____(avec J. Oury et F. Tosquelles), *Practique de l'institutionnel et politique* (Martrice éditions, 1986)

_____, *Cartographies schizoanalytique*(Editions Galilée, 1989)

_____, *Les trois ecologies*(Editions Galilée, 1989)

_____, *Chaosmose*(Editions Galilée, 1992)

_____, *Chaosmosis : An ethico-aesthetic paradigm*(Bloomington, Ind.: Indiana University Press, 1995)

_____, *Chaosophy*, ed., Sylvere Lotringer (Semiotext(e), 1995)

_____, *The Anti-Oedipus papers, Semiotest(E)*(Cambridge, Mass, 2006)

_____(avec Sulely Rolnik), *Micropolitiques, les emêcheurs de penser en rond*(Le Seuil, 2007)

Deleuze, Gilles/Guattari, Fèlix *L'anti-oedipe : capitalisme et schizophrénie* (Paris : Les Editions de Minuit, 1972)

_____, *Anti-Oedipus : Capitalism and Schizophrenia*. tr. R. Hurley/M. Seem/H. R. Lane (Minneapolis: University of Minnesota Press.)

_____, *Mille plateaux: capitalisme et schizophrenie*(Paris : Les Editions de Minuit, 1980)

_____, *A Thousand Plateaus*, tr. by Brian Massumi(Minneapolis, University of Minnesota Press, 1987)

네그리, 안토니오, 『맑스를 넘어선 맑스』, 윤수종 옮김(서울 : 새길, 1994)

_____, 『디오니소스의 노동 : 국가형태 비판』, 이원영 옮김(서울 : 갈무리, 1996)

_____, 『전복적 스피노자』, 이기웅 옮김(서울 : 민음사, 2005년)

_____, 『야만적 별종』, 윤수종 옮김(서울 : 푸른숲, 1997)

_____, 『제국』, 윤수종 역(서울 : 이학사, 2001)

들뢰즈, 질, 『스피노자의 철학』, 박기순 역(서울, 민음사, 1999)

______, 『스피노자와 표현의 문제』, 이진경/권순모 역(서울, 인간사랑, 2003)

라이히, 빌헬름, 『프로이트와의 대화』, 황재우 역(서울: 종로서적, 1982)

______, 『성혁명』, 윤수종 역(서울 : 중원문화, 2010)

______, 『오르가즘의 기능』, 윤수종 역(서울 : 그린비, 2005)

______, 『파시즘의 대중심리』, 황선길 역(서울 : 그린비, 2006)

______, 『성정치』, 윤수종 역(서울 : 중원문화, 2010)

레비, 피에르, 『집단지성』, 권수경 역(서울 : 문학과 지성사, 1993)

마뚜라나, 움베르또/바렐라, 프란시스코, 『앎의 나무』, 최호영 역(서울 : 갈무리, 2007)

맑스, 칼, 『경제학 철학 수고』, 김태경 옮김(서울 : 이론과 실천, 1987)

______, 『자본론』, 김수행 옮김(서울 : 비봉, 1989)

______, 『정치경제학 비판 요강 1/2/3』, 김호균 옮김(서울 : 백의, 2000)

소쉬르, 페르디낭 드, 『일반언어학강의』, 최승언 역(서울 : 민음사, 2006)

스피노자, 『에티카』 , 강영계 역(서울 : 서광사, 1990)

그레고리 엘리어트, 『알튀세르 : 이론의 우회』, 이경숙, 이진경 옮김(서울 : 새길, 1992)

에반스, 딜런, 『라깡 정신분석사전』, 김종주 외 역(서울 : 인간사랑, 1998)

에피쿠로스, 『쾌락』, 오유석 역 (서울 : 문학과 지성사, 2008)

옐름슬레우, 루이, 『랑가쥬 이론 서설』, 김용숙/김혜련 역(서울 : 동문선, 2000)

윤수종, 『욕망과 혁명 : 펠릭스 가타리의 혁명사상과 실천활동』(서울 : 서강대학교 출판부, 2009. 9.)

퍼스, 찰스 샌더스, 『퍼스의 기호사상』, 김성도 편역(서울 : 민음사, 2006)

______, 『퍼스의 기호학』, 김동식·이유선 역(서울 : 나남, 2008)

프로이트, 『프로이트 전집』, 고낙범 역(서울 : 열린책들, 1997)

______, 『문명 속의 불만』, 김석희 역(서울 : 열린책들, 2008)

______, 『정신분석강의』, 임홍빈/홍세경 역(서울 : 열린책들, 2005)

______, 『꼬마 한스와 도라』, 김재혁/권세훈 역(서울 : 열린책들, 2005)

미국정신분석학회, 『정신분석용어사전』, 이재훈 외 역(서울 : 한국심리치료연

구소, 2002)
서동욱, 『차이와 타자: 현대 철학과 비표상적 사유의 모험』(서울 : 문학과지성사, 2000)
우노 쿠니이찌(대담자)/가따리, 「분열분석의 방향으로 : 가따리와의 대담. 20세기 사상가 가따리」, 『비판』 3호(서울 : 박종철 출판사, 1998), 167~192쪽.
윤수종, 「아우토노미아 조직론에 관한 연구」, 『현대사회과학연구』, 제8권 제1호(전남대학교 사회과학연구소, 1997), 93~137쪽.
_____, 「가따리의 삶과 사상」, 『비판』 3호(서울 : 박종철 출판사, 1998), 56~78쪽.
장시기, 「탈근대성의 인식론」, 『비평과이론』, 제5권 제2호(한국비평이론학회, 2000), 249~269쪽.
홍윤기, 「현대의 욕망확대구조와 불교의 욕망이론」, 『지식기반사회와 불교생태학』(서울 : 아카넷, 2006), 473~496쪽.
_____, 「욕망의 화용론과 욕망분석」(2010, 미발표 연구논문)
이득재, 「바흐찐과 가타리의 언어이론 비교연구」, 『러시아어문학비교연구』(한국러시아문학회, 2001), 177~198쪽.
_____, 「오토포이에시스와 맑스주의 문학이론」, 『문예미학』, 제12호(문예미학회, 2006), 47~71쪽.
신승철, 『들뢰즈/가타리의 욕망론과 신체론에 대한 고찰 : 『천개의 고원』 6장 '기관 없는 신체'를 만드는 법을 중심으로』(동국대학교 대학원 철학과 석사학위논문, 2003. 2.)
_____, 「칸트 도덕철학의 논리적 구성과 들뢰즈/가타리의 비판적 계승」; 동국대학교 동서사상연구소 냄, 『철학·사상·문화』(2006)
기유정, 『홉스와 스피노자의 정치이론 비교연구-계약론과 반계약론의 문제설정을 중심으로』(서울대 정치학과 대학원, 1998)